20 多个常见法律风险点解析 ＋ **30** 多个典型案例

助力企业有效**规避风险**

提升管理效能

合规管理工具书

鲁阳　周楚欣◎主编

企业合规

新视角下的民营企业管理实践

刘克和等◎编著

SPM 南方传媒 | 广东经济出版社

·广州·

图书在版编目（CIP）数据

企业合规：新视角下的民营企业管理实践 / 刘克和等编著. —广州：广东经济出版社，2024. 7

ISBN 978-7-5454-9176-0

Ⅰ. ①企… Ⅱ. ①刘… Ⅲ. ①民营企业—企业管理—研究—中国 Ⅳ. ①F279. 245

中国国家版本馆 CIP 数据核字（2024）第 019298 号

责任编辑：郑秋瑛　郭艳军
责任校对：谢善德
责任技编：陆俊帆

企业合规：新视角下的民营企业管理实践
QIYE HEGUI：XINSHIJIAO XIA DE MINYINGQIYE GUANLI SHIJIAN

出 版 人：刘卫平
出版发行：广东经济出版社（广州市水荫路 11 号 11～12 楼）
印　　刷：佛山家联印刷有限公司
（佛山市南海区科能路 10 号四栋三楼）

开　　本：730mm×1020mm 1/16
印　　张：14. 5
版　　次：2024 年 7 月第 1 版
印　　次：2024 年 7 月第 1 次
书　　号：978-7-5454-9176-0
字　　数：250 千字
定　　价：80. 00 元

发行电话：（020）87393830
广东经济出版社常年法律顾问：胡志海律师　　法务电话：（020）37603025
如发现印装质量问题，请与本社联系，本社负责调换。

序　言

企业合规，是指企业立足自身实际情况，结合刑法、行政法、民商法等法律法规以及国际规则建立起能够有效防范违法犯罪的经营管理体系。当前，有效推进企业合规建设，可以从强化合规管理、优化营商环境、对接国际规则三个维度出发[①]。

近年来，随着全球经济一体化迅速发展，国际社会和各国政府都致力于建立和维护开放、透明、公平、规范的社会秩序，加之国家对企业合规管理机制的高度重视，对企业经营和企业社会责任提出了更高的标准和要求。在这种大环境下，我国的监管机关和检察机关明确肯定企业合规在行政执法、合规不起诉和国有企业合规建设等方面的推动作用，并且制定了相应的企业合规管理指引。企业合规的迅速发展与新业务市场的竞争相关，企业合规不仅为传统的企业管理咨询行业带来新的机会，更为法律服务行业带来前所未有的机遇。

从刑事角度来看，近年来涉及单位犯罪或企业高管犯罪的案件日益增多，我们不难发现律师为客户提供的刑事法律服务存在滞后性。由于律师与刑事诉讼中的专门机关站在对立的角度，在很多案件中，当公安机关启动了刑事侦查程序，律师的辩护意见就较难再取得实质性的突破。尤其是当律师提出无罪辩护时，无论是在刑事案件的侦查、批捕、审查起诉阶段还是法院审判阶段，律师都面临重重困难，处于较为被动的地位。而对于那些接受调查的

① 冯科臻、李光奇：《三个维度推进企业合规》，《检察日报》2022 年 10 月 21 日第 3 版。

企业家而言，只要案件在公安机关立案，就将面临被限制人身自由等不利后果。因此，作为律师，应当将刑事辩护的服务进行前置，协助企业做好事前防范工作，从刑事立案阶段逐渐提前至企业日常风险把控环节，将律师的刑事法律服务从原来的注重“治疗”式的辩护服务调整为注重“体检”式的刑事法律风险防控服务。

结合目前业界提出的“企业合规”的概念，我们可以将其称之为“刑事合规业务”。民营企业作为吸纳就业的主渠道，是推动创新驱动发展的重要力量和构建新发展格局的有力支撑，在我国市场经济中处于重要地位。但绝大多数民营企业采用家族式治理结构，权利义务关系不清晰，未建立健全的监督治理体系，加之我国法律法规对民营企业的管理相对自主，导致企业自发性合规意识薄弱，在经营管理的各个环节都容易出现问题。本书基于对企业合规制度发展现状的思考，将理论与实践相结合，侧重从实操层面介绍不同模块法律风险的防控，以开放的角度来探讨民营企业的合规管理实践。

2023.3.20

目录
CONTENTS

第一章　何为企业合规

第一节　概述

一、概念和起源

“合规”的英文表述为“compliance”，泛指遵循或遵守相关的法规、规章、规则、规范等标准和要求。“企业合规”（corporate compliance），是指企业及其员工在经营管理活动中须遵循外部和内部的规范。其中，外部规范包括以下几类：第一，法律法规。法律法规主要是指国家颁布并实施的法律、行政法规、行政规章、法律解释及其他规范性文件。如果在海外开展生产经营活动，还须遵守当地的法律法规及国际条约规则。第二，行业准则。行业准则包括行业协会和组织颁布的行业规范，也包括长期商业活动形成的符合市场交易秩序的不成文的商业习惯。第三，企业伦理（business ethics）和商业道德。企业伦理和商业道德是指企业和员工在经营活动中应当遵守的道德规范和应承担的社会责任。而内部规范一般是指企业制定的各项约束性的内部规章制度、业务流程和操作标准，涉及企业的每个决策和运营环节。

企业合规在国际上最早产生于反商业贿赂中。1977 年，美国为了严惩海外贿赂行为而颁布了《反海外腐败法》，禁止美国境内的企业和在美国境外运营的美国企业对公职人员的行贿行为①。

公司或其员工被起诉判刑不仅须承担刑事责任和经济责任，还会严重损害公司声誉，使其在市场中失去许多商业机会和交易资格，影响公司的长期

① 华东师范大学企业合规研究中心：《企业合规讲义》，中国法制出版社，2018。

发展。因此，《反海外腐败法》的实施在对商业贿赂行为产生巨大打击的同时，也唤起了企业对此类风险的防范意识，推动、促进了美国企业和海外美资企业加快合规管理的步伐。这就形成了最初的合规理念，主要出现在反贿赂、反垄断领域，也就是当前理论中所说的“狭义的合规”。除了美国1977年颁布的《反海外腐败法》以外，2006年2月12日起对我国生效的《联合国反腐败公约》、英国2011年开始实施的《反贿赂法》以及法国2016年通过的《萨宾第二法案》等，其目的是预防企业商业贿赂、腐败行为，都属于“狭义的合规”范畴。在社会发展过程中，公司治理衍生出其他方面的整治需求，多个国家和国际组织机构将合规问题拓展到其他领域，把反垄断、数据保护、反金融欺诈等也纳入合规管理体系中，如1997年经济合作与发展组织（以下简称“经合组织”）通过的《禁止在国际商业交易中贿赂外国公职人员公约》、2005年巴塞尔银行监管委员会发布的《合规与银行内部合规部门》，如今，广义理解中的合规涉及与企业运营管理相关的一切行为和环节，包括企业及其员工对税务审计、环境保护、数据保护等各相关领域规范的遵守，也包括对成文法和不成文法的遵守。

从企业合规的概念中可以提炼出两层意思：一是，合规是企业治理的目标和方向；二是，合规同时也是一种管理手段和模式，包括国家对企业的管理以及企业内部的管理。为能提前预防、有效识别和及时应对在企业治理中可能发生的风险，企业往往会通过建立一套完整有效的合规管理体系或整改机制，帮助企业提高市场竞争力，争取更多的商业机会，保障其在被法律允许的范围内稳定地开展市场活动。企业在没有违法违规事实或没有受到现实处罚的情况下，通过日常的合规审查和风险评估预防违法犯罪事件的发生，也能减少企业或企业家的法律风险；当面临行政监管调查或刑事责任追究时，需要进行溯源调查，国家机关将结合企业已有的合规措施衡量后果和责任，企业则针对其内部管理漏洞、制度隐患以及其他因素作出有针对性的管理和整改，以争取行政责任或刑事责任的减轻或豁免处理[①]。同时，这也是预防出现类似的或新的违法犯罪行为的有效路径。

引入企业合规的刑事激励政策是考虑社会效益和公共利益后的结果，因

① 陈瑞华：《论企业合规的基本价值》，《法学论坛》2021年第6期。

为对企业单位追究刑事责任的影响不仅是依法作出的刑事处罚，更严重的是由案件引起的水波效应——企业因被起诉而导致在社会和市场中的形象和信誉严重受损，从而失去大众的信任、失去市场竞争力，甚至失去"入场资格"，还可能波及员工、投资人、客户等，导致大量人员失业，引起社会和经济的不稳定，这些影响可能远远超出《中华人民共和国刑法》（以下简称《刑法》）规定的对企业及其主要责任人的处罚。

2001 年发生在美国的安然公司破产案就是其中的一个典型案例，安达信会计师事务所（Arthur Andersen）的诉讼案件对美国涉案企业起诉政策有着重大的影响。这起事件揭露了安然公司财务造假的问题，为安然公司提供多年审计服务的安达信会计师事务所也因此受到牵连。安达信会计师事务所拒绝辩诉交易并拒绝达成暂缓起诉协议，美国德克萨斯州南区联邦地区检察官认定安达信会计师事务所的行为妨碍司法，于 2002 年提起公诉，美国证交会要求安达信会计师事务所停止为上市公司提供审计业务。2003 年，联邦地区法院判决安达信会计师事务所妨碍司法罪名成立，判罚 50 万美元，并限制其五年内不得从事会计业务。此后安达信会计师事务所进行了两次上诉，2005 年联邦最高法院认为初审存在程序性问题，推翻原判决，裁定发回重审。虽然安达信会计师事务所获得推翻原判决的裁定，但自从被起诉后，2000 多家客户陆续取消与安达信会计师事务所的合作，其全球的分支机构相继被撤销和收购。2001 年时，安达信会计师事务所在全球 84 个国家设有 390 家分公司，拥有 8.5 万名员工；而到 2003 年时，安达信会计师事务所只有 3000 多名雇员。所以，安达信会计师事务所因安然公司财务造假事件被提起刑事诉讼一案，结果不仅是被罚款 50 万美元，更是波及安达信会计师事务所、美国社会，甚至对美国经济也产生了不良影响。且不说最终对安达信会计师事务所的裁判结果，在真正的判决结果出来之前，安达信会计师事务所被调查和被起诉的信息已经让外界产生各种声音，而起诉后被停止业务资格的通告更是对安达信会计师事务所造成了巨大影响。这一系列后果的发生让美国联邦检察官和司法部受到多方指责。因此，对于涉及经济犯罪的企业，不应只是采取直接起诉的手段，而是尽可能达成辩诉交易，或者与企业达成暂缓起诉协议或不起诉协议，在审理前对企业进行考察，实施合规整改计划，实施企业合规激励政策。

回顾我国关于企业合规的学术研究，有学者研究合规的历史沿革，有学者从国家层面讨论合规体系的发展，有学者从企业视角分析合规管理措施，还有学者探索合规与所在行业的发展和建设。

陈瑞华教授从公司治理方式、行政监管激励机制、刑法激励机制和刑事责任、律师业务等几个方面分析企业合规[①]：一是公司治理方式的合规。公司治理方式的合规，是将合规管理作为企业管理的有机组成部分。二是行政监管激励机制的合规。当前我国通过合规考核、合规处罚及行业的合规制度三类手段推进合规建设。三是从“作为刑法激励机制的合规”“刑事诉讼法与合规的关系”及“合规视野下企业的刑事责任问题”三个角度分析刑事合规机制，核心是将合规作为对涉嫌犯罪的企业予以宽大处理的依据。四是律师业务的合规，也就是律师作为外部法律专业人员，为企业防控法律风险所提供的一种法律服务。

樊光中教授结合企业合规溯源的国际规范，提出了从五个维度认清企业合规管理体系的观点：（1）企业合规管理体系合规源于反腐败、反贿赂合规；（2）反腐败、反贿赂合规到全面合规；（3）中国企业全面加强合规管理；（4）国际国内各机构的文件标准；（5）合规风险的定义。

陈卫东教授认为，继续推进企业合规改革，需要从监管质效、技术应用和制度建设三个维度着手[②]：（1）在监管质效上，应确保实质化与专业化，一方面建立专业人员的入库、培训、监管、退出等机制；另一方面，从纸面监管转向坐班式、沉浸式监管，将监管工作有效地嵌入企业日常工作中，对于未按照合规计划进行实质性整改或者整改不达标的企业，应当依法依规认定为合规考察不合格。（2）在技术应用上，应实现信息化和高效化。希望通过搭建涉案工作的统一信息化平台创建合规案例资料库，同时打造专门的辅助审查和决策工具，增强决策依据的客观性和精准性。（3）在制度建设上，应以体系化和立法化为核心目标，从横向及纵向两个方面分别完善涉案企业合规管理和审查规则体系及制度。

---

① 陈瑞华：《企业合规的基本问题》，《中国法律评论》2020 年第 1 期。

② 《企业合规改革回顾与展望：第二届星来企业合规高端论坛在京举行》，http://www.legaldaily.com.cn/fxjy/content/2022-03/08/content_8684242.html。

从律师的角度，刑事合规对于企业所具有的价值主要体现在预防刑事法律风险、减轻刑事责任以及重塑企业价值三个方面。对于已经存在的风险，可以通过建立刑事风险应对机制来防止再次发生；对于未来可能存在的风险，可以通过建立合规制度来预防。无论是以整改为核心的合规不起诉制度下的刑事合规，还是以预防为核心的预防性刑事合规，都是在帮助企业建立一套符合监管要求的刑事合规制度[①]。

山东大学的谢鹏程教授提出了未来涉案企业合规改革可能的三条发展路径：一是从政策引导向立法规范发展，将原来的部门规章转化成法律，从法律视角来看，具体发展路径是从行政合规发展到刑事合规再发展到商事合规。二是从涉案企业合规到非涉案企业合规，转被动为主动。三是从个别企业合规转变为行业合规。

本书立足于当前企业管理的实践经验分析民营企业的法律风险，从国家层面、企业层面和个人层面探讨企业合规路径。

二、核心原则

如何构建有效且合理的合规管理体系，取决于企业的实际情况和需求，包括企业的性质和规模、所在行业及经营范围、运营模式和管理结构，结合这些因素考虑企业可能存在的风险，对症下药，制定对应的合规措施，才能达到理想的效果。虽说合规管理体系需要具体案例具体分析，但正如法律体系一样，即使囊括多个部门法，每个部门法中分很多领域板块，对应不同类型的法律纠纷和争议解决规定，但也需要基本原则作为核心指导，不仅发挥对内容设计的指引功能，还作为判定评价内容恰当与否的标准。

在思考企业合规管理体系的核心原则时，笔者对国内外有关企业合规的规范性文件进行研究，希望能从中总结出合规管理体系的基本规律。

经合组织 2010 年发布的《内部控制、企业道德及合规最佳实践指南》提出 12 点做法作为合规计划的核心要素，其中包括：（1）企业高级管理人员对内部控制、合规计划给予的支持和承诺；（2）明确禁止贿赂行为的企业方针；

---

① 《论企业如何开展刑事合规》，《上海法学研究》集刊(2021 年第 7 卷总第 55 卷)。

(3) 全体员工对于遵从内部控制和合规计划而达成的共识；(4) 合规工作由专职高管负责，向独立监督机构直接汇报，并确保合规机构的独立性、权威性；(5) 有针对性的企业道德与合规措施；(6) 引入合作第三方机构；(7) 确保会计账簿和记录的准确性；(8) 对员工的合规培训和为全体员工遵守合规计划而制定的鼓励措施；(9) 鼓励举报违规行为以及制定适当的纪律处分程序；(10) 定期审查和评估合规计划的有效性；等等。

除经合组织提出的上述要点以外，美国量刑委员会 2016 年颁布的《指南手册》具体规定了所确立的有效合规计划应包含以下 7 个要素，为我们提供了很重要的参考。

(1) 企业应当设立预防和侦查犯罪行为的标准和程序。

(2) 企业相关组织机构及其职能：①企业管理组织（管理者）应当了解合规与道德计划的内容和运作方式，并合理地监管该计划的实施及其有效性。②企业高层管理人员应当确保企业制定有效的合规与道德计划，并且对此负有全面责任。③企业应授权个别人员负责合规与道德建设的日常运作，这些人员应定期汇报合规与道德计划的实施效力。为了履行这种业务责任，应给予这些人员足够的资源、适当的权力，并可以直接接触到主管人员或主管部门。

(3) 企业不应将从事非法活动或其他不符合合规与道德计划的行为的任何个人纳入其重要权力机构。

(4) 教育和培训：企业应采用合理的方式，通过开展有效的培训或其他方式向特定人员传播与其角色和责任相适应的信息，包括上述提到的标准、程序以及合规与道德计划的其他方面。所谓的特定人员指管理机构成员、高层管理人员、有实权的人员、企业员工以及在适当情况下的企业代理人。

(5) 监督和审查机制：①企业应确保合规与道德计划得到实施，包括监控和审查，以发现犯罪行为；②定期评估该计划的有效性；③建立并公布允许匿名或保密的机制，使企业员工和代理人可以在不担心被报复的情况下就潜在的或实际的犯罪行为进行报告或寻求指导。

(6) 应当对那些按计划履行职责的人员给予适当激励，并对参与犯罪行为和未能采取合理措施预防犯罪行为的人员采取适当惩罚措施。

(7) 在发现犯罪行为后，组织应采取合理手段做出应对，并预防类似犯罪行为的发生，包括对本企业的合规与道德计划进行必要的调整。

2021 年 4 月 13 日，标准化组织发布《合规管理体系要求及使用指南》（以下简称《使用指南》），规定了组织建立、运行、维护和改进合规管理体系的要求，适用于全球任何类型、规模、性质和行业的组织。从该《使用指南》对建立、维护合规管理体系提出的具体要求总结出合规管理体系包括识别和分析组织所处的环境、发挥领导作用、制定合规目标和应对措施、规划和管控合规义务、运行维护和改进、绩效评价、内部审查前述要素和合规管理有效性等要素。

参考我国《合规管理体系指南》及国家发展改革委等七部门在 2018 年联合发布的《企业境外经营合规管理指引》（发改外资〔2018〕1916 号），企业合规管理体系的核心原则主要包括以下几点。

（1）合规团队的独立性原则。一方面，合规管理机构及人员承担的其他职责不应与合规职责产生利益冲突，确保独立性、客观性。另一方面，企业合规管理应从制度设计、机构设置、岗位安排以及汇报路径等方面保证独立性，能够与治理机构直接汇报沟通，且保留一定的管理空间和权限。

（2）适用性原则。企业合规管理应从企业自身的经营范围、组织结构和业务规模等实际出发，切忌直接套用固有模式。在构建管理体系时应兼顾管理成本与效率，强化合规管理制度的可操作性，提高合规管理的有效性。同时，企业应随着内部规模、管理风格、企业文化、市场环境及其他外部因素的变化持续调整和改进合规管理体系。

（3）全面性原则。企业合规管理覆盖企业所有业务领域、部门和员工岗位，贯穿决策、执行、监督、反馈等各个环节，体现于决策机制、内部控制、业务流程等各个方面。而且一个完善的合规管理体系应当涵盖从管理层到员工自上而下的教育培训、风险评估、应急处理、监督举报、审查追责等事前、事中、事后三个阶段的操作指引。

第二节　关于企业合规制度现状的思考

民营企业在我国市场经济中处于重要地位，却因各种因素缺乏市场竞争的优势，而且法律对民营企业的管理相对自主，企业自发性的合规意识薄弱，因此存在不合规的问题也相对较多。自2020年3月起，最高人民检察院选择上海市浦东新区、金山区，江苏省张家港市，山东省郯城县，广东省深圳市南山区、宝安区的6家基层检察院作为合规改革第一期试点单位，开展企业犯罪相对不起诉适用机制改革，该批试点主要在民营企业范围内进行。合规试点工作的开展，体现了惩治、预防、保护、促进相结合的原则，既有利于依法惩治和预防违法犯罪，又有利于保护、促进企业健康发展，还有利于试点取得较好的政治效果、法律效果和社会效果①。

2021年3月，最高检扩大试点范围，在10个省份442个检察院陆续开展第二期的涉案企业合规改革试点工作。由检察机关牵头，对于涉企刑事案件，在依法作出不批捕、不起诉决定，或依据认罪认罚从宽制度提出轻缓量刑的同时，督促该企业作出合规承诺、积极整改落实合规漏洞，建立和完善自身的合规管理制度。与国务院国资委、全国工商联等8部门共建第三方监督评估机制，司法、执法、行业联手监管。经过两年改革试点，10个试点省份检察机关共办理涉企业合规案件766件，其中适用第三方监督评估机制案件503件；部分非试点省份检察机关主动根据本地情况在试点文件框架内探索推进相关工作，办理合规案件223件，其中适用第三方监督评估机制案件98件②。在最高检的指导意见下，企业刑事合规也对其他国家部门起到一定的示范作用，譬如，在行政监管领域建立相应的合规监督体系，参照刑事企业合规改革的核心要点，把合规措施作为行政处理评价的考量因素之一。再者，在检察院的合规改革试点下，既能达到对企业的警示效果，预防犯罪，又能激励并督促涉案企业与非涉案企业进行预防、整改，根据企业的行为和结果合法合理作出裁量，保护社会法益的同时，也给予企业“改过自新”的机会，释放企业活力。

然而，在推进企业合规制度实行的过程中，在学术理论和实践操作方面都遇到了难题。

从理论层面思考，企业合规改革主要从刑事领域开始推进，也是检察机

---

① 朱孝清：《企业合规中的若干疑难问题》，《法治研究》2021年第5期。

② 《最高检会同全国工商联召开会议 检察机关全面推开涉案企业合规改革试点》，https://www.spp.gov.cn/zdgz/202204/t20220406_553393.shtml。

关应对企业犯罪的重要举措，据此，我国《刑法》增加企业合规出罪这一出罪路径，在整体上改善我国《刑法》的出罪格局①。但学者们开始讨论，这与《刑法》的“罪刑法定原则”是否有矛盾之处。罪刑法定原则是《刑法》最普遍、最根本的原则，核心可以概述为“法无明文规定不为罪、法无明文规定不处罚”，包括三点：（1）《刑法》中所规定的犯罪必须由法律明文规定，即罪的法定；（2）《刑法》中所规定的刑罚必须由法律明文规定，即刑的法定；（3）《刑法》中所规定的刑事责任必须由法律明文规定，即责的法定。参考刑事合规制度较为成熟完善的国家，一般均通过立法的形式为刑事合规的实施提供保障。而我国现行刑事法律制度对于刑事合规并没有作出规定。实体法中，《刑法》没有确定关于企业合规的激励标准，没有成为法定的出罪或者减免刑罚的事由；程序法中，刑事诉讼法亦没有规定通过合规计划可适用附条件不起诉的路径，现在提出的刑事合规制度只是一种理念。于是，在当下推行企业合规的激励制度，涉嫌犯罪的企业获得实体上和程序上的从宽处理，甚至作出不起诉决定，是否有违罪刑法定原则，甚至僭越最根本的法治原则，这些问题在理论界引起了争论。再者，根据合规制度，如果通过合规计划即可让企业或个人免于刑事处罚，是否会削弱《刑法》对企业犯罪行为的惩治力度，甚至削弱《刑法》本身的惩戒性和威慑力？尤其是对于已实施犯罪行为的企业，若不对其作出处罚，从法治理念和法律的价值导向来看，合规制度是否会成为间接助长企业犯罪的因子，甚至由此制造出其他风险？此外还有一种声音是在讨论企业合规制度是否偏离司法的正义。例如一些侵权型的企业犯罪，被害人往往要求追究犯罪企业和责任人员的刑事责任，如果对涉罪企业作出不起诉的决定，被害人的要求可能得不到落实，权利的保护与保障难以平衡，是否可能导致司法天平的倾斜？②

而在实务操作方面，鉴于企业所涉业务、类型各有不同，且规模、水平实力参差不齐，即使是经营管理，也不能统一适用同一套制度和法则，更别说实施企业合规制度了。于是有学者提问：“不同规模涉罪企业是否都可以采

---

① 赵赤：《刑事合规：重在选择企业合规出罪路径》，《检察日报》2022年1月28日第3版。

② 孙国祥：《企业合规改革实践的观察与思考》，《中国刑事法杂志》2021年第5期。

取合规考察措施以及是否需要统一的合规标准。”[①]

第一，对于中小型企业来说，首先考虑的是生存和稳定，经济实力不雄厚，运转规模不大，制定和实施合规计划的高额成本对中小企业是个难题[②]。所以在推行合规制度过程中，是否应当区分中小型企业和大型企业，制定两套逻辑的合规制度，或者目前先对大企业适用合规制度？而企业与企业之间存在差异性，如何制定标准才能体现出执法的公平正义呢？

第二，如何确定通过事后合规整改和考察进行不起诉的案件适用范围[③]。有人提出这样的观点：“要拓展检察机关对合规不起诉考察的运用范围，对于犯罪嫌疑人可能被判处三年以上十年以下有期徒刑的单位犯罪案件，对其提起公诉的同时，可以对犯罪嫌疑企业适用相对不起诉；对其他企业犯罪案件，经刑事合规监督考察后，可以作比一般案件更为宽缓的处理。”根据目前合规的试行操作，合规不起诉改革大多数应用于可能被判处三年以下有期徒刑的案件，主要根据刑事诉讼法的“犯罪行为轻微”作出，但也有检察机关扩大了这个范围，所以暂时没有一个统一且明确的界定标准，什么类型的犯罪案件可以进行不起诉处理，在往后继续推行企业合规改革的实践中容易引起矛盾和争议。

第三，我国《刑法》对企业犯罪适用的是双罚制，意味着涉案企业及涉案企业主要人员是捆绑的，能否将涉罪企业与承担责任的企业主管人员、直接责任人员分开处理，需要对理论和实操制度进行同步研究[④]。

此外，根据最高人民检察院要求，对于不捕、不诉的企业，可以敦促其作出合规承诺，刑事处罚和行政处罚要衔接好，督促涉案企业把合规承诺落

---

① 孙国祥：《企业合规改革实践的观察与思考》，《中国刑事法杂志》2021 年第 5 期。

② 菲利普·韦勒：《有效的合规计划与企业刑事诉讼》，万方译，《财经法学》2018 年第 3 期。

③ 《企业合规不起诉的中国实践》，http://www.cqlsw.net/business/theory/2021011336261.html。

④ 孙国祥：《企业合规改革实践的观察与思考》，《中国刑事法杂志》2021 年第 5 期。

实到位[1]。至于企业作出合规承诺、制定合规计划后，由哪方主体去监管、督促整改、验收，如何与检察机关衔接，目前各地实践做法不同。有的地方以检察机关为主导，聘请专业人员监督、考察和评估企业合规情况；有的地方联合市场监管、环保、税务等部门以及相关专家组成专门的监督考察组进行考察；还有的地方聘请律师事务所和会计师事务所等专业机构作为监管方，对合规监管企业进行合规培训，进行监督考察，出具评定意见……[2]在具体的监管模式和衔接路径上，仍需要不断地探索完善。

鉴于企业合规改革中遇到的种种问题和质疑，理论界和实务界的专家、学者一直在研究如何完善企业合规制度，并针对现实问题寻找适合中国国情的企业合规改革。除了在国家政策、法律体系层面增加对企业合规的重视，同时还应了解在企业的经营管理中可能面临的合规风险及相应的合规整改措施，要通过"事前合规"避免受到刑事处罚和行政处罚，应该从企业及企业员工的角度考虑合规。但即使无法在"事前合规"环节完全规避风险，在涉嫌违法犯罪时，亦可通过前期采取的合规措施降低法律风险，减少损害后果，同时以事前合规措施为基础争取我国企业合规制度中的从宽处理。

---

① 邱春艳、李钰之：《创新检察履职，助力构建中国特色的企业合规制度》，《检察日报》2020 年 12 月 28 日第 1 版。

② 孙国祥：《企业合规改革实践的观察与思考》，《中国刑事法杂志》2021 年第 5 期。

第二章 国家如何保护民营企业合法权益

第一节 政治上有地位

“民营经济是我国经济制度的内在要素，民营企业和民营企业家是我们自己人。”[1] 改革开放以来，我国破除所有制问题上的传统观念束缚，随着对个体经济、私营经济的政策演变，逐渐恢复民营企业的发展，重新激发民营企业对社会经济发展的价值，为非公有制经济发展打开了大门。党的十五大把“公有制为主体、多种所有制经济共同发展”确立为我国基本经济制度。这一基本经济制度是中国特色社会主义制度的重要组成部分，是完善社会主义市场经济体制的必然要求，其重大意义在于进一步确立了民营企业在国民经济中的地位，是社会主义市场经济的重要组成部分。我国坚持“两个毫不动摇”的大政方针肯定了非公有制经济在我国社会主义市场经济发展过程中起到重要基础作用，民营企业的地位作用不容置疑。

2018 年 10 月 20 日，习近平总书记在给“万企帮万村”行动中受表彰的民营企业家的回信中写道：“民营经济的历史贡献不可磨灭，民营经济的地位作用不容置疑，任何否定、弱化民营经济的言论和做法都是错误的。”改革开放 40 周年，习近平总书记在民营企业座谈会上的讲话上更是充分肯定了民营经济在中国的重要地位和作用：民营经济贡献了 50%以上的税收，60%以上的国内生产总值，70%以上的技术创新成果，80%以上的城镇劳动就业，90%以上的企业数量。我国民营经济已经成为推动我国发展不可或缺的力量，成为创业就业的主要领域、技术创新的重要主体、国家税收的重要来源，对我

① 《习近平：在民营企业座谈会上的讲话》，https://www.gov.cn/xinwen/2018-11/01/content_5336616.htm。

国社会主义市场经济发展、政府职能转变、农村富余劳动力转移、国际市场开拓等发挥了重要作用。

党的二十大报告中提到，加快构建新发展格局、着力推动高质量发展的第一项便是构建高水平社会主义市场经济体制。“坚持和完善社会主义基本经济制度，毫不动摇巩固和发展公有制经济，毫不动摇鼓励、支持、引导非公有制经济发展，充分发挥市场在资源配置中的决定性作用，更好发挥政府作用。……优化民营企业发展环境，依法保护民营企业产权和企业家权益，促进民营经济发展壮大。完善中国特色现代企业制度，弘扬企业家精神，加快建设世界一流企业。支持中小微企业发展。”① 2022 年中央经济工作会议又特别强调：“切实落实‘两个毫不动摇’针对社会上对我们是否坚持‘两个毫不动摇’的不正确议论，必须亮明态度，毫不含糊。”从“坚持”到“切实落实”，传递出要用制度和法律的力量去落实鼓励、支持、引导民营经济发展的重要信号，为广大民营企业注入发展的强心剂。

民营企业的发展前途不可限量。我国对非公有制经济发展一直持重视和支持的态度，不断落实鼓励、支持、引导民营经济发展的各项政策措施。2019 年 3 月 10 日，习近平总书记在参加十三届全国人大二次会议福建代表团审议时提道：“为各类所有制企业营造公平、透明、法治的发展环境，营造有利于企业家健康成长的良好氛围，帮助民营企业家实现创新发展，在市场竞争中打造一支有开拓精神、前瞻眼光、国际视野的企业家队伍。”

在继续坚持基本经济制度的道路上，民营企业享受国家支持政策，其合法权益受到同等的保护。

第二节　法律上有体系

以《中华人民共和国宪法》（以下简称《宪法》）为核心的中国特色社会主义法律体系，对民营企业的合法权益有着明确的规定。宪法作为拥有最

① 《习近平在中国共产党第二十次全国代表大会上的报告》，https://www.qstheory.cn/yaowen/2022-10125/c-1129074926.html。

高法律效力的文件，从民营企业的地位、企业及企业家的财产权、企业家的人身权等角度，全面保护民营企业的合法权益。《宪法》及《中华人民共和国宪法修正案》都与民营企业有着紧密联系。

1982 年《宪法》第十一条规定："在法律规定范围内的城乡劳动者个体经济，是社会主义公有制经济的补充。国家保护个体经济的合法的权利和利益。国家通过行政管理，指导、帮助和监督个体经济。"《宪法》条文中确定了个体经济与公有制经济的关系，并明确了国家保护个体经济的态度。1988 年宪法修正案在第十一条中增加规定："国家允许私营经济在法律规定的范围内存在和发展。私营经济是社会主义公有制经济的补充。国家保护私营经济的合法的权利和利益，对私营经济实行引导、监督和管理。"1993 年将计划经济改为市场经济，《宪法》第十五条规定："国家实行社会主义市场经济。国家加强经济立法，完善宏观调控。国家依法禁止任何组织或者个人扰乱社会经济秩序。"1999 年宪法修正案的 6 处修订内容中，有一处是对个体经济和私营经济作出进一步的规定①。在 2004 年的宪法修正案中，原第十一条第二款被修改为："国家保护个体经济、私营经济等非公有制经济的合法的权利和利益。国家鼓励、支持和引导非公有制经济的发展，并对非公有制经济依法实行监督和管理。"与此同时，原第十三条规定的"国家保护公民的合法的收入、储蓄、房屋和其他合法财产的所有权。国家依照法律规定保护公民的私有财产的继承权"改为"公民的合法的私有财产不受侵犯。国家依照法律规定保护公民的私有财产权和继承权。国家为了公共利益的需要，可以依照法律规定对公民的私有财产实行征收或者征用并给予补偿"。

虽然《宪法》中使用的是"个体经济""私营经济"及"非公有制经济"等名词，但反映了民营企业被宪法赋予的重要性。《宪法》扩大对非公有制经

---

① 《中华人民共和国宪法修正案》（1999 年）第十一条规定："在法律规定范围内的个体经济、私营经济等非公有制经济，是社会主义市场经济的重要组成部分。国家保护个体经济、私营经济的合法的权利和利益。国家对个体经济、私营经济实行引导、监督和管理。"

济的权益保护，增强对公民人身权[1]和财产权益的保护体现的是国家鼓励发展民营企业，支持民营企业家的态度以及营造良好的营商环境的举措。《宪法》是国家根本大法，兼具政治性和法律性，其相关内容的修订和确立是民营企业发展的定心丸。

在法律体系层面，我国从全国性法律法规、国务院部门规章到省市地方性法规，在诸多层面保障民营企业的合法权益。国家层级的法律有《中华人民共和国民法典》（以下简称《民法典》）、《中华人民共和国公司法》（以下简称《公司法》）、《中华人民共和国合伙企业法》、《中华人民共和国外商投资法》、《中华人民共和国海商法》、《中华人民共和国中小企业促进法》、《中华人民共和国劳动法》（以下简称《劳动法》）以及涉及税务、票据、证券等相关领域的部门法。

国务院部门规章有《优化营商环境条例》《企业资产损失财务处理暂行办法》《公司注册资本登记管理规定》《关于设立中外合资对外贸易公司暂行办法》等。

同时，各地区以民营企业的问题为核心发布各项规定，如广东省、江苏省、云南省、河北省、甘肃省等省份为促进中小企业健康发展设立的专项条例，还有《广东省企业和企业经营者权益保护条例》《上海市优化营商环境条例》《浙江省民营企业发展促进条例》等各个省市为民营企业创设良好发展环境和权益保护基础的规范。

第三节　制度上有保障

近些年国家也推出了若干利好制度推动民营企业发展，《关于支持民营企业加快改革发展与转型升级的实施意见》中提出的九个部分囊括了国家对民

---

① 《中华人民共和国宪法》第三十七条规定："中华人民共和国公民的人身自由不受侵犯。任何公民，非经人民检察院批准或者决定或者人民法院决定，并由公安机关执行，不受逮捕。禁止非法拘禁和以其他方法非法剥夺或者限制公民的人身自由，禁止非法搜查公民的身体。"

营企业改革发展的政策支持。其中，笔者认为以下四个方面的政策为民营企业提供了更大的前进动力。

第一，采取降低企业生产经营成本的举措。例如，阶段性减免社会保险费和降低社保费率政策；对小微企业实行全额返还 2020 年至 2021 年工会经费的政策；将除高耗能以外的大工业和一般工商业电价全年降低 5%；建立物流基础设施用地保障机制，引导各地合理设置投资强度、税收贡献等指标限制……在国家政策的指导下，地方政府纷纷落实具体举措，比如，2021 年 3 月 26 日，福建省工业和信息化厅等七部门印发《关于支持民营企业加快改革发展与转型升级的实施方案》的通知，规定扩大电力直接交易市场主体范围，放开电压等级 10kV 及以上的工业用户参与电力市场化交易，等等。

第二，加强民营企业的资源优化。一方面是科技创新资源，鼓励民营企业参与国家产业创新中心、国家制造业创新中心、国家工程研究中心等创新平台建设；建设国家知识产权公共服务平台，提供知识产权一站式检索、保护和咨询等服务；增加普惠型科技创新投入，通过银企合作、政府引导基金、科技和知识产权保险补助、科技信贷和知识产权质押融资风险补偿等方式开展；促进民营企业数字化转型，开发符合中小企业需求的数字化平台、系统化解决方案等。另一方面是人才资源，从民营企业专业技术人才职称评审、享受政府特殊津贴人员比重、技能人才薪酬分配制度、职业技能培训等多方面加大对人才资源的支持。

除此之外，国家还重视土地供给、企业资质管理、商事登记等资源保障。在产业用地供给问题上，保障民营企业依法平等取得政府供应或园区转让的工业用地权利，允许中小民营企业联合参与工业用地招拍挂，可按规定进行宗地分割。福建省对应提出："对我省优先发展产业且用地集约的工业项目，在确定土地使用权出让底价时，可按不低于所在地土地等别并对应《全国工业用地出让最低价标准》的 70% 执行。按比例计算后低于该项目实际土地取得成本、土地前期开发成本和规定应收取的相关费用之和的，应按不低于实际各项成本费用之和的原则确定出让底价。鼓励以长期租赁、先租后让、租让结合、弹性年期等方式供应工业用地。对民营企业因历史遗留问题导致无法办理不动产权证明的，通过'一事一议''一企一策'专题研究解决。"

第三，为民营企业提供金融支持。修订中小企业划型标准，施行《保障中小企业款项支付条例》，规定机关、事业单位从中小企业采购货物、工程、服务的付款期限，对支付方式、付款流程、违约利息等方面作出要求，并明确投诉渠道、监督解决、责任追究等问题，保障中小企业的资金回款。

在融资方面，国家持续落实普惠小微企业贷款延期还本付息和信用贷款支持政策，并进一步加码。2020 年以来，中国人民银行等部门实施了中小微企业贷款阶段性还本付息政策。2020 年 3 月，五部委联合出台对中小微企业贷款临时性延期还本付息政策（《关于进一步对中小微企业贷款实施阶段性延期还本付息的通知》）。2020 年 6 月 1 日，央行创设两个直达实体经济的货币政策工具（一个是普惠小微企业贷款延期支持工具，另一个是普惠小微企业信用贷款支持计划），并印发《关于进一步对中小微企业贷款实施阶段性延期还本付息的通知》，对于 2020 年年底前到期的普惠小微贷款本金、2020 年年底前存续的普惠小微贷款应付利息，给予一定期限的延期还本付息安排，最长可延至 2021 年 3 月 31 日，并免收罚息。其中，普惠小微企业贷款延期支持工具是指，央行提供 400 亿元再贷款资金，通过特定目的的工具（SPV）与地方法人银行签订利率互换协议的方式，向地方法人银行提供激励，激励资金约为地方法人银行延期贷款本金的 1%；普惠小微企业信用贷款支持计划是指，对于符合条件的地方法人银行新发放的普惠小微企业信用贷款，央行按实际发放信用贷款本金的 40%提供优惠资金，期限为 1 年，预计信用贷款支持可带动地方法人银行新发放普惠小微企业信用贷款约 1 万亿元。但购买部分的贷款利息由放贷银行收取，坏账损失也由放贷银行承担。购买上述贷款的资金，放贷银行应于购买之日起满一年时按原金额返还①。

2021 年 3 月，央行等五部门联合印发《关于进一步延长普惠小微企业贷款延期还本付息政策和信用贷款支持政策实施期限有关事宜的通知》，将普惠小微企业贷款延期还本付息政策延期至 2021 年 12 月 31 日。对于 2021 年 4 月 1 日至 12 月 31 日期间到期的普惠小微企业贷款（包括单户授信 1000 万元及以下的小微企业贷款、个体工商户和小微企业主经营性贷款），由企业和银行自主协商确定，继续实施阶段性延期还本付息。2022 年 11 月 14 日，中国人民

① 《国务院：两项直达实体经济的货币政策工具延续》，http://www.gov.cn/zhengce/2020-12/23/content_5572815.htm。

银行等六部门联合印发《关于进一步加大对小微企业贷款延期还本付息支持力度的通知》，对于2022年第四季度到期的小微企业贷款（含个体工商户和小微企业主经营性贷款），还本付息日期原则上最长可延至2023年6月30日。延期贷款正常计息，免收罚息。

第四，支持民营企业转型升级投资。国家发展和改革委员会等六部门联合印发的《关于支持民营企业加快改革发展与转型升级的实施意见》指出："对在政府和社会资本合作（PPP）项目[①]中设置针对民营资本差别待遇或歧视性条款的，各级财政部门按照规定不予资金支持"，以保障民营企业能够平等参与项目投资，并优化《鼓励外商投资产业目录》（2022年版）和《产业结构调整指导目录》（2024年本），推动民营企业在产业链、价值链关键业务上重组整合。针对传统产业的发展，中央引导传统产业技术改造，分别从机械装备产业高质量发展、石化产业安全绿色高效发展、老旧机械更新改造方面，向智能、安全、绿色、服务、高端方向发展。地方政府及部门就此同步出台各领域对应的支持政策，以福建省为例，实施企业技术改造设备投资奖补政策，省级财政按项目设备（含技术、软件等）投资额不超过5%的比例给予补助，单个企业最高不超过500万元，其中省级龙头企业不超过1000万元。对实际投资1000万元以上的技改项目，在项目完工投产后且较上一年度营业收入增长的，省级财政再按项目设备投资额不超过5%的比例给予奖励，单个企业最高不超过500万元，其中省级龙头企业不超过1000万元[②]。

---

① 政府和社会资本合作模式（Public-Private-Partnership，PPP）：指政府通过特许经营权、合理定价、财政补贴等事先公开的收益约定规则，引入社会资本参与城市基础设施等公益性事业投资和运营，以利益共享和风险共担为特征，发挥双方优势，提高公共产品或服务的质量和供给效率。

② 《福建省人民政府办公厅关于印发福建省培优扶强工业龙头企业引领产业高质量发展行动计划的通知》，https://zfgb.fujian.gov.cn/9122。

第四节　执法上有清单

在执法层面，国家设置“权力清单”“负面清单”“责任清单”三个清单，使得行政主体行为更加合法、规范、正当。权责清单制度主要是规范和监督行政权力的工具，约束行政主体的权力行使，保障行政相对人的合法权益。从民营企业的角度考虑，则是通过落实权责清单制度，在法律的保护下正常开展经营活动，避免因行政主体的乱作为、不作为影响市场秩序。

一、权力清单——“法无授权不可为，法定职权依法为”

行政主体的权力都应该在法律规定的范围内，依照程序行使。如果打破了这一原则，公权力将失去约束和限制，容易被利用、滥用，而行政相对人的合法权益将可能无限度地受到侵害。《中共中央关于全面深化改革若干重大问题的决定》第十项“强化权力运行制约和监督体系”部分提出：“推行地方各级政府及其工作部门权力清单制度，依法公开权力运行流程。完善党务、政务和各领域办事公开制度，推进决策公开、管理公开、服务公开、结果公开。”据此，形成“权力清单”就是为了进一步明确权力边界，确定权力行使范围，将政府该干什么、能管什么清晰地列出来，政府做出行为前一一对照，清单上有的可以做，清单上没有的则不能做。在依法治国、依法行政的社会中，这种清单式管理让政府的行为更加规范，也更公开透明，既便于让公众知晓被行政机关监督管理的内容，又能让社会反向监督行政机关行为的合法性、正当性，形成双向的监督机制。

二、负面清单——“法无禁止皆可为”

负面清单一般是指市场准入负面清单制度，《中共中央关于全面深化改革若干重大问题的决定》关于完善现代市场体系的重点中提出：“建立公平开放透明的市场规则。实行统一的市场准入制度，在制定负面清单基础上，各类市场主体可依法平等进入清单之外领域。探索对外商投资实行准入前国民待遇加负面清单的管理模式。”根据《国务院关于实行市场准入负面清单制度的意见》的规定，市场准入负面清单制度，是指国务院以清单方式明确列出在中华人民共和国境内禁止和限制投资经营的行业、领域、业务等，各级政府依法采取相应管理措施的一系列制度安排。对于市场准入负面清单以外的行业、领域、业务等，各类市场主体均可依法平等进入，无须经政府审批。而负面清单主要包括市场准入负面清单和外商投资负面清单，前者适用于境内外投资者的一致性管理措施，是对各类市场主体市场准入管理的统一要求；后者适用于境外投资者在华投资经营行为，是针对外商投资准入的特别管理措施。

表面上“负面清单”是告知公众哪些事情不能做，但其实传递出的更为重要的信号是，对于市场主体来说，“法无禁止皆可为”可具体化为“负面清单未列者均可为”。《中共中央　国务院关于营造更好发展环境支持民营企业改革发展的意见》首先提到优化公平竞争的市场环境，其中的重点之一就是进一步放开民营企业市场准入，深化“放管服”改革，进一步精简市场准入行政审批事项，不得额外对民营企业设置准入条件。通过设定清单，企业可从中精准获取信息，在投资经营活动中解脱束缚，不再“戴着镣铐跳舞”。在实行负面清单制度的背景下，企业自然会被激发创新的活力，在合法合规的边界内大胆行动，各凭本事、公平竞争，自然而然就使市场经济的创新氛围越来越浓[①]。不论是对企业个体还是对整个市场环境，都会产生良好的效益。

三、责任清单——“法定职责必须为”

虽说以“权力清单”和“负面清单”逐步实现简政放权，企业有更大的空间“施展拳脚”，但并不意味着政府完全不管。在防止行政主体乱作为的同时，还要确保行政主体有作为。比如，如果形成垄断市场，垄断主体会抑制市场活力，政府就要采取反垄断措施；又如，某一市场领域出现了非良性竞

① 《中国奇迹的制度“密码”（14）｜“三张清单”推动政府改革》，https://www.12371.gov.cn/Item/586681.aspx。

争、假冒伪劣现象严重，政府则开展反不正当竞争行动，加强对价格、网络、宣传等方面的监管，打击违法犯罪行为。

“责任清单”旨在规范行政主体的监管责任和确定监管范围，明确不同职能部门的“职责边界”。因此，权力清单往往与责任清单衔接适用，在推行清单制度后，中央编办、国务院法制办印发了《关于深入推进和完善地方各级政府工作部门权责清单制度的指导意见》，要求完善地方的权责清单制度，确认行政职权的行使主体、事项、依据、流程、岗位、责任，明确监督问责的主体、流程、措施。据此，各省、市（州）、区（县）三级政府部门纷纷出台相应的权责清单，包括城市建设、生态环境、市场监管、交通运输等领域的行政监管。通过细化明确行政执法程序、规范执法自由裁量权，严格规范公正文明执法。政府通过事前审批、事中及事后监管的手段，维护诚信经营、公平竞争的市场环境。

第五节　司法上有底线

在司法层面，《中共中央　国务院关于营造更好发展环境支持民营企业改革发展的意见》提出“健全执法司法对民营企业的平等保护机制”以及“保护民营企业和企业家合法财产”两大要求，具体体现在以下六个方面。

（1）加大对民营企业的刑事保护力度，依法惩治侵犯民营企业投资者、管理者和从业人员合法权益的违法犯罪行为。突出惩治欺行霸市、强买强卖、黑社会性质犯罪组织和恶势力犯罪团伙以暴力、胁迫等方式向民营企业收取“保护费”插手民营经济发展的犯罪活动[①]。同时，保障民营企业家在协助纪检监察机关审查调查时的人身和财产合法权益，根据《纪检监察机关监督检查审查调查措施使用规定》及纪检监察机关的相关办案规则，要求把握好措施使用合法性、合理性和安全性，依照法定程序和手段采取调查措施，适度把握，包括采取措施的对象、种类、时限等，要审慎把握相关人员与涉嫌违

① 《营造法治化营商环境　护航民营企业健康发展》，https://www.spp.gov.cn/spp/llyj/202012/t20201208_488418.shtml。

纪或者职务违法、职务犯罪行为的关联性，以及采取措施的紧急程度等情况，不得超过必要限度。遵循从严使用、禁止滥用的原则。

（2）提高司法审判和执行效率，防止因诉讼拖延影响企业生产经营。有的地区针对民营企业买卖租赁、劳务纠纷、融资纠纷、土地承包权流转纠纷、破产等案件类型制定相应的司法服务和保障措施①。有的地区提出开辟民营企业诉讼“绿色通道”，一是在立案环节对符合条件的优先立案、优先保全，有针对性地做好风险提示、举证指导、法律释明等工作；二是对涉及民营企业重点项目、重点工程的案件，努力做到快立、快审、快结、快执，为企业提供高效、便捷的司法服务；三是通过案件繁简分流，做到“简案快结、难案精审”，提高审判效率，降低企业诉讼成本；四是对事实清楚、法律关系简单的涉民营企业案件强化诉前调解，减轻企业诉累②。

（3）知识产权保护。最高人民法院于 2018 年 1 月 2 日发布的《关于充分发挥审判职能作用为企业家创新创业营造良好法治环境的通知》对企业家的知识产权保护提出要求，要完善符合知识产权案件特点的诉讼证据规则，推进知识产权民事、刑事、行政案件审判三合一，增强知识产权司法保护的整体效能。建立以知识产权市场价值为指引，补偿为主、惩罚为辅的侵权损害司法认定机制。2019 年 12 月 4 日发布的《中共中央　国务院关于营造更好发展环境支持民营企业改革发展的意见》，在此基础上强调健全知识产权侵权惩罚性赔偿制度，完善诉讼证据规则、证据披露以及证据妨碍排除规则。

（4）执行产权保护司法政策，建立涉政府产权纠纷治理长效机制。国家在执法、司法中准确界定产权关系，依法严格区分违法所得、其他涉案财产与合法财产，严格区分企业法人财产与股东个人财产，严格区分涉案人员个人财产与家庭成员财产。对于涉嫌政府机构失信或政府政策调整导致的政府机构与企业、企业家之间的产权纠纷问题，相关纠纷问题没有通过司法程序处理，或是法院虽已判决但因各种因素长期未能执行等系列问题，列为涉政

---

① 《肇东市法院为民营企业发展提供司法服务和保障 20 条工作措施》，http://hybt/zy.hljcourt.gov.cn/pobli c/detail.php?id-12771。

② 《关于做好民营企业司法服务工作的几点建议》，http://elcqfy.nmgfy.gov.cn/article/detail/2019/04/id/3815028.shtml。

府产权纠纷，通过专项治理机制予以解决。最高人民法院为此类案件纠纷提出的意见是："妥善认定政府与企业签订的合同效力，对有关政府违反承诺，特别是仅因政府换届、领导人员更替等原因违约、毁约的，依法支持企业的合理诉求。妥善审理因政府规划调整、政策变化引发的民商事、行政纠纷案件，对于确因政府规划调整、政策变化导致当事人签订的民商事合同不能履行的，依法支持当事人解除合同的请求。对于当事人请求返还已经支付的国有土地使用权出让金、投资款、租金或者承担损害赔偿责任的，依法予以支持。对企业家财产被征收征用的，要综合运用多种方式进行公平合理的补偿[①]。"

许多地方政府根据国家发展和改革委员会、中共中央政法委员会等九部门发布的《关于开展涉政府产权纠纷问题专项治理行动的通知》，针对地方问题和需求制定其涉政府产权纠纷治理方案。以江西省为例，其根据《江西省发展改革委等十一部门关于印发〈江西省开展涉政府产权纠纷问题专项治理行动工作方案〉的通知》，在 2019 年 7 月至 2020 年 6 月期间开展专项治理行动。根据该工作方案，具体问题主要被划分为 4 类：①因政策调整、政府机构换届、领导人员更替等因素，政府机构不履行招商引资和项目建设中与投资主体依法签订的各类合同，不兑现奖励和扶持政策，造成企业和投资者财产权和合法权益受损的纠纷问题；②因国家利益、公共利益以及其他法定事由改变政府承诺和合同约定，调整城市总体规划、土地利用总体规划等各类规划，实施征地拆迁、企业搬迁等，未依照法定权限和程序进行或未依法给予补偿，导致企业或企业家财产权和合法权益受损等纠纷问题；③政府机构在与企业的业务往来中，拖欠企业货款、工程款等纠纷问题；④政府机构与企业和企业家之间的产权纠纷已经法院判决但因各种因素长期未能执行的案件。由各地产权保护协调工作机构牵头分阶段自查问题、甄别核实情况，协调各部门根据案件事实类型、难易程度研究解决，并对纳入专项行动范围的产权案件，对照处理意见逐一与当事人核实办理进展。通过各地区专项解决涉政府产权纠纷的行动，企业及企业家的财产权益得以保障和维护，让企业

① 《最高人民法院关于充分发挥审判职能作用为企业家创新创业营造良好法治环境的通知》，https://www.court.gov.cn/fabu/xiangqing/76142.html。

对政府更有信心，稳定民营经济。

（5）依法审慎适用强制措施。采取强制措施前从事实、证据、程序、法律适用等层面把关审查，对民营企业相关财产采取查封、扣押、冻结等强制措施，应对涉案财物的范围、数额、程序等严格控制，对企业家采取刑事强制措施，要充分考虑保护民营企业发展的需要，认真落实羁押必要性审查制度。

（6）防止利用刑事手段干预经济纠纷，坚持罪刑法定原则，对企业家在生产、经营、融资活动中的创新创业行为，只要不违反刑事法律的规定，不得以犯罪论处。严格非法经营罪、合同诈骗罪的构成要件，防止随意扩大适用。对于在合同签订、履行过程中产生的民事争议，如无确实充分的证据证明符合犯罪构成的，不得作为刑事案件处理①。甄别纠正侵犯民营企业和民营企业家人身财产权的冤错案件，保护民营企业家的人身自由和财产权利。根据最高院的要求，对于涉民营企业家产权错案冤案，要依法及时再审，尽快纠正。准确适用《中华人民共和国国家赔偿法》，及时启动国家赔偿程序，公正高效审理涉及民营企业家的国家赔偿案件。

---

① 《最高人民法院关于充分发挥审判职能作用为企业家创新创业营造良好法治环境的通知》，https://www.court.gov.cn/fabu/xiangqing/76142.html。

第三章　企业自身如何防控常见的刑事法律风险

第一节　法律责任类别

一、民事责任

民事责任是民事主体不履行或者不完全履行民事义务应当依法承担的不利后果。从违反义务一方来说是指其所承担的法律后果，从被救济的一方来说则是保护其民事权利不被损害的必要措施和手段。民事责任主要分为违约责任和侵权责任两种。

（一）违约责任

违约责任属于财产性的民事责任，是建立在合同（约定）之上的责任后果，因此其责任主体和责任范围由合同的性质决定。其一，基于合同的相对性原理，违约责任亦产生于合同当事人之间，而非其他第三人。因此，若合同当事人因第三人的原因无法履行或完全履行合同义务，亦应在承担违约责任后向第三人追偿。其二，基于合同自由原则和意思自治原则，违约责任具有一定的任意性，当事人可在法定范围内自由约定责任的承担方式和承担内容。如果没有约定，损失赔偿额一般相当于受害人因违约而受到的损失，包括直接损失和间接损失。具体的责任承担形式有继续履约、采取补救措施、赔偿损失、支付违约金等。

1. 继续履行

继续履行是指违约方根据对方当事人的请求继续履行合同规定的义务的

违约责任形式。继续履行的内容包括强制违约方交付按照合同约定本应交付的标的、继续提供服务或其他按合同约定应履行的义务。

（1）相关法条规定如下。

《民法典》第五百七十七条：当事人一方不履行合同义务或者履行合同义务不符合约定的，应当承担继续履行、采取补救措施或者赔偿损失等违约责任。

《民法典》第五百七十九条：当事人一方未支付价款、报酬、租金、利息，或者不履行其他金钱债务的，对方可以请求其支付。

《民法典》第五百八十条：当事人一方不履行非金钱债务或者履行非金钱债务不符合约定的，对方可以请求履行，但是有下列情形之一的除外：

（一）法律上或者事实上不能履行；

（二）债务的标的不适于强制履行或者履行费用过高；

（三）债权人在合理期限内未请求履行。

有前款规定的除外情形之一，致使不能实现合同目的的，人民法院或者仲裁机构可以根据当事人的请求终止合同权利义务关系，但是不影响违约责任的承担。

《民法典》第五百八十一条：当事人一方不履行债务或者履行债务不符合约定，根据债务的性质不得强制履行的，对方可以请求其负担由第三人替代履行的费用。

（2）继续履行的适用情形。

继续履行的前提是当事人一方存在拒绝履行、迟延履行、不完全履行等违约行为，且债务具有继续履行的可行性。最常见的可继续履行债务是金钱债务，而非金钱债务中，除法律规定的除外情形，也可请求继续履行。

2. 采取补救措施

补救措施包括修理、更换、重作、退货、减少价款或报酬等。

例如，质量不符合约定，首先按照当事人的约定承担违约责任，如无约定或约定不明确的，非违约方可根据标的性质和损失的大小，选择要求对方采取修理、更换、重作、退货、减少价款或报酬等措施，虽然这些要求没有具体的衡量标准，但也需要在一定合理范围内，否则可能不被支持。

（1）相关法条规定如下。

《民法典》第五百八十二条：履行不符合约定的，应当按照当事人的约定承担违约责任。对违约责任没有约定或者约定不明确，依据本法第五百一十条的规定仍不能确定的，受损害方根据标的的性质以及损失的大小，可以合理选择请求对方承担修理、重作、更换、退货、减少价款或者报酬等违约责任。

（2）采取补救措施的适用情形。

这一责任承担方式的前提是具有采取补救措施的可能性，如果事情已经不可逆、无法挽回，自然不适用。至于采取何种补救措施，则依据合同双方的实际情况，由双方当事人协商选择修理、更换、重作、退货等补救措施。

3. 赔偿损失

赔偿损失是指违约方以支付金钱或其他代替物的方式弥补受损害方因违约行为所减少的财产或所丧失的利益的责任承担形式，这是最重要也是最常见的一种承担违约责任的形式。

（1）相关法条规定如下。

《民法典》第五百八十三条：当事人一方不履行合同义务或者履行合同义务不符合约定的，在履行义务或者采取补救措施后，对方还有其他损失的，应当赔偿损失。

《民法典》第五百八十四条：当事人一方不履行合同义务或者履行合同义务不符合约定，造成对方损失的，损失赔偿额应当相当于因违约所造成的损失，包括合同履行后可以获得的利益；但是，不得超过违约一方订立合同时预见到或者应当预见到的因违约可能造成的损失。

（2）赔偿损失的适用条件。

当适用赔偿损失的违约责任时，应事先判断审查因违约行为导致的损失大小，包括履约投入、返还利益、预期利益等，总共主张的损失赔偿额不能超过合同签订时可预见的范围，且在主张时应就损失金额以及违约行为与承担损失之间的因果关系承担举证责任。而关于如何确定损失，首先考量合同中有无约定因违约产生的损失赔偿额的计算方法；若合同没有明确约定，可根据合同中的票款单据、守约方与合同相关的投入等书面证据衡量。由于赔偿损失的核心在于"补偿性"，依照法律规定，即损失赔偿额应相当于违约行为造成对方财产的实际损失，从可预见性、损益相抵、过失相抵、市场价值等规则综合考虑守约方的可得利益损失额，这也是损失赔偿额与违约金的根本区别。相应地，主张赔偿损失的违约责任也有一定的限制，一方面是前面提及的举证责任，另一方面是所能主张的数额远少于直接约定的违约金。因此，在商定合同条款时如何设置合适的违约责任，以及出现违约行为后如何选择主张类型是关键部分。

(3) 继续履行与赔偿损失的并用。

在继续履行与赔偿损失这两种违约责任的关系上，由于法律设定这两种违约责任的目的不同，我国法律采用的是两者可以并用的原则。

4. 支付违约金

违约金是指合同当事人在合同中约定的，在一方当事人不履行或不适当履行合同义务时，向对方当事人支付的一定数额的金钱或财物。当事人可以在合同中约定违约金，未约定违约金则不产生违约金责任，且违约金的约定不应过高或者过低。

(1) 相关法条规定如下。

《民法典》第五百八十五条：当事人可以约定一方违约时应当根据违约情况向对方支付一定数额的违约金，也可以约定因违约产生的损失赔偿额的计算方法。

约定的违约金低于造成的损失的，人民法院或者仲裁机构可以根据当事人的请求予以增加；约定的违约金过分高于造成的损失的，人民法院或者仲裁机构可以根据当事人的请求予以适当减少。

当事人就迟延履行约定违约金的，违约方支付违约金后，还应当履行债务。

《全国法院民商事审判工作会议纪要》第五十条：认定约定违约金是否过高，一般应当以《合同法》第一百一十三条规定的损失为基础进行判断，这里的损失包括合同履行后可以获得的利益。除借款合同外的双务合同，作为对价的价款或者报酬给付之债，并非借款合同项下的还款义务，不能以受法律保护的民间借贷利率上限作为判断违约金是否过高的标准，而应当兼顾合同履行情况、当事人过错程度以及预期利益等因素综合确定。主张违约金过高的违约方应当对违约金是否过高承担举证责任。

（2）违约金的调整。

在实务中，违约金应以依法、审慎、适当为原则进行调整。我国是以约定违约金“低于造成损失”或“过分高于造成损失”为条件，经人民法院或仲裁机构认定可“予以适当增加”或“予以适当减少”。即只有在约定违约金及实际损失偏离度过大，造成不公平结果的情况下，司法可介入调整。当事人主张约定的违约金过高请求予以适当减少的，人民法院应当以实际损失为基础，兼顾合同的履行情况、当事人的过错程度以及预期利益等因素，根据公平原则和诚信原则予以衡量，并作出裁决。而所调整的幅度，一般在证明且查明实际损失的基础上，根据合同履行情况、当事人过错程度、合同预期利益、当事人地位是否平等、合同条款是否公平及其他相关因素确定。

5. **定金罚则**

定金罚则是指给付定金的一方不履行约定的债务，无权要求返还定金；收受定金的一方不履行约定的债务，应当双倍返还定金。

（1）相关法条规定如下。

《民法典》第五百八十六条：当事人可以约定一方向对方给付定金作为债权的担保。定金合同自实际交付定金时成立。

定金的数额由当事人约定；但是，不得超过主合同标的额的百分之二十，超过部分不产生定金的效力。实际交付的定金数额多于或者少于约定数额的，视为变更约定的定金数额。

《民法典》第五百八十七条：债务人履行债务的，定金应当抵作价款或者收回。给付定金的一方不履行债务或者履行债务不符合约定，致使不能实现合同目的的，无权请求返还定金；收受定金的一方不履行债务或者履行债务不符合约定，致使不能实现合同目的的，应当双倍返还定金。

（2）定金与违约金能否同时适用的问题。

根据《民法典》第五百八十八条规定："当事人既约定违约金，又约定定金的，一方违约时，对方可以选择适用违约金或者定金条款。"当事人如果同时约定定金和违约金，在同一案件中违约金与定金不能同时适用，只能由非违约方择一适用。

（二）侵权责任

侵权行为是指民事主体侵害他人受保护的民事权益，依法应承担责任的行为，此处所称的"责任"则是侵权责任[①]，侵权行为是侵权责任的事实根据。我国《民法典》第七编"侵权责任"中规定，受保护的对象不仅是民事权利，而是民事权益，即包括一些尚未被权利化或难以被权利化的利益，故当某个主体的利益受到侵害，这项利益无法对应到法律规定的具体权利时，可以通过《中华人民共和国侵权责任法》（以下简称《侵权责任法》）的相关规定主张救济。

虽然侵权行为是侵权责任的事实根据，但只有符合一定的条件才须承担侵权责任。由于部分侵权行为有特殊的法律规定，其归责原则和责任形式无法统一，因此，下面阐述的是一般侵权责任的四个构成要件，并非适用所有侵权责任。

（1）过错：侵权责任归责原则主要有过错责任原则和无过错责任原则，前者是侵权行为的一般归责原则，包括一般过错责任和过错推定责任，在法律没有特别规定的情况下适用，而后者是法律明文规定应当承担侵权责任的

① 《中华人民共和国民法典》，https://www.gov.cn/xinwen/2020-06/01/content_5516649.htm。

情形，无须考虑行为人的过错要件①。

（2）违法行为：出于扩大民事主体受保护的权益范畴的考虑，此处所指的“违法”不仅是违反一般认知的法律法规，还包括违背公序良俗和法定义务。违法行为可区分为“作为”和“不作为”两种表现形态，显然，前者是积极行为，后者是消极行为。为何不作为也会构成违法呢？顾名思义，不作为的违法行为是指行为人未实施其有义务实施的行为而构成的违法，是以行为人先前负担某些特定义务为前提的。这些特定义务通常来源于以下三个方面：①法律明确规定，如父母对子女的抚养、管教义务，子女对父母的赡养义务；②自身特殊身份、职业或业务要求，如消防员、救生员及时实施救助行为的职业要求；③自身的先前行为，如成年人单独带朋友的孩子外出游玩所产生的照顾、保护义务。在负有这些法定义务的前提下，行为人没有按照要求实施相应的作为行为即构成违法行为。

（3）损害事实：侵权责任规则支持的损害事实包括财产损害和非财产损害（人身损害和精神损害），是侵权行为发生后一切可确定的损害事实，包括现实已存在的后果及已构成现实威胁可能发生的不利后果。

（4）因果关系：侵权责任中的因果关系是指违法行为和损害事实之间的因果关系，即如果不存在这种违法行为，损害就不会发生，则该行为是损害结果发生的原因；反之，即使不存在该行为，损害也会发生，则该行为就不是损害发生的原因。但实际上，关于因果关系的认定，是认定侵权责任中最容易产生争议的要素，有一因一果、一因多果、多因一果、多因多果几种情形，理论界和实务界存在多种不同观点。如果行为与结果之间具有直接因果关系，直接确认其因果关系。一因一果是最常见的，或者虽然有其他条件介入，但是原因行为和损害结果之间自然连续，没有被外来事件打断，也可认定是损害的直接原因。如果在行为与结果之间有其他条件介入，难以判断因果关系，通常会以做出行为时的一般社会经验和智识水平为判断标准，即相当因果关系说，这种学说认为，某一事实在特定现实情形下发生某种结果，尚不能认为有因果关系，必须在一般情形下，依社会的一般观察，亦认为能

① 《中华人民共和国民法典》，https://www.gov.cn/xinwen/2020-06/01/content_5516649.htm。

发生同一结果的时候，才能认为有因果关系。但在环境污染案件、医疗事故案件以及其他特殊案件中，适用推定因果关系规则。实践中，需要根据具体、全面的事实和证据综合判断，不能轻易下定论。

如果违约责任是违反当事人约定的民事义务而产生的，侵权责任就是违反法定义务的法律后果，具有法定性。具体规则不允许意思自治，也不会因当事人的任何约定而被打破。违约的损害赔偿责任主要是财产损失的赔偿，不包括对人身伤害和精神损害的赔偿，且法律常采用“可预见性”标准来限定赔偿的范围；而侵权责任的责任范围无须约定，原则上包括直接损失和间接损失，但在发生特定侵权时可以主张精神损害赔偿。侵权责任的承担方式也与违约责任有所不同，包括停止侵害，排除妨碍，消除危险，返还财产，恢复原状，修复、重作、更换，消除影响、恢复名誉，赔礼道歉等。

二、行政责任

行政责任是指有一般违法行为的单位或个人，依照行政管理方面的法律规定应承担的法律责任，适用的行政法规有《中华人民共和国行政许可法》《中华人民共和国行政处罚法》《中华人民共和国行政复议法》《中华人民共和国行政诉讼法》《中华人民共和国行政强制法》《中华人民共和国行政监察法》《中华人民共和国公务员法》《中华人民共和国政府采购法》《中华人民共和国治安管理处罚法》等。

从不同的角度出发，对行政责任会有不一样的解读。按承担主体的不同，行政责任可分为行政相对人承担的行政责任、行政主体承担的行政责任，分别对应行政处罚和行政处分两种方式。行政处罚是指行政机关依法对违反行政管理秩序的公民、法人或者其他组织（行政相对人），以减损权益或者增加义务的方式予以惩戒的行为[①]，实施行政处罚的主体是行政机关或法律法规授权的其他行政主体，对象是作为相对方的公民、法人或其他组织。其惩戒性

① 《中华人民共和国行政处罚法》，https://www.gov.cn/xinwen/2021-01/23/content_5582030.htm。

体现在对违法相对方权益的限制、剥夺，或对其科以新的义务。行政处罚涉及行政相对人的荣誉、资格、财产以及人身，种类有以下几种：①警告、通报批评；②罚款、没收违法所得、没收非法财物；③暂扣许可证件、降低资质等级、吊销许可证件；④限制开展生产经营活动、责令停产停业、责令关闭、限制从业；⑤行政拘留；等等[①]。

行政处分是行政机关内部，按行政隶属关系，根据国家法律或国家机关、企事业单位的规章制度，对违反纪律的行为或者尚未构成犯罪的轻微违法失职行为给予的纪律制裁，包括警告、记过、记大过、降级、撤职、开除等形式。不同于行政处罚这种外部行政行为，行政处分是基于行政隶属关系对行政机关内部人员作出的内部行政行为。就民营企业而言，可能涉及的是承担行政处罚的行政责任。

行政责任制度是一种监督机制，一方面，其存在能够限制行政机关及其公务人员滥用行政权力，合理控制行政主体的行政自由裁量权，以维护社会公众的合法正当权益；另一方面，通过权责统一、责任明确划分，在行政主体组织架构中形成体系管理，在一定程度上能够减少行政主体行使职权的失误，提高工作效率，促进行政权力规范行使，便于行政工作有序开展。

三、刑事责任

刑事责任是指按照刑事法律的规定，犯罪行为人因实施犯罪行为应当承担的法律责任，有主刑和附加刑两大类。主刑是对犯罪分子适用的主要刑罚，分为管制、拘役、有期徒刑、无期徒刑和死刑，只能独立适用，不能附加适用。附加刑分为罚金、剥夺政治权利、没收财产及驱逐出境（适用于在我国境内犯罪的外国人）。

犯罪构成是使行为人负刑事责任的基础，首先判断犯罪是否成立，进而考量刑事责任。《刑法》第十三条规定：“一切危害国家主权、领土完整和安全，分裂国家、颠覆人民民主专政的政权和推翻社会主义制度，破坏社会秩

---

① 《中华人民共和国行政处罚法》，https://www.gov.cn/xinwen/2021-01/23/content_5582030.htm。

序和经济秩序，侵犯国有财产或者劳动群众集体所有的财产，侵犯公民私人所有的财产，侵犯公民的人身权利、民主权利和其他权利，以及其他危害社会的行为，依照法律应当受刑罚处罚的，都是犯罪。”而犯罪成立所需具备的全部成立条件称为犯罪构成要件，当前刑法学理论上有二阶层说、三阶层说以及四要件说。

目前，传统的“四要件说”在司法实务中运用得较多，即犯罪客体、犯罪的客观方面、犯罪主体、犯罪的主观方面四个构成要件。

（1）犯罪客体：被犯罪行为侵犯的、中国刑事法律所保护的社会关系，任何犯罪都必然要侵犯某一客体。例如，《刑法》第三章“破坏社会主义市场经济秩序罪”中的犯罪客体是社会主义市场的经济秩序，如果企业的行为被认定为生产、销售伪劣产品罪，其侵犯了国家对产品质量的监督管理秩序以及消费者的合法权益这些法律保护的客体。如果侵犯的不是刑事法律所保护的社会关系，比如仅仅违反合同关系中的合同义务，不构成犯罪。

（2）犯罪的客观方面：是指《刑法》规定的犯罪活动的客观事实特征，包括具有社会危害性而应受刑罚的行为、对象、可能或已经造成的危害结果及其因果关系等，在某些犯罪构成中，时间、地点、手段、程度等因素也属于犯罪客观要件，在《刑法》中有特殊规定。犯罪的客观方面与其他构成要件相互依存，是判断罪与非罪、此罪彼罪、重罪轻罪的重要依据。

（3）犯罪主体：是指实施犯罪行为，依法应当承担刑事责任的自然人或者单位。关于自然人，《刑法》规定“行为人须达到刑事责任年龄且具有刑事责任能力”才能成为犯罪的主体。单位犯罪主体，是指为牟取单位的非法利益，由单位负责人或者经单位集体讨论决定，实施了《刑法》明令禁止的行为而构成犯罪的公司、企业、事业单位、机关团体，其中包括法人单位和非法人单位。《刑法》对单位犯罪实行两罚制，不仅惩罚实施犯罪的单位主体，如判处罚金，同时还处罚直接负责的主管人员和其他直接责任人员。只有在法律明文规定的前提下才实行单罚制，譬如妨害清算罪、虚假破产罪，只处罚单位的负责人员而不处罚单位。

（4）犯罪的主观方面：是指《刑法》规定的犯罪成立必须具备的犯罪主体对其实施的危害行为及其危害后果所持的心理态度。包括犯罪的故意、犯罪的过失、犯罪的目的和动机。犯罪的故意是指明知自己的行为会引发危害社会的结果，却希望或者放任这种结果发生的心理态度，分为直接故意和间接故意。犯罪的过失是指应当预见自己的行为可能发生危害社会的结果，因为疏忽大意而没有预见，或者已经预见而轻信能够避免，以致发生这种结果的心理态度，分为疏忽大意的过失和过于自信的过失。

“三阶层说”中，三阶层即该当性、违法性和有责性。该当性是指案件的客观事实符合《刑法》规定具体犯罪的构成要件，如主观上的故意、过失、认识错误，客观上的行为主体、危害行为、危害结果、因果关系。违法性则是指实施行为被法律所禁止、为法律所不允许。相应地，违法阻却事由包括正当防卫、紧急避险、被害人承诺等情形。有责性中，责任阻却事由包括刑事责任年龄、刑事责任能力、违法认识可能性及期待可能性这些因素。若将该当性和违法性合并到一起考量，则变成“二阶层说”。

理论学说问题此处不作深入讨论。不论实务中基于哪种观点，就企业与刑事犯罪及刑事责任的关系而言，在刑事犯罪事件中，企业可能成为受害者一方，被侵犯其权益；也可能作为犯罪行为主体一方，承担刑事责任。

第二节　民企常见刑事法律风险及防范建议措施

在多种法律风险中，企业所要规避的风险主要是企业因违反法律法规而受到监管处罚和刑事追究的风险，其中，刑事法律风险是惩戒性最强、法律责任最重、最容易让企业陷入僵局的风险。

从企业成立开始，各种类型的刑事法律风险就相伴相生，从企业注册设立、雇用员工到融资合作、生产经营、财务税收等，直至企业“消亡”阶段的破产清算过程都存在风险。北京师范大学中国企业家犯罪预防研究中心在2021年发布的《2019—2020企业家刑事风险分析报告》揭示和分析了企业家刑事法律风险的地域分布、高发产业、高发环节和罪名形态等数据，在2019年12月1日至2020年11月30日上传的刑事判决案例中，共检索出企业家犯罪案例2635件，企业家犯罪3278次，其中民营企业家犯罪3011次，约占企业家犯罪总数的91.85%[①]。

如果企业缺乏刑事合规意识，不注意具体的风险识别防控及合规管理，一旦触犯《刑法》，可能面临双重刑罚，企业及企业家随时可能因此承担刑事责任，这对企业发展和企业家个人来说都是巨大的打击。而我国《刑法》在实体上引入以刑事合规为核心的无罪抗辩事由，在程序上引入了附条件的不起诉或暂缓起诉的无罪抗辩事由，同时也包含认罪认罚从宽制度等。为了提高企业的风险意识，健全刑事风控机制，本节将结合司法实践案例分析民营企业常见的刑事法律风险，帮助企业思考如何针对实践操作中的高发风险制定合规措施，最大限度地降低企业的法律风险、减轻刑事责任。

一、设立环节

企业设立阶段的法律关系较为简单，在实践中也相对容易辨析其中的法律风险，主要涉及的刑事罪名是虚报注册资本罪（《刑法》第一百五十八条）和虚假出资罪、抽逃出资罪（《刑法》第一百五十九条），有时会与骗取贷款、金融票证罪（《刑法》第一百七十五条）、非法吸收公众存款罪（《刑法》第一百七十六条）或金融诈骗类犯罪的行为相结合，这些罪名甚至可能出现竞合。然而，因我国于2014年实施了注册资本制度改革，将企业注册资本实缴登记制改为认缴登记制，而《全国人民代表大会常务委员会关于〈中华人民共和国刑法〉第一百五十八条、第一百五十九条的解释》明确规定："刑法第一百五十八条、第一百五十九条的规定，只适用于依法实行注册资本实缴登记制的公司。"根据上述解释，除了募集设立的股份有限公司、商业银行、证券公司、期货公司、基金管理公司、保险公司、保险专业代理机构和保险经纪人、保险资产管理公司、直销企业、对外劳务合作企业、融资性担保公司，以及劳务派遣企业、典当行、小额贷款公司等27类[②]实行注册资本实缴

① 《〈2019—2020企业家刑事风险分析报告〉发布》，http://epaper.legaldaily.com.cn/fzrb/content/20210428/Articel09002GN.htm?spm=zm1012-001.0.0.1.zMkPSe。

② 《国务院关于印发注册资本登记制度改革方案的通知》，https://www.gov.cn/xxgk/pub/govpublic/mrlm/201402/t20140218_66641.html。

登记制的公司，其他所有企业实行注册资本认缴登记制。因此，除了上述27类公司，实行注册资本认缴登记制的公司如果实施相关行为，仅涉及行政责任和民事责任，不构成虚报注册资本罪、虚假出资罪和抽逃出资罪。

接下来，笔者将通过两个案例进一步解释设立企业过程中出资环节相关刑事法律风险的常见表现形式。

案例1：上海协安建筑安装工程有限公司等虚假出资案①

【基本案情】

1997年张某某担任被告单位上海协安建筑安装工程有限公司（以下简称协安公司）法定代表人、经营负责人。2001年3月，协安公司与中国体育国际经济技术合作公司（以下简称中体国际）向上海市工商行政管理局嘉定分局（以下简称嘉定工商局）申请注册资本为人民币500万元（以下币种均为人民币）的上海中体建筑工程有限公司（以下简称中体公司），其中协安公司认缴出资255万元，中体国际公司认缴245万元（分两次缴付149万元）。其间，在张某某的操办下，上海丰科实业发展有限公司于同月12日以协安公司名义向中体公司的验资账户汇入255万元。同日，上海同诚会计师事务所据此出具了协安公司已全额认缴出资的验资报告。次日，上述255万元即被全额归还上海丰科实业发展有限公司。同月16日，中体公司经嘉定工商局核准登记成立，此后由张某某实际负责经营。事后，协安公司仅补缴9万元，未按《公司法》规定实际足额交付出资款。在经营过程中，中体公司产生了130余万元的债务，经人民法院强制执行，公司另一发起人中体国际作为被追加的被执行人偿还了120万余元债务，另有11万余元债务未履行。至此，中体国际履行出资义务共计269万余元。2010年11月3日，公安机关因协安公司涉嫌虚假出资犯罪而将张某某抓获。到案后，张某某如实供述了上述犯罪事实，中体公司已履行了上述债务。

---

① 陈姣莹、潘庸鲁：《注册资本由其他公司垫付后被抽回之行为辨析》，《人民司法》2012年第8期。

【裁判结果】

上海市嘉定区人民法院审理后认为，被告单位协安公司作为中体公司股东，违反《公司法》规定未交付出资，数额巨大，被告人张某某作为被告单位直接负责的主管人员，其行为均已构成虚假出资罪。协安公司、张某某如实供述自己的罪行，可以从轻处罚。为严肃国法，保护国家对公司的管理制度，依照《刑法》第五十三条、第六十七条第三款、第一百五十九条的规定，对被告单位协安公司以虚假出资罪，判处罚金10万元；对被告人张某某以虚假出资罪，判处有期徒刑2年。

张某某对一审判决不服，提出上诉，辩称设立中体公司的注册登记相关手续均由徐行经济城操办；其行为应根据《刑法》第一百五十八条的规定，以虚报注册资本罪论处；原审量刑过重，请求二审法院依法改判，给予缓刑或免予刑事处罚。

上海市第二中级人民法院认为，原审被告单位协安公司作为中体公司股东，违反《公司法》规定未交付货币，虚假出资，数额巨大，且后果严重，其行为已构成虚假出资罪，依照《刑法》第一百五十九条的规定，应对被告单位协安公司处虚假出资金额百分之二以上百分之十以下罚金；上诉人张某某作为被告单位协安公司的法定代表人，应对协安公司犯虚假出资罪承担直接负责的主管人员的刑事责任，处5年以下有期徒刑或者拘役。根据被告单位协安公司、上诉人张某某犯罪的事实及对中体公司其他股东造成的损害后果等，原审法院对被告单位协安公司及被告人张某某所作出的判决并无不当，且诉讼程序合法。上诉人张某某及其辩护人提出原判量刑过重，要求适用缓刑或免予刑事处罚的意见，不予准许。上海市人民检察院第二分院建议本院驳回上诉，维持原判的意见正确。据此，依照《中华人民共和国刑事诉讼法》第一百八十九条第一项的规定，裁定：驳回上诉，维持原判。

案例 2：胡某某票据诈骗、虚假出资、非法吸收公众存款案[①]

【基本案情】

被告人胡某某原为绍兴县古月纺织有限公司（以下简称古月公司）法定代表人，在明知古月公司无实际履行能力的情况下，通过以公司名义签发空头支票的方式分别从绍兴市东源针织有限公司、杭州明兰纺织品有限公司骗取价值 97000 元（以下币种均为人民币）和 114750 元的棉纱，除其中 13000 元货款兑现外，其余货款均未支付；被告人胡某某为古月公司向银行贷款等需要而增加注册资本登记数额，向他人借款 150 万元并以股东胡某某、阮某的名义存进银行账户作为该公司的注册资本进行验资，绍兴某会计师事务所出具了验资报告，当日，胡某某将上述款项抽逃后归还，古月公司经工商部门变更登记后，注册资本由原有 68 万元人民币变更为 218 万元；被告人胡某某以月息 3—5 分不等的利息作为回报，分别向被害人隗某、陈某、吕某、吴某、夏某非法吸收公众存款共计人民币 380 万元，除归还部分本金和支付部分利息外，绝大部分本息至今无力归还。

绍兴市越城区人民检察院认为，被告人胡某某的行为已构成票据诈骗罪、虚假出资罪、非法吸收公众存款罪，应依法惩处。

胡某某辩护意见为：（1）公诉机关指控被告人胡某某犯票据诈骗罪不当，应以合同诈骗罪定罪。（2）公诉机关指控其犯虚假出资罪不当，应当属于抽逃出资行为，且其犯罪情节显著轻微，不应认定为犯罪。（3）公诉机关指控其犯非法吸收公众存款罪不当，被告人胡某某不属于向不特定多数人借款，未扰乱金融秩序，其行为不构成犯罪。综合以上辩护意见，结合被告人胡某某在案发后自愿认罪，且系单位犯罪，主观恶性相对较小，请求对被告人胡某某以合同诈骗罪从轻处罚。

【裁判结果】

一审法院判决被告人胡某某犯票据诈骗罪，判处有期徒刑二年六个月；

---

① 赵中兴、朱森蛟、李莹、田欣：《抽逃出资、虚假出资与虚报注册资本的区别及认定》，《人民司法》2010 年第 16 期。

犯抽逃出资罪，判处有期徒刑一年；犯非法吸收公众存款罪，判处有期徒刑二年，并处罚金十万元。决定执行有期徒刑五年，并处罚金十万元。绍兴市越城区人民检察院提起抗诉，认为：（1）原判认定抽逃出资罪系罪名适用错误，应认定为虚假出资罪；（2）原判认定单位犯罪系法律适用错误，并导致量刑错误，应认定原审被告人胡某某系虚假出资的个人犯罪。

浙江省绍兴市中级人民法院认为，原审被告人胡某某作为古月公司的法定代表人、直接负责的主管人员，明知公司无实际履行能力而签发空头支票，骗取他人财物，数额较大，又违反国家有关规定，变相吸收公众存款，扰乱金融秩序，其行为已构成票据诈骗罪和非法吸收公众存款罪；原审被告人胡某某作为古月公司法定代表人，违反《公司法》的规定，在公司增加注册资本变更登记过程中，采用欺诈手段虚报注册资本，欺骗公司登记主管部门，取得公司登记，虚报注册资本数额巨大，被告人胡某某作为该单位直接负责的主管人员，其行为又构成虚报注册资本罪。虚报公司注册资本罪的犯罪主体为申请公司登记的人或者单位，本案中申请公司登记的主体为绍兴县古月纺织有限公司，原审被告人胡某某作为古月公司的法定代表人和直接负责的主管人员，代表公司利益且以公司名义实施上述行为，应认定为单位犯罪。综上，原判对原审被告人胡某某犯票据诈骗罪、非法吸收公众存款罪的定性正确，量刑适当，唯对胡某某犯抽逃出资罪的定性不当，应予纠正。依照《中华人民共和国刑事诉讼法》第一百八十九条第二项、《刑法》第一百九十四条第一款第四项、第二百条、第一百五十八条、第一百七十六条、第三十条、第三十一条、第六十九条第一款、第六十四条的规定，判决：一、驳回抗诉机关的抗诉。二、维持绍兴市越城区人民法院刑事判决第二项。三、撤销绍兴市越城区人民法院刑事判决第一项。四、原审被告人胡某某犯票据诈骗罪，判处有期徒刑二年六个月；犯虚报注册资本罪，判处有期徒刑一年；犯非法吸收公众存款罪，判处有期徒刑二年，并处罚金十万元。决定执行有期徒刑五年，并处罚金十万元。

上海协安建筑安装工程有限公司案（案例 1）的争议焦点在于协安公司委托他人垫资后又立刻取回的行为构成的犯罪类型；而胡某某一案（案例 2）

中，公诉机关、一审法院和二审法院最大的争议焦点是胡某某借款出资又在验资后抽逃款项的行为如何定性。虽然这两个案例发生在注册资本制度改革之前，但企业可以通过这两个案例了解虚假出资罪、抽逃出资罪和虚报注册资本罪的具体形态和区别，把握《刑法》约束的范畴，在公司设立阶段尽可能地规避各种刑事法律风险。

虚假出资是公司发起人、股东违反《公司法》的规定未交付货币、实物或者未办理出资额中的财产权转移手续的行为。而抽逃出资是公司的发起人或股东在公司成立后，违反《公司法》的规定又从公司注册资本中抽回自己出资额的全部或部分的行为。从概念上可知，两者最大的区别是时间节点不同导致的表现形式不同，前者在公司成立前没有出资或者没有按约定全额出资，后者发生于公司成立后将已按约定出资的份额全部或部分转移出去，此处的"成立"是指公司根据《公司法》等相关法律规定实施设立行为以及完成申请设立登记的程序，经主管机关核准登记，发放营业执照，取得法人资格的一种状态。虽然这两种行为均可能触犯《刑法》，但所构成的两个罪名对应的刑事责任不同，意味着单位及其直接负责人面临的刑事法律风险程度不同。案例 1 中，行为主体在未经手资金的情况下由其他公司实施垫资行为并代办法定验资手续，且这笔垫资款在公司还未成立前即被抽回，应被认定为一种虚假出资行为①。

根据《最高人民检察院、公安部关于公安机关管辖的刑事案件立案追诉标准的规定（二）》（以下简称《标准二》）的规定，涉嫌下列情形之一，则达到虚假出资罪、抽逃出资罪的立案追诉标准：第一，超过法定出资期限，有限责任公司股东虚假出资数额在三十万元以上并占其应缴出资数额百分之六十以上的，股份有限公司发起人、股东虚假出资数额在三百万元以上并占其应缴出资数额百分之三十以上的。第二，有限责任公司股东抽逃出资数额在三十万元以上并占其实缴出资数额百分之六十以上的，股份有限公司发起人、股东抽逃出资数额在三百万元以上并占其实缴出资数额百分之三十以上的。第三，造成公司、股东、债权人的直接经济损失累计数额在十万元以上

---

① 陈姣莹、潘庸鲁：《注册资本由其他公司垫付后被抽回之行为辨析》，《人民司法》2012 年第 8 期。

的。第四，虽未达到上述数额标准，但具有下列情形之一的：①致使公司资不抵债或者无法正常经营的；②公司发起人、股东合谋虚假出资、抽逃出资的；③两年内因虚假出资、抽逃出资受过行政处罚两次以上，又虚假出资、抽逃出资的；④利用虚假出资、抽逃出资所得资金进行违法活动的。第五，其他后果严重或者有其他严重情节的情形。根据当前的司法解释，人民法院在审判中也参照适用《标准二》定罪量刑，如果未达到《标准二》的立案追诉标准，即未达到《刑法》规定的“数额巨大、后果严重或者有其他严重情节”程度，则不属于《刑法》的适用范畴，而行为主体应承担的是民事责任或行政责任。

虚报注册资本罪则是指申请公司登记使用虚假证明文件或者采取其他欺诈手段虚报注册资本，欺骗公司登记主管部门，取得公司登记，虚报注册资本数额巨大、后果严重或者有其他严重情节的行为。依照我国《公司法》的规定：①注册资本是在公司登记机关登记的全体股东认缴的出资额或全体发起人认购的股本总额。②虚假证明文件是指向为依法设立的注册会计师事务所和审计师事务所对申请公司登记的单位或者个人提交的注册资本进行验证后，出具的不真实的验资报告、资产评估报告、验资证明等材料。③其他欺诈手段主要是指采取贿赂等非法手段收买有关部门的工作人员，恶意串通，虚报注册资本，或者采用其他隐瞒事实真相的方法，欺骗公司登记主管部门的行为。④《刑法》第一百五十八条“公司登记”的规定不仅是针对申请公司设立登记时虚报注册资本的行为，还应包括申请公司变更登记时的虚报行为。基于以上四大要件，虚假注册资本罪的表现形式可概括为没有资本或没有足额资本而以欺骗为目的，以各种欺诈手段冒充申报、虚假申报，以取得公司登记。

结合案例 1 和案例 2 可以总结出虚报注册资金罪和虚假出资罪、抽逃出资罪的区别[①]：第一，从主体入手，前者一般是申请公司登记的自然人和单位，实施的行为是代表拟设立公司的，主要表现为申请设立公司登记的代表或者共同委托的代理人；后者是公司发起人或股东，实施的是个体行为，与

① 赵中兴、朱淼蛟、李莹、田欣：《抽逃出资、虚假出资与虚报注册资本的区别及认定》，《人民司法》2010 年第 16 期。

拟设立公司无关。第二，从犯罪的主观目的看，虚报注册资本罪的目的是非法取得公司登记；虚假出资、抽逃出资罪的目的是通过少出资或不出资牟利。案例 2 中的被告人胡某某出于向银行贷款的需要，而骗取工商行政管理部门作出变更注册资本登记的主观故意明确，与案例 1 中行为主体的主观目的不同。第三，从犯罪的客观方面看，虚报注册资本罪是使用虚假证明文件或者采用其他欺诈手段虚报注册资本，欺骗公司登记主管部门，取得公司登记；虚假出资罪、抽逃出资罪表现为虚假出资、抽逃出资的行为。案例 2 中的被告人胡某某正是通过向公司登记管理机关提供与实际状况不符（资金实际已转出）的验资证明，欺骗公司登记主管部门，取得公司变更登记。第四，从侵犯法益的角度看，虚假注册资本侵犯的主要是公司登记制度，冲击的是公司登记信息的对外公示性和真实性；而虚假出资、抽逃出资侵害的主要是公司、企业本身和依法认足并缴足出资的公司的其他股东、发起人的利益。除了在公司设立前后须注意这些合规问题，后续经营过程中也有触犯这几个罪名的可能性。例如，抽逃出资可以发生在公司存续期间的任何时段，公司成立后如果有新股东入股、公司增加资本额等情形，也可能涉及股东虚假出资的风险；在公司变更登记时也可能触犯《刑法》第一百五十八条的规定，构成虚报注册资本罪。

因此，在实行注册资本实缴登记制的 27 类公司的设立环节，应严格依照相关法律规定进行，避免弄虚作假。发起人应根据拟成立的经营组织形态所需的条件和程序进行合规操作，如果想设立股份有限公司，其要求必然比成立有限责任公司的要求更多、标准更高、程序更复杂；如果想设立合伙企业，对于有限合伙人也有严格的出资义务要求。在市场鼓励企业发展的趋势下，现行法律对公司注册资本的要求越来越低，发起人应事先充分考虑拟出资形式和资本额，据实注入资本，并适当履行出资义务，譬如在规定的期限内交付货币或办理实物等财产权的转移手续；确保非货币财产无权利瑕疵、符合出资条件；以非货币财产权利出资的，须对出资财产进行资产评估；等等。而在实践中，往往存在诸多因素致使资产价值评估不实，从而引起法律风险，影响公司设立。所以对于出资财产的评估必须依据客观、真实、全面的评估资料，选择科学合理的评估方法。在评估、选择中介机构的过程中，应当进行充分的考察，比如该机构的业务资格、执业能力和经验、执业质量、服务费用标准等。所选的评估中介机构应综合整体设立流程，帮助设立方尽可能防范其中的刑事法律风险。

二、用工环节

任何一个企业都需要人员运作，所以必然会牵涉到劳动关系等法律问题。在企业用工模块，《刑法》中与企业用工相关的法条与《劳动法》《中华人民共和国劳动合同法》（以下简称《劳动合同法》）息息相关，前者与后者的规定互相依附、相互补充。在实现《劳动法》的规则和价值的基础上，《刑法》增加了刑事可罚性，增强了对劳动者的保护，当达到某种程度或造成某种后果时，行为主体将被追究刑事责任。《劳动合同法》第八十八条明确规定了关于用人单位侵害劳动者人身权益构成犯罪的，应依法追究刑事责任的情形：一是以暴力、威胁或者非法限制人身自由的手段强迫劳动的；二是违章指挥或者强令冒险作业危及劳动者人身安全的；三是侮辱、体罚、殴打、非法搜查或者拘禁劳动者的；四是劳动条件恶劣、环境污染严重，给劳动者身心健康造成严重损害的。以上企业行为可能涉嫌强迫劳动罪、重大责任事故罪、非法拘禁罪、故意伤害罪、侮辱罪、重大环境污染事故罪等刑事犯罪。

（一）拒不支付劳动报酬罪

获取劳动报酬是劳动者的法定权利，劳动报酬包括工资、奖金、津贴、补贴、延长工作时间的工资报酬及特殊情况下支付的工资等，均受《劳动法》《劳动合同法》等相关法律法规保护。相应地，用人单位负有依法、依规、依约给付劳动报酬的义务，若用人单位未履行其义务，根据我国《劳动合同法》规定和具体劳动合同约定①，用人单位须承担法定及约定的责任。但不支付劳动报酬除了要承担行政责任和民事责任以外，用人单位特定的行为还可能构成犯罪，用人单位须承担刑事责任。

---

① 《中华人民共和国劳动合同法》，https://flk.npc.gov.cn/detail2.html?MmM5MDlmZGQ2NzhiZjE3OTAxNjc4YmY3NGQ3MTA2YjM。

案例3：程某旺拒不支付劳动报酬案[①]

【基本案情】

2015年10月，程某旺与湖北某建筑工程有限责任公司签订工程施工合同。按合同约定，程某旺组织人员对工程进行施工建设，某建筑公司支付工程款。截至2019年11月，建筑公司按合同约定支付程某旺11885万元（以下币种均为人民币）工程款，但程某旺未按约定支付施工人员工资，拖欠213名农民工工资共计人民币688万余元（以下币种均为人民币）。同年12月24日，黄石市人力资源社会保障局向程某旺下达期限改正指令书，责令程某旺足额支付拖欠的工资。程某旺在期限届满后仍拒不支付，并将手机关机致使无法联系。

2020年1月14日，黄石市公安局黄石港分局以程某旺涉嫌拒不支付劳动报酬罪立案侦查。1月16日，程某旺被抓获。1月23日，黄石市黄石港区人民检察院依法对程某旺批准逮捕。审查起诉期间，检察机关对程某旺释法说理，程某旺及其家属支付了欠薪476万余元，并以两套房屋作为抵押保证还款140万余元，另余70万余元未支付且无抵押保证。黄石港区人民检察院依法对程某旺适用认罪认罚从宽制度，于4月20日对其提起公诉。案件起诉至人民法院后，黄石港区人民检察院继续开展追缴欠款工作，联系律师反复做程某旺及其家属的思想工作。案件开庭前，程某旺筹款将剩余的70万元欠薪支付完毕。检察机关根据程某旺认罪认罚和退赃退赔情况，提出判处有期徒刑一年，适用缓刑，并处罚金1万元的量刑建议。一审法院采纳检察机关量刑建议。程某旺认罪服判。

① 《检察机关依法惩治拒不支付劳动报酬犯罪典型案例》，https://www.spp.gov.cn/spp/xwfbh/wsfbh/202012/t20201223_492551.shtml。

案例4：孙某宽等78人与某农业公司追索劳动报酬纠纷支持起诉案①

【基本案情】

某农业公司负责温州市某现代农业园项目运营，招聘孙某宽等78名进城务工人员从事日常生产经营，但双方未签订劳动合同。2016年3月，某农业公司资金周转困难，至2017年11月共拖欠78名进城务工人员工资128.324万元。2018年1月初，78名进城务工人员仍未能领到拖欠的工资，多次到有关部门上访。

【办案过程】

（1）受理情况。2018年1月，浙江省温州市龙湾区人民检察院（以下简称龙湾区检察院）在参与人力资源社会保障部门开展的进城务工人员讨薪专项监督活动中，发现某农业公司存在拖欠众多进城务工人员工资的线索。2018年4月11日，孙某宽等78名进城务工人员向龙湾区检察院申请支持起诉，请求检察机关为其起诉讨薪提供法律帮助。该院审查后予以受理。

（2）审查过程。龙湾区检察院查明：经某农业公司与78名进城务工人员共同确认，2016年3月至2017年11月间，欠薪金额总计128.324万元。经龙湾区检察院与78名进城务工人员、某农业公司沟通交流，双方当事人尝试达成和解协议，但因某农业公司资金周转暂时困难未果。

（3）支持起诉意见。2018年4月20日，孙某宽等78人向浙江省温州市龙湾区人民法院（以下简称龙湾区法院）提起诉讼，龙湾区检察院同日发出支持起诉意见书。检察机关认为，某农业公司长期拖欠众多进城务工人员劳动报酬总计128.324万元，进城务工人员作为支持起诉申请人请求某农业公司支付劳动报酬，事实清楚，证据充分，孙某宽等78人提起的诉讼应予受理。

【裁判结果】

2018年4月20日，龙湾区法院受理孙某宽等78人的起诉。庭审前，检

① 《最高人民检察院发布第三十一批指导性案例》，https://www.spp.gov.cn/spp/gx-cxjxfdhmjcgzzwn/202112/t20211223_581518.shtml。

察机关认为，某农业公司系有发展潜力的企业，资金暂时周转困难，且有关单位已动用应急周转金垫付部分拖欠的劳动报酬，建议法院主持双方调解，最终各当事人达成调解协议。2018 年 4 月 27 日，龙湾区法院出具调解书，确认某农业公司于 2018 年 5 月 27 日前支付所欠孙某宽等 78 人的工资（扣除已领取的垫付金额）。某农业公司现已履行调解书确定的给付义务，经营状况良好。有关单位与某农业公司就 50 万元垫付款的后续处理已达成协议。

通过以上两个案件，我们基本可以了解拒不支付劳动报酬罪的行为模式。《刑法》第二百七十六条规定："以转移财产、逃匿等方法逃避支付劳动者的劳动报酬或者有能力支付而不支付劳动者的劳动报酬，数额较大，经政府有关部门责令支付仍不支付的，处三年以下有期徒刑或者拘役，并处或者单处罚金；造成严重后果的，处三年以上七年以下有期徒刑，并处罚金。单位犯前款罪的，对单位判处罚金，并对其直接负责的主管人员和其他直接责任人员，依照前款的规定处罚。"从该法条可以看出，拒不支付劳动报酬罪适用于个人和用人单位，而最高法对该罪名适用法律问题的司法解释中，不具备用工主体资格的单位或者个人、用人单位的实际控制人以及用人单位直接负责的主管人员和其他直接责任人员都有可能成为该罪的主体①。

相关司法解释对"拒不支付劳动报酬罪"的构成要件也作出特别解释②。第一，以转移财产、逃匿等方法逃避支付劳动者报酬包括：（1）隐匿财产、恶意清偿、虚构债务、虚假破产、虚假倒闭或者以其他方法转移、处分财产的；（2）逃跑、藏匿的；（3）隐匿、销毁或者篡改账目、职工名册、工资支付记录、考勤记录等与劳动报酬相关的材料的；（4）以其他方法逃避支付劳动报酬的。第二，《刑法》规定中的"数额较大"是指拒不支付一名劳动者三个月以上的劳动报酬且数额在五千元至二万元以上，抑或拒不支付十名以

① 《最高人民法院关于审理拒不支付劳动报酬刑事案件适用法律若干问题的解释》，http: //gongbao. court. gov. cn/Details/9cc6f93c9e7a7a3d2c93009a581a7b. html。

② 同上。

上劳动者的劳动报酬且数额累计在三万元至十万元以上的情形。各地区的高级人民法院可根据当地经济发展状况，在此数额幅度内确定执行的具体数额标准，故此标准有可能在个别地区得以细化。第三，“严重后果”是指在拒不支付劳动报酬达到“数额较大”的程度的前提下具有以下情形之一：（1）造成劳动者或者其被赡养人、被扶养人、被抚养人的基本生活受到严重影响、重大疾病无法及时医治或者失学的；（2）对要求支付劳动报酬的劳动者使用暴力或者进行暴力威胁的；（3）造成其他严重后果的。因此，对于符合上述构成要件的情形，应适用《刑法》第二百七十六条对行为主体作出不同程度的量刑评价，追究刑责。

（二）雇用童工从事危重劳动罪和强迫劳动罪

对于企业而言，非法用工是一个值得重视和预防的问题。《劳动法》第十五条规定：“禁止用人单位招用未满十六周岁的未成年人。文艺、体育和特种工艺单位招用未满十六周岁的未成年人，必须遵守国家有关规定，并保障其接受义务教育的权利。”依照《劳动法》第五十八条和第六十四条的规定，年满十六周岁未满十八周岁的劳动者为“未成年工”，应得到特殊劳动保护，用人单位不得安排未成年工从事矿山井下作业、有毒有害作业、国家规定的第四级体力劳动强度的劳动和其他禁忌从事的劳动。从以上两条规定可以看出，未成年工在满足某些条件的情况下也可以是适格劳动者。然而，如果用人单位违反《劳动法》雇用未满十六周岁的未成年人从事超强度体力劳动，或者从事高空、井下作业，或者在爆炸性、易燃性、放射性、毒害性等危险环境下从事劳动，可能涉嫌雇用童工从事危重劳动罪。《最高人民检察院、公安部关于公安机关管辖的刑事案件立案追诉标准的规定（一）》（以下简称《标准一》）第三十二条规定：“涉嫌下列情形之一的，应予立案追诉：（一）造成未满十六周岁的未成年人伤亡或者对其身体健康造成严重危害的；（二）雇用未满十六周岁的未成年人三人以上的；（三）以强迫、欺骗等手段雇用未满十六周岁的未成年人从事危重劳动的；（四）其他情节严重的情形。”其直接责任人的刑事责任分为两个区间，分别是三年以下有期徒刑或者拘役，并处罚金；以及三年以上七年以下有期徒刑，并处罚金[①]。

除此之外，若用人单位在雇用童工从事危重劳动的同时，采取暴力、威胁或限制人身自由等手段强迫他人劳动，还可能构成强迫劳动罪。

所谓强迫劳动罪，是指以暴力、威胁或者限制人身自由的方法强迫他人劳动的犯罪行为。对于强迫劳动的规制，《劳动合同法》第三十八条第二款规定："用人单位以暴力、威胁或者非法限制人身自由的手段强迫劳动者劳动的……劳动者可以立即解除劳动合同，不需事先告知用人单位。"为保护劳动者的人格尊严和人身自由权，《劳动法》第九十六条规定："用人单位以暴力、威胁或者非法限制人身自由的手段强迫劳动的，由公安机关对责任人员处以15日以下拘留、罚款或者警告，构成犯罪的，对责任人员依法追究刑事责任。"即《刑法》第二百四十四条的明确规定。

案例5：朱某等强迫劳动案[②]

【基本案情】

被告人朱某、余某某、何某某于2012年1月18日因涉嫌犯强迫劳动罪被逮捕，云南省元谋县人民检察院以三被告人犯强迫劳动罪，向人民法院提起公诉。

人民法院经审理查明：2011年10月初，朱某与闽福机砖厂签订劳动合同，承包砖厂砖块的进窑、出窑和装车工作。朱某先找到刘某某、杜某、杨某某、范某某、叶某某，被告人余某某找到李某某，同被告人何某某把所找到的人一起拉到闽福机砖厂，从事砖块进窑、出窑、装车的重体力劳动。之后，朱某又到云南省各地找到付某某、冯某某、谢某某、简某某、彭某某、樊某某、杨某某、罗某某、杨某某、王某某等精神不正常和拾荒的流浪、乞讨人员及李某某，将他们带到闽福机砖厂干活，由余某某和何某某负责看管。

① 《中华人民共和国刑法》，https://flk.npc.gov.cn/detail2.html?ZmY4MDgxODE3OTZhNjM2YTAxNzk4MjJhMTk2NDBjOTI。

② 中华人民共和国最高人民法院刑事审判第一、二、三、四、五庭：《刑事审判参考（总第92集）》，法律出版社，2014年。

余某某、何某某每天早上六七点钟叫上述人员起床干活，到中午12时左右供应午饭，13时左右接着干活，到晚上19时左右供应晚饭，有时晚饭后加班到23时。晚上，为防止工人逃跑，余某某和何某某把工人集中到三间房间里睡觉，把外门锁起来，工人就在住处大小便。干活期间，干不好、干得慢的人被朱某、余某某和何某某辱骂、殴打。2011年10月26日，元谋县人力资源和社会保障局对闽福机砖厂用工情况进行检查，并发出整改指令书，要求按时发放工资、清退当时违规使用的12名工人。朱某、余某某、何某某不但没有停止用工，反而将用工人数增加至17人。元谋县人力资源和社会保障局于2011年11月8日督促闽福机砖厂发放了共计人民币（以下币种同）8160元的工人工资。但当晚工人工资即被朱某收回。经司法精神病鉴定，除李某某、樊某某、付某某3人精神状态正常，为完全民事行为能力人外，其余14名工人中，杨某某等7人患精神分裂症，为限制民事行为能力人，李某某等5人患轻度精神发育迟缓，为限制民事行为能力人，杨某某、王某某患重度精神发育迟缓，为无民事行为能力人。

【裁判结果】

法院认为，朱某、余某某、何某某以殴打、威胁、辱骂、限制人身自由等方法强迫他人劳动，情节严重，三被告人的行为均构成强迫劳动罪，且属于共同犯罪。其中，朱某在与他人签订劳动合同后，为牟取暴利，刻意四处寻找精神病患者以及智力障碍人员，利用其法律意识薄弱、维权能力较差的实际情况，强迫其长时间无偿劳动，并找人专门对其进行管理，限制其人身自由，系本案主犯；余某某、何某某听从朱某的工作安排，对劳动者进行看守、辱骂、殴打，协助朱某实施强迫劳动行为，系从犯，应当从轻、减轻或者免除处罚。根据《刑法》第二百四十四条第一款、第二十五条、第二十六条、第二十七条的规定，法院判决如下。

（1）被告人朱某犯强迫劳动罪，判处有期徒刑五年，并处罚金一万元。

（2）被告人余某某犯强迫劳动罪，判处有期徒刑三年零六个月，并处罚金六千元。

（3）被告人何某某犯强迫劳动罪，判处有期徒刑三年零六个月，并处罚金六千元。

一审宣判后，三被告人未提出上诉，检察机关亦未提起抗诉，该判决已发生法律效力。

该案件的主要焦点有两个，第一，如何区分强迫劳动犯罪行为与一般行政违法行为；第二，如何理解强迫劳动罪中的“情节严重”。

强迫劳动罪的客观行为包括以暴力、威胁或者限制人身自由的方法强迫他人劳动，或者明知他人实施该行为而为强迫劳动的单位和个人招募、运送人员或者以其他手段协助强迫他人劳动的行为，《刑法》第二百四十四条的相关释义如下。[①]

（1）第1款中的“暴力”，是指犯罪分子直接对被害人实施殴打、伤害等危及其人身安全的行为，使其不能反抗、逃跑。“威胁”是指犯罪分子对被害人施以恫吓，进行精神强制，使其不敢反抗、逃跑。“限制人身自由的方法”是指以限制离厂、不让回家，甚至雇用打手看管等方法非法限制被害人的人身自由，强迫其参加劳动。“他人”既包括与用人单位订有劳动合同的职工，也包括犯罪分子非法招募的工人、智障人员等。

所谓“情节严重”通常是指强迫多人劳动，长时间强迫他人劳动，以非人道手段对待被强迫劳动者，等等，具体标准应由司法机关根据实际情况通过司法解释确定。《最高人民法院公布八起侵害未成年人合法权益典型案例》中的“范刚等强迫劳动案”，[②] 是一起典型的以限制人身自由的方法强迫未成年人劳动的案件。三名被害人在案发时均未成年，最大的16周岁，最小的年仅13周岁。由于未成年人心智发育尚未成熟，自我保护的能力较弱。被告人范刚等人专门招收未成年人，以禁止外出、殴打、语言威胁等手段强迫其劳动，突显了其行为的强迫性和违法性。最高人民法院《〈刑法修正案（八）〉条文及配套司法解释理解与适用》规定，强迫劳动罪的“情节严重”包括强迫未成年人劳动的情形，不论人数多少。因此这起案件符合“情节严重”的情形，对主犯应处以3年以上量刑。

---

① 《中华人民共和国刑法修正案（八）》，https://www.gov.cn/flfg/2011-02/25/content_1857448.html。

② 《最高法院公布八起侵害未成年人合法权益典型案例》，https://www.court.gov.cn/zixun/xiangqing/15294.html。

（2）第 2 款所说的“招募”是指通过所谓“合法”或非法的途径，面向特定或者不特定的群体募集人员的行为。实践中，犯罪分子往往利用被害人求职心切，以合法就业岗位、优厚待遇等手段诱骗被害人。“运送”是指用各种交通工具运输人员。“其他协助强迫他人劳动行为”是指除招募、运送人员外，为强迫劳动的人转移、窝藏或接收人员等行为。

（3）区分强迫劳动犯罪行为与一般行政违法行为的关键在于，行为人实施的强迫行为是否足以使他人陷入无法抗拒或自由选择，而不得不进行劳动的处境，这需要从社会一般观念、伦理道德角度考察。具体而言，可以从强迫手段、频率、人数、影响范围、持续时间、劳动者非自愿性的程度等多个角度，判断强迫行为是否足以使劳动者陷入不能自由选择的境地而需要《刑法》介入和干预的程度。对于强迫劳动情节显著轻微的，宜采用非刑罚制裁方式处理，例如行政处罚。实践中，强迫劳动入罪门槛要结合特定阶段此类违法犯罪行为以及劳动者权益保障的实际状况加以判断。

（4）强迫劳动罪与雇用童工从事危重劳动罪的不同之处是，强迫劳动罪的犯罪主体包括个人和单位，且对单位犯罪实行双罚制：个人实施强迫他人劳动犯罪的，处 3 年以下有期徒刑或者拘役，并处罚金；情节严重的，处 3 年以上 10 年以下有期徒刑，并处罚金。用人单位实施强迫他人劳动犯罪的，对单位判处罚金，并对其直接负责的主管人员和其他直接责任人员，依照本条第 1 款的规定处罚，即处 3 年以下有期徒刑或者拘役，并处罚金；情节严重的，处 3 年以上 10 年以下有期徒刑，并处罚金。若犯罪分子在强迫他人劳动的过程中使用暴力，致使被害人伤残、死亡的，应当根据本法的有关规定，以强迫劳动、故意伤害或故意杀人罪数罪并罚。

案例 5 中，朱某采用限制人身自由的方式控制、强迫 17 名被害人劳动，除 3 名被害人精神状态正常外，其余 14 名被害人或患精神分裂症，或精神发育迟缓，为限制民事行为能力人和无民事行为能力人，属于特别易受侵害、需要特殊保护的人员；强迫劳动工作强度大、生活条件恶劣，被害人每天被迫从事至少 11 个小时搬运砖块的重体力劳动，而只供应两顿饭菜，晚上则被集中关押，没有人身自由；在有关执法部门进行检查，要求清退非法用工人员后，仍然增加用工人数，继续强迫劳动，并在第二次检查后，将经执法部门责令补发给工人的工资又强行收回，足见其对劳动者权益和法律权威的肆意践踏和藐视程度。元谋县人民法院依法认定被告人朱某等人构成强迫劳动罪，且属于情节严重。

关于用工的风险防范，站在用人单位的角度，若要在用工环节预防刑事法律风险，首先要合法合规签订劳动合同，合法用工、不雇用童工、不雇用非法移民人员，事先约定工资标准，和劳动者协商确定用工细节，不无故克扣和拖欠工资。当出现拖欠劳动报酬线索或行为时，办案机关首先应甄别是否属于恶意欠薪。对于恶意欠薪，可能涉嫌拒不支付劳动报酬罪的，将犯罪线索移送公安机关立案审查；对于欠薪行为未构成犯罪的，由劳动者自主维权。作为用人单位，确有经营困难无法履行支付义务时要向当地工会汇报。在遇到这些问题时首先要安抚劳动者，尽力解决问题或积极协商解决方案，争取缓冲期，再逐步如约履行应尽义务，避免出现恶意欠薪情节。如果为了逃避支付薪酬而涉嫌犯罪，犯罪主体所要承担的远不只劳动者薪酬成本，还有连带的行政乃至刑事法律责任。若涉嫌拒不支付劳动报酬罪，用人单位应争取不予立案，在被立案起诉前积极履行支付劳动者报酬的义务或与劳动者达成调解协议，并依法承担相应赔偿责任，减轻事件带来的影响，争取减轻或者免除处罚。

三、融资环节

对企业来说，融资是关系企业发展的重要环节。如果未提前对参与融资的行为进行合规风险的辨别和防控，很容易落入融资陷阱，比如民间借贷行为可能涉嫌非法吸收公众存款罪、票据诈骗罪，向银行借贷可能涉嫌各种贷款类犯罪，还有可能涉及在证券交易活动中的犯罪。接下来将从法律规定的角度介绍关于融资行为中可能涉及的刑事罪名，并通过案例分析司法实践中较为常见的企业犯罪类型。

（一）贷款类犯罪

（1）骗取贷款罪（《刑法》第一百七十五条之一）为欺诈型贷款犯罪，即行为人明知自己的行为违反国家法律和有关行政法规，仍故意采用虚构事实、隐瞒真相的方法骗取银行或者其他金融机构的贷款，给银行或者其他金融机构造成重大损失等严重后果的行为。该罪的主体包括自然人和单位，自然人实施该犯罪行为的，应处三年以下有期徒刑或者拘役，并处或者单处罚金；给银行或者其他金融机构造成特别重大损失或者有其他特别严重情节的，处三年以上七年以下有期徒刑，并处罚金。单位实施该犯罪行为的，对单位判处罚金，并对其直接负责的主管人员和其他直接责任人员，依照前述个人犯罪的规定处罚。

（2）贷款诈骗罪（《刑法》第一百九十三条）是指行为人以非法占有为目的，采用编造虚假项目、理由、合同、文件等诈骗手段，骗取银行或者其他金融机构的贷款，且数额较大的行为。根据《刑法》规定，具体行为如下：①编造引进资金、项目等虚假理由的；②使用虚假的经济合同的；③使用虚假的证明文件的；④使用虚假的产权证明作担保或者超出抵押物价值重复担保的；⑤以其他方法诈骗贷款的。诈骗贷款数额较大的，处五年以下有期徒刑或者拘役，并处二万元以上二十万元以下罚金；数额巨大或者有其他严重情节的，处五年以上十年以下有期徒刑，并处五万元以上五十万元以下罚金；数额特别巨大或者有其他特别严重情节的，处十年以上有期徒刑或者无期徒刑，并处五万元以上五十万元以下罚金或者没收财产。贷款诈骗罪的犯罪主体是达到刑事责任年龄且具有刑事责任能力的自然人，不包括单位。假设单位实施了贷款诈骗行为，不能以贷款诈骗罪处罚，如果相关行为符合《刑法》第二百二十四条规定的合同诈骗罪的法律特征，应当以合同诈骗罪定罪处罚。

贷款诈骗罪与骗取贷款罪的明显不同之处是行为人以非法占有为目的的主观方面，因此其侵犯的客体是我国金融管理秩序和金融机构财产的所有权而非使用权。罪与非罪、此罪与彼罪的区分，需根据案情的特殊性综合判断，下面将结合几个典型案例解释部分情形。根据最高人民法院关于印发《全国法院审理金融犯罪案件工作座谈会纪要》的通知："对于合法取得贷款后，没有按规定的用途使用贷款，到期没有归还贷款的，不能以贷款诈骗罪定罪处罚；对于确有证据证明行为人不具有非法占有的目的，因不具备贷款的条件而采取了欺骗手段获取贷款，案发时有能力履行还贷义务，或者案发时不能归还贷款是因为意志以外的原因，如因经营不善、被骗、市场风险等，不应以贷款诈骗罪定罪处罚。"

（2013）四刑终字第 150 号案中，原审法院认为，被告人采用伪造假名章及冒用他人身份证信息等方法多次从银行贷款，属于假冒他人名义申请贷款，贷款到期后拒不偿还，其行为构成贷款诈骗罪。而二审法院认为，上诉人（被告人）使用虚假信息和冒用他人的身份信息，骗取信用社贷款 17.4 万元人民币，在信用社清欠时，上诉人给信用社出具了还款计划和承诺书，其主观上并没有非法占有的故意，其行为不构成贷款诈骗罪；但上诉人以欺骗手段多次取得信用社贷款共 17.4 万元人民币，其行为已构成骗取贷款罪。（2017）豫 15 刑终 388 号、（2017）内 08 刑终 99 号案，因公诉机关所提供证明被告人主观上具有非法占有目的的证据不确实、不充分，或被告人主观上非法占有的目的不明显，将其行为定性为骗取贷款罪。（2016）鲁 17 刑终 315 号案中，二审法院认为，被告人向银行提供虚假证明文件骗取的涉案贷款是以公司名义取得的，用于偿还公司的高息借款和货款，是用于企业的经营活动，不足以证明行为人主观上具有非法占有银行贷款的故意，认定其行为为骗取贷款罪。此外，如果被告人将贷款用于违法活动，但是仅为所获贷款的一部分，认定其主观上具有非法占有贷款的故意，证据尚不充分。结合行为人以往在银行的良好贷款表现、贷款时的资产状况（具有履行贷款合同的能力）以及贷款后履行合同情况判断，可认为行为人没有非法占有的主观目的。

（3）高利转贷罪（《刑法》第一百七十五条）属于牟利型贷款犯罪，是个人或单位以转贷牟利为目的，套取金融机构信贷资金高利转贷他人，自然人犯罪的违法所得数额较大的行为。个人犯罪的违法所得数额较大的，处三年以下有期徒刑或者拘役，并处违法所得一倍以上五倍以下罚金；数额巨大的，处三年以上七年以下有期徒刑，并处违法所得一倍以上五倍以下罚金。单位犯罪的，对单位判处罚金，并对其直接负责的主管人员和其他直接责任人员，处三年以下有期徒刑或者拘役。但该罪中的“高利”不应等同于民间借贷中的“高利”。高利转贷行为所涉及的资金直接来源于金融机构的信贷资金，其侵犯的客体除利率管理制度，还有国家对信贷资金的发放管理秩序等。高利转贷中，转贷利率具体高出银行同期贷款利率的多少，并不影响高利转贷罪的成立。因此，行为人违法将金融机构的信贷资金以高于银行的贷款利率转贷他人，非法获取一定利益，即应以高利转贷罪论处。

若行为人出于正当目的取得金融机构信贷资金，之后再产生将信贷资金高利转贷他人的意图而实施这种行为，一般不以犯罪论处。但对于表面正当，实则变相高利转贷的行为，需要在经营活动中注意，例如行为人本着转贷牟利目的套取金融机构信贷资金后，表面上将该部分资金用于生产经营，实际上将该部分资金高利借贷他人，约定固定的利息或利润，或者高利借贷给名义上有合资合作关系但实际上并不参与经营的企业，即“明为投资，实为借贷”，当违法所得数额较大时，即构成此罪。

（二）非法吸收公众存款罪

《企业家刑事风险分析报告（2020）》的数据显示，非法吸收公众存款罪触犯频次最高，共647次，占比20.01%，其中民营企业家645次，多发于融资活动中，是企业刑事风险的高发源头。根据2022年修正实施的《最高人民法院关于审理非法集资刑事案件具体应用法律若干问题的解释》：“违反国家金融管理法律规定，向社会公众（包括单位和个人）吸收资金的行为，同时具备下列四个条件的，除《刑法》另有规定的以外，应当认定为《刑法》第一百七十六条规定的‘非法吸收公众存款或者变相吸收公众存款’：（一）未经有关部门依法许可或者借用合法经营的形式吸收资金；（二）通过网络、媒体、推介会、传单、手机信息等途径向社会公开宣传；（三）承诺在一定期限内以货币、实物、股权等方式还本付息或者给付回报；（四）向社会公众即社会不特定对象吸收资金。未向社会公开宣传，在亲友或者单位内部针对特定对象吸收资金的，不属于非法吸收或者变相吸收公众存款。”此外，未经有关部门依法许可或者以合法经营的形式实施司法解释第二条规定的数项行为，同样以非法吸收公众存款罪定罪处罚：（1）不具有房产销售的真实内容或者不以房产销售为主要目的，以返本销售、售后包租、约定回购、销售房产份额等方式非法吸收资金的；（2）以转让林权并代为管护等方式非法吸收资金的；（3）以代种植（养殖）、租种植（养殖）、联合种植（养殖）等方式非法吸收资金的；（4）不具有销售商品、提供服务的真实内容或者不以销售商品、提供服务为主要目的，以商品回购、寄存代售等方式非法吸收资金的；（5）不具有发行股票、债券的真实内容，以虚假转让股权、发售虚构债券等方式非法吸收资金的；（6）不具有募集基金的真实内容，以假借境外基金、发售虚构基金等方式非法吸收资金的；（7）不具有销售保险的真实内容，以假冒保险公司、伪造保险单据等方式非法吸收资金的；（8）以网络借贷、投资入股、虚拟币交易等方式非法吸收资金的；（9）以委托理财、融资租赁等方式非法吸收资金的；（10）以提供“养老服务”、投资“养老项目”、销售“老年产品”等方式非法吸收资金的；（11）利用民间“会”“社”等组织非法吸收资金的；（12）其他非法吸收资金的行为。

犯罪主体（自然人和单位）具有下列情形之一的，达到依法追究刑事责任的标准：（1）非法吸收或者变相吸收公众存款数额在100万元以上或对象150人以上的；（2）非法吸收或者变相吸收公众存款，给存款人造成直接经济损失数额在50万元以上的。除此之外，如果行为人非法吸收或者变相吸收公众存款数额在50万元以上或者给存款人造成直接经济损失数额在25万元以上，而且出现“曾因非法集资受过刑事追究”“二年内曾因非法集资受过行政处罚”“造成恶劣社会影响或者其他严重后果”以上三种情节之一，也应当依法追究刑事责任。

《刑法》第一百七十六条规定的“数额巨大或者有其他严重情节”包括[①]：（1）非法吸收或者变相吸收公众存款数额在500万元以上或对象500人以上的；（2）非法吸收或者变相吸收公众存款，给存款人造成直接经济损失数额在250万元以上的；（3）非法吸收或者变相吸收公众存款数额在250万元以上或者给存款人造成直接经济损失数额在150万元以上，同时造成恶劣社会影响或者其他严重后果的。“数额特别巨大或者有其他特别严重情节”包括：（1）非法吸收或者变相吸收公众存款数额在5000万元以上或对象5000人以上的；（2）非法吸收或者变相吸收公众存款，给存款人造成直接经济损失数额在2500万元以上的；（3）非法吸收或者变相吸收公众存款数额在2500万元以上或者给存款人造成直接经济损失数额在1500万元以上，同时造成恶劣社会影响或者其他严重后果的。非法吸收公众存款罪的犯罪主体包括个人和单位，个人如果达到追诉标准，将面临的刑事责任是三年以下有期徒刑或者拘役，并处或者单处罚金；数额巨大或者有其他严重情节的，处三年以上十年以下有期徒刑，并处罚金；数额特别巨大或者有其他特别严重情节的，处十年以上有期徒刑，并处罚金。单位犯罪实行的是双罚制，单位将被判处

---

① 《最高人民法院关于修改〈最高人民法院关于审理非法集资刑事案件具体应用法律若干问题的解释〉的决定》，https://www.court.gov.cn/fabu/xiangqing/346901.html。

罚金，并对其直接负责的主管人员和其他直接责任人员依照自然人犯罪的标准进行处罚。如果行为人在提起公诉前积极退赃退赔，减少损害结果发生，可以从轻或者减轻处罚。

（三）票据诈骗罪

金融票据是可以流通转让的信用支付工具。广义的金融票据包括各种有价证券，狭义的金融票据仅指汇票、本票和支票。因为金融票据可以加速资金周转，减少现金使用，节省流通费用，许多经营活动中会出现利用票据或者使用伪造、变造的票据骗取他人财物的犯罪行为。

票据诈骗罪（《刑法》第一百九十四条第一款），是指以非法占有为目的，明知是伪造、变造、作废的票据而使用，或冒用他人的票据，或签发空头支票，或签发无资金保证的汇票、本票，或捏造其他票据事实，利用金融票据进行诈骗活动，骗取财物数额较大的行为。该罪的主体是一般主体、凡达到刑事责任年龄并具有刑事责任能力的自然人。根据《刑法》第二百条的规定，单位亦能成为该罪的主体。

《最高人民检察院公安部关于公安机关管辖的刑事案件立案追诉标准的规定（二）》，个人进行金融票据诈骗数额达到一万元以上的，或单位进行金融票据诈骗数额在十万元以上的，达到立案追诉标准。至于其量刑标准，自然人犯罪数额较大的，处五年以下有期徒刑或者拘役，并处二万元以上二十万元以下罚金；数额巨大或者有其他严重情节的，处五年以上十年以下有期徒刑，并处五万元以上五十万元以下罚金；数额特别巨大或者有其他特别严重情节的，处十年以上有期徒刑或者无期徒刑，并处五万元以上五十万元以下罚金或者没收财产。单位犯罪的，对单位判处罚金，并对其直接负责的主管人员和其他直接责任人员，处五年以下有期徒刑或者拘役，可以并处罚金；数额巨大或者有其他严重情节的，处五年以上十年以下有期徒刑，并处罚金；数额特别巨大或者有其他特别严重情节的，处十年以上有期徒刑或者无期徒刑，并处罚金。

（四）证券类犯罪

企业融资是企业成长的过程，也是企业走向规范化的过程。在企业的各种融资渠道中，证券融资主要包括股票、债券。但是有些企业为了融资，粉饰财务报表，甚至造假，对外公示的数据信息脱离了企业真实的经营状况。当形成过于虚假的表象或造成一定程度的后果时，构成犯罪，譬如欺诈发行证券罪，伪造、变造股票、公司、企业债券罪，违规披露、不披露重要信息罪，等等。一旦在融资过程中触犯《刑法》，对企业的发展无疑是致命一击，不仅影响正在进行的融资活动，对企业以后的发展合作也是百害而无一利。

（1）欺诈发行证券罪（《刑法》第一百六十条）包括：①（第一款）在招股说明书、认股书、公司、企业债券募集办法等发行文件中隐瞒重要事实或者编造重大虚假内容，发行股票或者公司、企业债券、存托凭证或者国务院依法认定的其他证券的行为；②（第二款）控股股东、实际控制人组织、指使实施第①项所述行为的，达到数额巨大、后果严重或者有其他严重情节的行为。该罪的行为主体包括股份有限公司的发起人、控股股东、实际控制人、已经设立的股份有限公司和有限责任公司，以及假冒公司发起人或具有发行公司债券资格的公司的名义进行非法集资的单位和个人，其处罚规则是双罚制，单位实施上述行为或组织、指使实施上述行为的，将面临被判处非法募集资金金额百分之二十以上一倍以下的罚金，且根据数额或情节严重程度，其直接负责的主管人员和其他直接责任人员将判处有期徒刑或者拘役，并处或者单处罚金的刑罚。

（2）违规披露、不披露重要信息罪（《刑法》第一百六十一条）包括：①（第一款）依法负有信息披露义务的公司、企业向股东和社会公众提供虚假的或者隐瞒重要事实的财务会计报告，或者对依法应当披露的其他重要信息不按照规定披露，严重损害股东或者其他人利益，或者有其他严重情节的行为；②（第二款）依法负有信息披露义务的公司、企业的控股股东、实际控制人实施或者组织、指使实施第①项所述行为的，或者隐瞒相关事项导致第①项所述情形发生的行为。其中，对于《刑法》第一百六十一条第一款的行为，由于上市公司所涉利益群体的多元化，为避免中小股东利益遭受双重损害，《刑法》规定违规披露、不披露重要信息罪只追究直接负责的主管人员和其他直接责任人员的刑事责任，视情节严重程度处十年以下有期徒刑或拘役，并处或者单处罚金，不追究单位的刑事责任。虽然否定刑事责任的承担并未否定单位犯罪的成立，检察机关可以根据刑事诉讼法规定的最相近的不起诉情形，对单位作出不起诉决定①，而且不追究刑事责任不意味着没有法律责任，行为主体可能被追究行政责任。然而，对于《刑法》第一百六十一条第二款的行为，《中华人民共和国刑法修正案（十一）》（以下简称《刑法修正案（十一）》）增加了对单位犯罪的双罚，实施第②项行为的控股股东、实际控制人是单位的，对单位判处罚金。

2022 年，最高人民检察院联合最高人民法院、公安部、中国证券监督管理委员会联合发布了依法从严打击证券犯罪 5 起典型案例，其中，一宗违规披露、不披露重要信息案对该罪的犯罪主体及构成有着典型的司法意义。

案例 6：郭某军等人违规披露、不披露重要信息案②

【基本案情】

被告人郭某军，系九某网络科技集团有限公司（以下简称“九某集团”）实际控制人；被告人杜某芳，系郭某军妻子；被告人宋某生，系九某集团总裁；被告人王某，系九某集团副总监。

2013 年至 2015 年，郭某军及杜某芳、宋某生、王某等人为了吸引风投资金投资入股，实现“借壳上市”等目的，组织公司员工通过虚构业务、改变业务性质等多种方式虚增九某集团服务费收入 2.64 亿元、贸易收入 57.47 万元。2015 年 1 月，九某集团在账面上虚增货币资金 3 亿余元，为掩饰上述虚假账面资金，郭某军等人利用外部借款购买理财产品或定期存单，在九某集团账面形成并持续维持 3 亿余元银行存款的假象。为及时归还借款，郭某军等人以上述理财产品、定期存单为担保物，为借款方开出的银行承兑汇票提供质押，随后以银行承兑汇票贴现的方式将资金归还出借方。

后郭某军等人在九某集团与鞍某股份有限公司（以下简称“鞍某股份”，系上市公司）重大资产重组过程中，向鞍某股份提供了含有虚假信息的财务

① 《最高人民检察院第十七批指导性案例》，https://www.spp.gov.cn/spp/xwfbh/wsfbt/202003/t20200325_457166.shtml#1。

② 《最高法、最高检、公安部、中国证监会联合发布依法从严打击证券犯罪典型案例》，https://www.court.gov.cn/zixun/xiangqing/371451.html。

报表。鞍某股份于 2016 年 4 月 23 日公开披露了重组对象九某集团 2013 年至 2015 年的主要财务数据，其中虚增资产达到当期披露的九某集团资产总额的 30%以上；未披露 3.3 亿元理财产品、银行存单质押事项，占九某集团实际净资产的 50%以上。

【行政调查与刑事诉讼过程】

经浙江证监局立案调查，中国证监会部署深圳专员办、四川证监局联合调查，中国证监会于 2017 年 4 月 21 日作出对九某集团罚款 60 万元、对郭某军等 3 人分别罚款 30 万元的行政处罚决定，对郭某军作出市场禁入决定，并移送公安机关立案侦查。

经公安部交办，浙江省杭州市公安局侦查终结后以九某集团、郭某军等人涉嫌违规披露、不披露重要信息罪移送起诉。2020 年 6 月 19 日，杭州检察机关以郭某军、宋某生、杜某芳、王某涉嫌违规披露、不披露重要信息罪提起公诉。宋某生、杜某芳、王某自愿认罪认罚，且王某系主动投案。

2021 年 1 月 15 日，审理法院作出一审判决，认定郭某军等人均犯违规披露、不披露重要信息罪，对郭某军判处有期徒刑二年三个月，并处罚金十万元；对宋某生、杜某芳、王某分别判处有期徒刑一至二年不等，缓刑二至三年不等，并处罚金二至五万元不等。被告人均未上诉，判决已发生法律效力。

根据中国证监会《上市公司重大资产重组管理办法》《上市公司信息披露管理办法》等相关规定，《刑法》第一百六十一条规定的“依法负有信息披露义务的公司、企业”不限于上市公司，也包括其他披露义务人，例如进行收购、重大资产重组、再融资、重大交易的有关各方以及破产管理人等。其他信息披露义务人应当向上市公司提供真实、准确、完整的信息，由上市公司向社会公开披露，这些义务人向上市公司提供虚假信息经上市公司公开披露，或隐瞒应当披露的重要信息，严重损害股东或者其他人利益的，应当依法以违规披露、不披露重要信息罪承担刑事责任。

（3）内幕交易、泄露内幕信息罪（《刑法》第一百八十条）：指证券、期货交易内幕信息的知情人员或者非法获取证券、期货交易内幕信息的人员，在涉及证券的发行，证券、期货交易或者其他对证券、期货交易价格有重大影响的信息尚未公开前，买入或者卖出该证券，或者从事与该内幕信息有关的期货交易，或者泄露该信息，或者明示、暗示他人从事上述交易活动，情节严重的行为。该罪的犯罪主体不仅是证券公司、证券交易所相关行业和机构的工作人员，还包括上市公司、特定股东、高管等主体，即非涉及证券行业的民营企业也可能构成内幕交易、泄露内幕信息罪①。

上述总结的是较为普遍的犯罪行为，除此之外，伪造、变造、擅自发行股票、公司、企业债券等行为也在《刑法》的规制范围内有对应的罪名。许多民营企业急于融资，没有考虑融资后对企业经营发展的影响，缺少规划，甚至触犯法律。因此，民营企业在融资阶段，应避免虚构事实、避免提供虚假证明材料、避免违法筹资行为，除了资金以外，还应考虑投资方在企业经营、企业发展方面对企业是否有帮助，是否能提升企业的价值。企业的合法融资活动不断促进企业走向规范化，通过企业规范化来提升企业的融资能力。

四、安全问题

企业在安全方面的刑事法律风险主要出现在建筑施工、危险化学品、制造生产等相关领域，也涉及其他类别的安全问题，如日常的消防安全、环境安全、群众性安全事故等。在作业、生产过程中，许多企业将重心放在利益和效率上，容易忽略最根本的安全问题，在营造安全生产环境的资金投入、人员安全意识培训、规范化监督管理等方面没有做到位，甚至有的企业抱有侥幸心理，明知有隐患却不排除，自认为可以避免或不会造成严重后果。在这种情况下，企业在运营中面临巨大的法律风险，一旦实施违法行为，除了程度较轻引起的行政处罚及小范围的民事责任以外，还存在犯罪的可能，譬如危险作业、强令他人违章冒险作业、造成各类重大安全事故、事故处理与报告不到位等。接下来将围绕企业在安全生产环节涉及的刑事犯罪就构成要件、具体行为类型及量刑规则进行分析，以便针对不同程度的刑事风险设置相应的合规管控措施。

---

① 《中华人民共和国证券法》，https://www.gov.cn/xinwen/2019-12/29/content_5464866.htm。

（一）生产、作业环节

在与企业生产、作业安全相关的犯罪中，危险作业罪是行为主体无须造成客观存在的后果即成立的罪名，属于危险犯，因此，企业在相关活动中应当更加谨慎，以预防任何可能引发危险的因素和行为。根据《刑法》第一百三十四条之一关于危险作业罪的规定：“在生产、作业中违反有关安全管理的规定，有下列情形之一，具有发生重大伤亡事故或者其他严重后果的现实危险的，处一年以下有期徒刑、拘役或者管制：（一）关闭、破坏直接关系生产安全的监控、报警、防护、救生设备、设施，或者篡改、隐瞒、销毁其相关数据、信息的；（二）因存在重大事故隐患被依法责令停产停业、停止施工、停止使用有关设备、设施、场所或者立即采取排除危险的整改措施，而拒不执行的；（三）涉及安全生产的事项未经依法批准或者许可，擅自从事矿山开采、金属冶炼、建筑施工，以及危险物品生产、经营、储存等高度危险的生产作业活动的。”

其一，这里的“违反有关安全管理的规定”既包括国家制定的法律、法规，又包括行业及管理部门制定的反映工艺技术、生产操作、技术监督、劳动保护、安全管理等安全生产方面的规章制度、操作规程等。其二，构成危险作业罪，需在生产、作业的特定的时间段内，在非生产、作业中，即使客观上实施的某种行为存在着危险状态，如未投入生产作业中的生产设备因不符合安全规定而存在重大安全隐患，也不属于该罪的范畴。但如果该行为满足安全领域其他罪名的构成要件，可能涉嫌相关罪名。其三，危险作业罪其实是重大责任事故罪的前置化处罚，根据重大责任事故罪（《刑法》第一百三十四条第一款）的规定：“在生产、作业中违反有关安全管理的规定，因而发生重大伤亡事故或者造成其他严重后果的，处三年以下有期徒刑或者拘役；情节特别恶劣的，处三年以上七年以下有期徒刑。”可见，前罪是安全生产犯罪的基本犯，后罪是结果加重犯[①]。基于这个性质，危险作业罪的犯罪主体与重大责任事故罪相同，均包括对生产、作业负有组织、指挥或者管理职责的

① 杨淑雅、岳启杰：《危险作业罪中的“危险”解析》，《检察日报》2021 年 3 月 17 日第 3 版。

负责人、管理人员、实际控制人、投资人等人员，以及直接从事生产、作业的人员①。由于这个犯罪行为是一般主体，这就意味着无论从事何种生产经营活动的企业、事业单位、机关团队等主体的人员，无论是作为领导、管理者还是普通员工，只要在生产、作业中违反有关安全管理的规定，满足法定要件，均可能构成该罪，对于各类、各行业的企业来说，都需要重视安全生产的细节问题，切忌因任何侥幸心理而放任违法行为。除了一般安全作业的违规行为以外，建设单位、设计单位、施工单位和工程监理单位这四类企业主体违反国家规定，降低工程质量标准，造成重大安全事故的，还可能构成工程重大安全事故罪（《刑法》第一百三十七条），其直接责任人员将被处以拘役、五年以下有期徒刑或五年以上十年以下有期徒刑，并处罚金的刑事处罚。

另一个与企业活动安全紧密相关，且与上述罪名相似的是重大劳动安全事故罪（《刑法》第一百三十五条），该罪与重大责任事故罪的构成要件类似，但该罪的适用范围相对较窄，特指在生产、作业过程中，安全生产设施或者安全生产条件不符合国家规定，因而发生重大伤亡事故或者造成其他严重后果的情形。此处的“安全生产设施”主要是指用于安全生产的各种设施和设备，包括安全牢固的生产用房设施、符合安全标准的各种机器设备及隔离栏、防护网、危险标志、用于逃生的安全通道等。“安全生产条件”主要是指劳动生产者在进行劳动生产时所处的环境条件及用于保护劳动者安全生产作业必不可少的安全防护用品和措施。而“不符合国家规定”是指用于劳动生产的安全生产设施或者安全生产条件，不符合国家的有关安全标准或者有关安全要求的规定。根据《刑法》及其司法解释规定，该罪追责的是直接负责的主管人员和其他直接责任人员，即对安全生产设施或者安全生产条件不符合国家规定负有直接责任的生产经营单位负责人、管理人员、实际控制人、投资人，以及其他对安全生产设施或者安全生产条件负有管理、维护职责的人员②。综合这两个主要罪名的分析可以得出，相关行业的从业人员很容易暴

---

① 《关于办理危害生产安全刑事案件适用法律若干问题的解释》，https://www.spp.gov.cn/spp/zdgz/201512/t20151216_109414.shtml。

② 《关于办理危害生产安全刑事案件适用法律若干问题的解释》，https://www.spp.gov.cn/zdgz/201512/t20151216_109414.shtml。

露于这些刑事法律风险之下，从刑事合规的角度，企业必须重视安全设备设施的设计和安装，定期、及时检测重要或关键环节的设备设施使用、维护及其在安全管理中存在的问题和隐患，高效整改，并依法依规、取证生产。

以上是涉及设施条件及生产环境的刑事法律风险，在生产、作业人员的管理方面也同样需要重视刑事合规。《刑法》第一百三十四条第二款规定了强令他人违章冒险作业，或者明知存在重大事故隐患而不排除，仍冒险组织作业，因而发生重大伤亡事故或者造成其他严重后果的，构成强令、组织他人违章冒险作业罪，对生产、作业负有组织、指挥或者管理职责的人员（包括负责人、管理人员、实际控制人、投资人等）是该罪的犯罪主体，处五年以下有期徒刑或者拘役；情节特别恶劣的，处五年以上有期徒刑。强令、组织他人违章冒险作业罪的客观表现通常是出于获取高额利润的目的，在明知存在安全生产隐患的情况下，采取违反安全管理规定的行为，在生产、作业人员拒绝的情况下，利用职权或者其他强制手段强令工人冒险作业，因而发生重大伤亡事故或者造成其他严重后果的行为。根据司法解释，这里的"强令"主要包括以下四种：第一，利用组织、指挥、管理职权，强制他人违章作业的；第二，采取威逼、胁迫、恐吓等手段，强制他人违章作业的；第三，故意掩盖事故隐患，组织他人违章作业的；第四，其他强令他人违章作业的行为。在刑事合规的措施上，企业应以安全合法运作为首要原则，拒绝违章冒险作业，通过建立、完善安全管理、安全生产责任等相关安全制度规则，对其员工尤其是管理人员加强安全生产教育培训，明确每位员工熟知，并形成一套固定的规范化工作模式，以防因企业管理人员的懒散、疏忽而酿成严重后果。

关于生产制造过程中的安全生产责任，最高人民法院、最高人民检察院《关于办理危害生产安全刑事案件适用法律若干问题的解释》对强令、组织他人违章冒险作业罪，重大责任事故罪，重大劳动安全事故罪，工程重大安全事故罪，大型群众性活动重大安全事故罪，以及消防责任事故罪的构罪、量刑程度认定如下①。

① 《关于办理危害生产安全刑事案件适用法律若干问题的解释》，https://www.spp.gov.cn/zdgz/201512/t20151216_109414.shtml。

具有下列情形之一的，应当认定为“造成严重后果”或者“发生重大伤亡事故或者造成其他严重后果”，相关责任人员将按《刑法》规定具体罪名的第一档刑事处罚标准承担责任：“造成死亡一人以上，或者重伤三人以上的；造成直接经济损失一百万元以上的；其他造成严重后果或者重大安全事故的情形。”具有下列情形之一的，应当认定为“造成特别严重后果”“情节特别恶劣的”或“后果特别严重”，其相关责任人员将面临《刑法》相应规定中更高一档的刑事处罚：“造成死亡三人以上或者重伤十人以上，负事故主要责任的；造成直接经济损失五百万元以上，负事故主要责任的；其他造成特别严重后果、情节特别恶劣或者后果特别严重的情形。”

依照法律法规、企业管理制度等规定，在生产、作业过程中发生安全事故，特定人员负有事故抢救、调查处理和报告事实的职责。在安全事故发生后，负有报告职责的人员不报或者谎报事故情况，或者与负有报告职责的人员串通不报或者谎报事故情况，贻误事故抢救，导致事故后果扩大，增加死亡一人以上，或者增加重伤三人以上，或者增加直接经济损失一百万元以上的，构成不报、谎报安全事故罪（《刑法》第一百三十九条之一），负有报告职责的人员承担三年以下有期徒刑或者拘役的刑事处罚。除了造成上述严重后果以外，行为主体实施下列行为之一[①]，致使不能及时有效开展事故抢救的，也达到“情节严重”的定罪标准：（1）决定不报、迟报、谎报事故情况或者指使、串通有关人员不报、迟报、谎报事故情况的；（2）在事故抢救期间擅离职守或者逃匿的；（3）伪造、破坏事故现场，或者转移、藏匿、毁灭遇难人员尸体，或者转移、藏匿受伤人员的；（4）毁灭、伪造、隐匿与事故有关的图纸、记录、计算机数据等资料以及其他证据的。行为人采用暴力、胁迫、命令等方式阻止他人报告事故情况，导致事故后果扩大；或者行为人的不报、谎报行为导致事故后果扩大，增加死亡三人以上，或者增加重伤十人以上，或者增加直接经济损失五百万元以上的，属于《刑法》第一百三十九条之一规定的“情节特别严重”情形，犯罪主体将面临三年以上七年以下有期徒刑的刑事责任。甚至，在安全事故发生后，直接负责的主管人员和其

① 《关于办理危害生产安全刑事案件适用法律若干问题的解释》，https://www.spp.gov.cn/zdgz/201512/t20151216_109414.shtml。

他直接责任人员故意阻挠开展抢救，导致人员死亡或者重伤，或者为了逃避法律追究，对受伤人员进行隐藏、遗弃，致使受伤人员因无法得到救助而死亡或者重度残疾的，根据司法解释规定，以故意杀人罪或者故意伤害罪定罪处罚。因此，企业应当提前做好事故应急预案，在发生安全事故后，事故现场有关人员应当立即报告，单位负责人应当及时组织抢救，防止事故后果扩大，减少人员伤亡和财产损失，并对事故进行调查，不得隐瞒不报、谎报或者迟报，更不得故意破坏事故现场、毁灭有关证据。

除此之外，如果相关行为主体实施上述罪名相关的行为，并具有以下情形之一，根据司法解释规定将从重处罚：（1）未依法取得安全许可证件或者安全许可证件过期、被暂扣、吊销、注销后从事生产经营活动的；（2）关闭、破坏必要的安全监控和报警设备的；（3）已经发现事故隐患，经有关部门或者个人提出后，仍不采取措施的；（4）一年内曾因危害生产安全违法犯罪活动受过行政处罚或者刑事处罚的；（5）采取弄虚作假、行贿等手段，故意逃避、阻挠负有安全监督管理职责的部门实施监督检查的；（6）安全事故发生后转移财产意图逃避承担责任的。

为了保护劳动者的生命、健康和重大公私财产的安全，也为了企业的稳定运作和长期发展，合规、安全的生产环境和条件应被放在首位：第一，不违规操作，违规指挥，强令冒险；第二，确保临时工程、施工设施设备、劳动保护设施到位，尤其是与工厂、矿山、林场、建筑等特殊领域有关的企业，需要更加严格要求安全设施条件，不得有一丝马虎和抱有侥幸心理；第三，坚守工程质量标准，严禁偷工减料，建设、设计、施工、监理四方切实履行责任。除了在硬件上做好合规措施，还要加强软件管理，例如通过安全培训提高人员的安全法律意识，通过健全企业安全生产管理制度来规范事故预防措施、操作流程及事故应急处理，以减少刑事法律风险。若不幸发生了安全事故，应及时组织、参与事故抢救，积极配合调查、如实报告，主动赔偿损失，争取从轻处罚，将责任减到最轻。

（二）环境安全问题

近年来，环保部门和公检法各部门力量联动，形成环境资源保护工作合力，加强环境公益诉讼，加大刑事犯罪打击力度，提高环境污染者的违法犯罪成本。污染环境的行为将依据《中华人民共和国环境保护法》《中华人民共和国水污染防治法》《中华人民共和国大气污染防治法》等环境保护相关法律规定追究当事人行政责任，对他人造成侵权的可追究民事责任。在刑事方面，环保领域的刑事法律风险主要出现在破坏生态资源、污染环境及处理污染物三大方面。

经过《刑法修正案（十一）》的修改，污染环境罪的入罪门槛降低了，对于特别严重恶劣的行为也增设了一档法定刑，加大了对单位及其直接负责的主管人员和其他直接责任人员的处罚力度。《刑法》第三百三十八条关于污染环境罪的规定如下。

“违反国家规定，排放、倾倒或者处置有放射性的废物、含传染病病原体的废物、有毒物质或者其他有害物质，严重污染环境的，处三年以下有期徒刑或者拘役，并处或者单处罚金；情节严重的，处三年以上七年以下有期徒刑，并处罚金；有下列情形之一的，处七年以上有期徒刑，并处罚金：

（一）在饮用水水源保护区、自然保护地核心保护区等依法确定的重点保护区域排放、倾倒、处置有放射性的废物、含传染病病原体的废物、有毒物质，情节特别严重的；

（二）向国家确定的重要江河、湖泊水域排放、倾倒、处置有放射性的废物、含传染病病原体的废物、有毒物质，情节特别严重的；

（三）致使大量永久基本农田基本功能丧失或者遭受永久性破坏的；

（四）致使多人重伤、严重疾病，或者致人严重残疾、死亡的。

有前款行为，同时构成其他犯罪的，依照处罚较重的规定定罪处罚。”

此外，违反国家规定，将境外的固体废物进境倾倒、堆放、处置的；或者未经国务院有关主管部门许可，擅自进口固体废物用作原料，造成重大环境污染事故，致使公私财产遭受重大损失或者严重危害人体健康的，依据《刑法》第三百三十九条的规定，分别构成非法处置进口的固体废物罪和擅自进口固体废物罪，将处五年以下有期徒刑或者拘役，并处罚金；进一步造成法定后果的，将面临更高一档的刑事处罚。

以上几个罪名关于“有毒物质”“严重污染环境”“后果特别严重”等要件，在 2016 年最高人民法院、最高人民检察院发布的《关于办理环境污染刑事案件适用法律若干问题的解释》中有明确的界定标准，包括被污染的环境类型、排放污染物的种类和数量标准、排污手段，以及上述行为对环境资源、经济财产、生命健康、社会影响等方面的损失后果的程度均有细化的规定，以判断违法行为是否构成犯罪以及适用哪一档法定刑的刑罚[①]。

（三）其他安全问题

上文集中分析了企业在生产、作业环节容易引发的刑事法律风险，除此之外，其他与安全有关的违法犯罪行为，例如，违反消防管理法规拒绝改正构成消防责任事故罪（《刑法》第一百三十九条），举办大型群众性活动违反安全管理规定而发生重大伤亡事故构成大型群众性活动重大安全事故罪（《刑法》第一百三十五条之一），等等，同样需要警醒防范。这些刑事法律风险贯穿于企业运营的多个环节，也分散于多个方面，各行业企业及相关管理、从业人员都需要加强风险防范意识。

五、经营环节

（一）产品质量安全

在《刑法》“破坏社会主义市场经济秩序罪”这一章中，专门设立了“生产、销售伪劣商品罪”一节，第一百四十条至第一百四十八条对不同行业、各类产品的不同犯罪行为作出规制，例如假药或劣药的生产、销售、提供行为，不符合安全标准的食品或有毒、有害食品的生产、销售行为，不符合卫生标准的化妆品的生产、销售行为，伪劣农药、化肥等产品的生产、销售行为。

生产者、销售者在产品中掺杂、掺假，以假乱真，以次充好或者以不合格产品冒充合格产品，销售金额五万元以上即构成生产、销售伪劣产品罪（《刑法》第一百四十条），销售金额达到二十万元、五十万、两百万元分别

---

① 《两高关于办理环境污染刑事案件适用法律若干问题的解释（全文）》，https://www.spp.gov.cn/zdgz/201612/t20161227_176817.shtml。

对应不同档的法定刑。根据相关司法解释[①]规定，犯罪行为有：（1）“在产品中掺杂、掺假”是指在产品中掺入杂质或者异物，致使产品质量不符合国家法律、法规或者产品明示质量标准规定的质量要求，降低、失去应有使用性能的行为。（2）“以假充真”是指以不具有某种使用性能的产品冒充具有该种使用性能的产品的行为。（3）“以次充好”即以低等级、低档次产品冒充高等级、高档次产品，或者以残次、废旧零配件组合、拼装后冒充正品或者新产品的行为。（4）“不合格产品”是指不符合《中华人民共和国产品质量法》第二十六条第二款规定的质量要求的产品。该条规定所指的销售金额是指生产者、销售者出售伪劣产品后所得和应得的全部违法收入。而且，即使伪劣产品尚未销售，货值金额达到该条规定的销售金额三倍以上的，以生产、销售伪劣产品罪（未遂）定罪处罚。如果企业出现多次实施生产、销售伪劣产品行为，将累计计算相关伪劣产品的销售金额或者货值金额，企业面临更大的刑事风险。

案例 7：H 电缆公司生产、销售伪劣产品案[②]

【基本案情】

2015 年 1 月 1 日，李某某开始担任 H 电缆公司总经理。在李某某经营管理 H 电缆公司期间，其明知公司质检部门未实际进行质量检验即出具产品合格证明，仍放任所生产的不合格电缆线出厂销售。2019 年 10 月 16 日，江西省景德镇市市场监督管理局执法人员对国网江西省电力有限公司乐平市供电分公司塔前仓库进行执法检查，查扣部分由 H 电缆公司销售的电线电缆。经黄冈大别山检测认证有限公司检测，H 电缆公司生产、销售的部分电缆线绝缘线芯标志导体直流电阻均超过国家标准要求的最大值，系不合格产品，不

① 《最高人民法院 最高人民检察院关于办理生产、销售伪劣商品刑事案件具体应用法律若干问题的解释》，https://flk. npc. gov. cn/detail2. html? NDAyODgxZTQ1ZmZiYmU0MTAxNWZmYmVmNDllMTAyNDU。

② 《检察机关依法惩治制售假冒伪劣商品犯罪典型案例》，https://www. spp. gov. cn/xwfbh/wsfbt/202203/t20220314_549089. shtml#2。

合格电缆总价值近60万元。2020年8月12日，李某某主动至公安机关投案，并如实供述上述犯罪事实。

【裁判结果】

2021年1月8日，江西省景德镇市公安局食药环分局以李某某涉嫌生产、销售伪劣产品罪向检察机关移送起诉。景德镇市昌江区人民检察院经审查，依法追加H电缆公司为犯罪嫌疑单位，并于2021年8月12日以H电缆公司、李某某犯生产、销售伪劣产品罪提起公诉。涉案伪劣电线电缆导体电阻超出国家标准，会增大电流在线路上通过时的损耗，加剧电线电缆的发热，如果投入使用，会加快包覆电缆线绝缘层老化，且更易引发火灾事故，具有安全隐患，属于《刑法》第一百四十六条规定的不符合安全标准的产品。虽未造成严重后果，但销售金额在五万元以上，根据《刑法》第一百四十九条第一款的规定，以生产、销售伪劣产品罪定罪处罚。2021年9月10日，景德镇市昌江区人民法院作出一审判决，以犯生产、销售伪劣产品罪，判处被告单位H电缆公司罚金30万元，判处李某某三年有期徒刑，缓刑五年，并处罚金30万元。一审判决后，被告单位和被告人均未上诉，判决已生效。

这个典型案例存在三个方面的要点。（1）犯罪成立要件：H电缆公司作为正规生产厂商，生产的产品不符合国家标准是否构成犯罪，关键要看其是否有生产、销售伪劣产品的主观故意。经检察机关审查，H电缆公司的内部质检流程未实际检测产品质量即出具产品合格证明，放任不合格产品流入市场，且作为公司实际经营者的李某某知情，应认定该公司、李某某对生产、销售伪劣产品具有放任的故意，构成生产、销售伪劣产品罪。（2）犯罪主体认定：在本案中，公安机关仅以李某某涉嫌生产、销售伪劣产品罪移送起诉。检察机关通过自行补充侦查，查实李某某是H电缆公司实际经营者、管理者的作用地位，认为其所作决定和行为是代表单位意志，为了单位利益，而且由于生产、销售伪劣电缆的收益均归单位所有，故本案认定为单位犯罪，追加起诉H电缆公司。（3）事后补救措施：案发后，H电缆公司在检察机关督促下及时召回问题产品，对其他相关产品进行全面质量检查，且对公司经营管理采取有效措施进行整改，弥补了产品质量漏洞，切实防止不合格电缆线再次流向市场，减少了对市场秩序的破坏，避免造成严重后果，在一定程度上降低了刑事法律风险。

除此之外，食品安全是倍受消费者重视的一个领域，但劣质奶粉、注水肉、含瘦肉精的猪肉等劣质食品层出不穷，因此企业在生产、销售食品的环节同样存在刑事法律风险。下面将通过最高法、最高检于 2021 年 12 月 31 日发布的危害食品安全刑事典型案例中的一起案例进行分析。

案例 8：上海某国际贸易有限公司及刘某某生产、销售伪劣产品案[①]

【基本案情】

2016 年 1 月，时任被告单位上海某国际贸易有限公司（以下简称“被告单位”）法定代表人、总经理的被告人刘某某在得知公司部分奶粉、奶酪已经过期后，经与华源公司负责人联系，以货款从华源公司走账的形式，将该批奶粉、奶酪通过华源公司销售给将该批奶粉、奶酪销售给尚某某经营的公司。2016 年 1 月 15 日，被告单位将存放在 A 物流公司仓库内的超过保质期的新西兰恒天然全脂奶粉 8330 袋（25kg/袋），以及在 B 物流公司仓库内的超过保质期的新西兰恒天然切达奶酪 269 箱（20kg/箱）交付给尚某某（另案处理）经营的公司，销售金额共计 295 万余元。2016 年 4 月，上述部分超过保质期的奶粉及全部奶酪被执法部门查获。

【裁判结果】

上海市第三中级人民法院审理认为，被告单位为牟取非法利益，违反国家法律法规，以超过保质期的不合格产品冒充合格产品进行销售，销售金额达 295 万余元，被告人刘某某作为该公司的主管人员，决定并组织实施上述销售行为，其行为均构成销售伪劣产品罪。据此，以销售伪劣产品罪分别判处被告单位罚金三百万元；被告人刘某某有期徒刑十五年，并处罚金三十万元。被告单位及刘某某提出上诉，均认为没有销售超期奶粉，不构成犯罪。

---

① 《最高法、最高检联合发布危害食品安全刑事典型案例》，https://www.court.gov.cn/zixun/xiangqing/339481.html。

上海市高级人民法院经审理裁定驳回上诉，维持原判。

这个案件存在以下几个争议焦点，同时也是企业及其负责人、管理人员在实践中需要注意的问题，尤其是在处理临期产品时，要具备相关防范意识。

（1）产品对外销售的时间认定。一般来讲，在买受人支付价款后，标的物的所有权才会转移到买受人，除非当事人在买卖合同中特别约定了标的物的所有权转移方式，否则买受人未履行支付价款或者其他义务的，标的物的所有权属于出卖人。也就是说，商家应当对交付时为保质期内合格的食品负有保证义务，该义务一般应以食品所有权转移即销售时间为界限。本案中，虽然被告单位与华源公司在2016年1月12日签订了购买合同，但涉案奶粉在A仓库中，在2016年1月15日才从A仓库移交给尚某某经营的公司，因此涉案奶粉销售时间认定为2016年1月15日。

（2）超保质期产品的数量认定。《中华人民共和国食品安全法》明确规定，食品保质期是指预包装食品在标签标明的贮存条件下保持品质的期限。根据《食品安全国家标准预包装食品标签通则》（以下简称《通则》）规定，生产日期是指食品成为最终产品的日期，也包括包装或灌装日期，即将食品装入（灌入）包装物或容器中，形成最终销售单元的日期。以生产日期为保质期计算起点或生产日期第二天为保质期计算起点，预包装食品必须同时标示生产日期和保质期，通常可以采用生产日期加保质期，或生产日期加预包装食品的保质期的有效期限来表示。在本案中，奶粉保质期是24个月，在把2016年1月15日确定为被告单位销售涉案奶粉的情况下，就意味着生产日期在2014年1月15日（包括当日）之前的均超过了保质期，超过保质期的奶粉数量为8330袋，涉案金额为295万余元。如果按照《通则》规定的生产日期的第二天为保质期计算起点，并以生产日期加保质期的方式，那就意味着如果生产日期为2014年1月15日的奶粉，第二天作为保质期的计算起点，即2014年1月16日，保质期将截至2016年1月15日，那么涉案奶粉数量将减少为4764袋，涉案金额亦调整为166万余元，由于销售金额未超过200万元，量刑档次应由15年以上有期徒刑或无期徒刑调整为7年以上15年以下有期徒刑。但是本案相关证据已充分证实商家的涉案奶粉保质期限起算与截止时间标注得非常明确，即采取＊年＊月＊日—＊年＊月＊日（加 2 年并少 1 日），故本案在认定 2016 年 1 月 15 日为销售时间的情况下，凡是保质期限起始时间标注为 2014 年 1 月 16 日（包括当日）之后的，或者截止日期标注为 2016 年 1 月 15 日（包括当日）之前的，均为合格奶粉，反之则为过期奶粉。

（3）单位犯罪的认定。其一，一般认定为单位犯罪，该犯罪行为须经单位集体研究决定或由负责人决定。如果单位中的一般工作人员擅自为单位谋取不正当利益，事后得到负责人追认或默许的，可视为其危害行为具有犯罪意志的整体性，以单位犯罪论处。其二，具有非法利益归属的团体性，客观上是为单位谋取不正当利益，或者违法所得实际归属于单位或其中的部分股东单位。只有同时具备以上两个特征的行为，才能认定单位构成犯罪。以案例 8 为例，法院认为刘某某系被告单位的法定代表人及总经理，无论是从公司法还是被告单位的公司章程上都可以代表被告单位对外进行经营活动，其与外界谈判、组织对外销售、签订合同等行为均具有法律效力。在刘某某可以代表被告单位意志的情况下，对外销售的款项也回到了被告单位账户，在无证据证实刘某某从中牟取非法利益以及刘某某与买方之间有违规关联关系的情况下，被告单位及刘某某均被认定构成犯罪①。

2022 年 1 月 1 日，最高法和最高检发布了《关于办理危害食品安全刑事案件适用法律若干问题的解释》，加强对未成年人、老年人等群体食品安全的保护力度，如第三条和第七条分别将“在中小学校园、托幼机构、养老机构及周边面向未成年人、老年人销售的”“专供婴幼儿的主辅食品”作为加重处罚情节。如果在食品生产、销售、运输、贮存等过程中，使用不符合食品安全标准的食品包装材料、容器、洗涤剂、消毒剂，或者用于食品生产经营的工具、设备等，造成食品被污染的，分别以生产、销售不符合安全标准的食品罪或者生产、销售有毒、有害食品罪定罪处罚。在农药、兽药、饲料中添加禁用药物等行为，以及在畜禽屠宰相关环节注水、注药行为，都将依据司法解释以相应罪名论处。此外，这部司法解释还专门对生产、销售不符合安全标准的食品罪和生产、销售有毒、有害食品罪中关于“足以造成严重食物中毒事故或者其他严重食源性疾病”“对人体健康造成严重危害”“其他严重

① 潘庸鲁：《食品保质期限的计算》，《人民司法》2019 年第 29 期。

情节”“明知”等构成要件作出具体规定，明确了各类行为的定性和处罚标准，加强严惩各类危害食品安全的犯罪行为。

从企业自身出发，向社会提供各项服务和产品首先是发挥社会价值的体现，产品质量若存在隐患，将直接关乎消费者的生命健康，甚至还可能引发社会群体事件。保障产品质量安全合格，既是承担社会责任，也提升企业形象，有利于企业的长期发展。从企业家的角度，要提高商业道德和法律意识，依法经营。通过提高生产技术技能，切实有效地提高商品品质，避免因利益驱动而生产、销售伪劣商品。通过健全质量管理制度来预防、杜绝在采购、仓储、生产、销售及售后环节出现管理疏忽而引起质量问题。生产主体或仓储、销售主体，应当根据产品情况采取冷藏、防潮、防虫、防腐、防变形等防护措施，保证售出的产品质量合格。销售和售后环节也是企业需要特别注意规避风险的环节，销售前应当严格把关筛查，杜绝不符合质量标准的产品进入市场，积极履行销售者的产品质量义务。为了提升企业和产品的声誉，还要做好产品售后服务工作，调查质量反馈，除了通过消费者反馈发现问题及时处理，可以避免损害后果扩大，如因产品质量问题给消费者造成损失的，相关企业应当积极赔偿，避免升级为刑事风险。

（二）非法经营罪（《刑法》第二百二十五条）

随着市场经济蓬勃发展，经济犯罪日益增多，犯罪形式也随之不断变化，对企业经营安全和市场经济秩序构成重大威胁。面对当前的严峻形势，企业和企业家如何在现有法律框架下规范开展经营活动，规避刑事法律风险，对社会、行业、个人都无比重要。非法经营罪是指单位或自然人未经许可经营法律、行政法规规定的专营、专卖物品或者其他限制买卖的物品，买卖进出口许可证、进出口原产地证明以及其他法律、行政法规规定的经营许可证或者批准文件，未经国家有关主管部门批准非法经营证券、期货、保险业务或者非法从事资金支付结算业务，以及实施其他严重扰乱市场秩序的非法经营行为。比如，在信息化时代，以营利为目的通过网络有偿提供删除信息服务，或者明知是虚假信息而通过网络有偿提供发布信息等服务；不具备发放贷款资质的公司在未经监管部门批准或者超越经营范围的情况下，以营利为目的，经常性地向社会不特定对象发放贷款，种种违反国家规定的经营行为达到法定标准数额或造成一定严重后果时，则可能触犯非法经营罪。关于具体的非法经营类型及相应行为的立案追诉标准在相关司法解释中已有规定[①]。

（1）非法经营烟草专卖品：违反国家烟草专卖管理法律法规，未经烟草专卖行政主管部门许可，无烟草专卖生产企业许可证、烟草专卖批发企业许可证、特种烟草专卖经营企业许可证、烟草专卖零售许可证等许可证明，非法经营烟草专卖品。①非法经营数额在 5 万元以上，或者违法所得数额在 2 万元以上的；②非法经营卷烟 20 万支以上的；③曾因非法经营烟草专卖品 3 年内受过 2 次以上行政处罚，又非法经营烟草专卖品且数额在 3 万元以上的。

（2）非法经营证券、期货、保险业务数额在 30 万元以上，或违法所得数额在 5 万元以上的。

（3）非法进行资金支付结算业务：使用受理终端或者网络支付接口等方法，以虚构交易、虚开价格、交易退款等非法方式向指定付款方支付货币资金，非法为他人提供单位银行结算账户套现或者单位银行结算账户转个人账户服务，非法为他人提供支票套现服务等行为均属于《刑法》规制的“非法从事资金支付结算业务”。①非法经营数额在 500 万以上或违法所得数额在 10 万元以上的，应予立案追诉。②非法经营数额在 250 万元以上，或者违法所得数额在 5 万元以上，且具有下列情形之一的，也可认定为非法经营行为“情节严重”：a. 曾因非法从事资金支付结算业务犯罪行为受过刑事追究的；b. 二年内因非法从事资金支付结算业务违法行为受过行政处罚的；c. 拒不交代涉案资金去向或者拒不配合追缴工作，致使赃款无法追缴的。

（4）非法经营外汇。

①违反国家规定，实施倒买倒卖外汇或者变相买卖外汇等非法买卖外汇行为，扰乱金融市场秩序，非法经营数额在 500 万以上，或违法所得数额在 10 万元以上的，应予立案追诉。

若非法经营数额在 250 万元以上，或者违法所得数额在 5 万元以上，且具有下列情形之一的，也有被追诉的风险：a. 曾因非法买卖外汇犯罪行为受

---

① 《最高人民检察院、公安部关于公安机关管辖的刑事案件立案追诉标准的规定（二）》，https://www.spp.gov.cn/spp/xwfbh/wsfbt/202204/t20220429_555906.shtml?eqid=fc736db20004c336000000066498ef00#2。

过刑事追究的；b. 二年内因非法买卖外汇违法行为受过行政处罚的；c. 拒不交代涉案资金去向或者拒不配合追缴工作，致使赃款无法追缴的；d. 造成其他严重后果的。

②公司、企业或者其他单位违反有关外贸代理业务的规定，采用非法手段，或者明知是伪造、变造的凭证、商业单据，为他人向外汇指定银行骗购外汇，数额在500万美元以上或者违法所得数额在50万元人民币以上的。

③居间介绍骗购外汇，数额在100万美元以上或者违法所得数额在10万元人民币以上的。

（5）非法经营非法出版物

出版、印刷、复制、发行严重危害社会秩序和扰乱市场秩序的非法出版物，具体情形包括：①个人非法经营数额在5万元以上的，单位非法经营数额在15万元以上的；②个人违法所得数额在2万元以上的，单位违法所得数额在5万元以上的；③个人非法经营报纸5000份或者期刊5000本或者图书2000册或者音像制品、电子出版物500张（盒）以上的，单位非法经营报纸15000份或者期刊15000本或者图书5000册或者音像制品、电子出版物1500张（盒）以上的；④虽未达到上述数额标准，但在2年内因非法从事出版物的出版、印刷、复制、发行业务受过行政处罚2次以上，又非法从事出版物的出版、印刷、复制、发行业务的；⑤因出版、印刷、复制、发行非法出版物造成恶劣社会影响或者其他严重后果的，也将面临被追诉的风险。

（6）非法经营合规出版物

非法从事出版物的出版、印刷、复制、发行业务，严重扰乱市场秩序，具体情形包括：①个人非法经营数额在15万元以上的，单位非法经营数额在50万元以上的；②个人违法所得数额在5万元以上的，单位违法所得数额在15万元以上的；③个人非法经营报纸15000份或者期刊15000本或者图书5000册或者音像制品、电子出版物1500张（盒）以上的，单位非法经营报纸50000份或者期刊50000本或者图书15000册或者音像制品、电子出版物5000张（盒）以上的；④虽未达到上述数额标准，但在2年内因非法从事出版物的出版、印刷、复制、发行业务受过行政处罚2次以上，又非法从事出版物的出版、印刷、复制、发行业务的。

非法经营罪规定的经营活动不限于上述提到的几类，任何未获得合法许可、违反法律规定进行的经营行为都可能引发刑事法律风险，企业切忌为了利益链而走险，不仅会让企业面临巨额罚款，企业家自身也难逃刑事责任。

（三）合同诈骗罪

合同是企业运营中必然接触的事务，也是保障企业一切活动正常进行的法律文件，企业与外界的合作交易、对内部的管理均依赖于合同对各方当事人的法律约束力，因此合同的签订及履行将决定企业行为的合法性。在民法领域，如果签订合同的主体不适格、合同并非当事人真实意思表示或存在违反法律、行政法规强制性规定的内容，该则合同可能自始无效；如果利用欺诈、胁迫等手段签订合同，则合同存在被撤销的可能性。

如果在签订、履行合同过程中，以非法占有为目的骗取对方当事人财物，可能触犯《刑法》第二百二十四条，构成合同诈骗罪。法律规定的具体情形如下：①以虚构的单位或者冒用他人名义签订合同的；②以伪造、变造、作废的票据或者其他虚假的产权证明作担保的；③没有实际履行能力，以先履行小额合同或者部分履行合同的方法，诱骗对方当事人继续签订和履行合同的；④收受对方当事人给付的货物、货款、预付款或者担保财产后逃匿的；⑤以其他方法骗取对方当事人财物的。因此，合同的形式要件和实质要件虚假都可能构成合同诈骗罪，很多企业在前期商谈中为了提高对方的信赖程度和合作的可能性，提高谈判地位，会尽量展示自身的实力和合作优势，但如果对外宣称的能力远高于实际履约能力，出于欺骗的目的与他人签订实际上无法履行的合同或者根本没有履行合同的意图，也可能触犯合同诈骗罪。这与一般的合同履行纠纷的不同之处主要在于行为人的主观要件——是否以欺骗为动机。例如，虽然行为人在签订或履行合同过程中虚构了部分事实，但并非掩盖其根本无法履行合同的事实，也未影响合同的履行，或者虽然合同未能完全履行，但是行为人愿意承担违约责任，说明其并无非法占有他人财物的目的，则不属于这里讨论的合同诈骗罪，而属于合同纠纷。

根据司法解释的规定，只要单位或者个人进行合同诈骗，骗取数额在2万元以上的，则达到立案追诉的标准。数额较大的，处三年以下有期徒刑或者拘役，并处或者单处罚金；数额巨大或者有其他严重情节的，处三年以上十年以下有期徒刑，并处罚金；数额特别巨大或者有其他特别严重情节的，处十年以上有期徒刑或者无期徒刑，并处罚金或者没收财产。单位犯本罪时，实行双罚制，既对单位判处罚金，又对其直接负责的主管人员和其他直接责任人员按相关条款规定判处刑罚。因此，为了规避此类风险，企业要以诚实守信为原则开展经营活动，适度宣传，不虚构事实、不虚假承诺。在合同的合规审查上需要严格把控风险，审查包括己方在内的所有合同当事人的身份资格、证明文件，缔约前充分了解各方的履约能力、考察实际情况。如果某个合同建立在其他合作或法律关系顺利进行的基础上，则需要跟进落实相关情况，以保障能如约履行合同；若出现无法履行的客观因素，除了积极采取措施排除障碍、减少损失以外，应及时与合作方沟通说明，明确告知实际情况，避免因隐瞒其中原因或事实被误以为欺诈，更不可为了隐瞒事实而提供虚假证明文件或卷款逃匿。

（四）土地违法行为

土地是人类赖以生存的物质基础和生产资料，是不可再生资源。林地、耕地等农用地是重要的土地资源，为了促进社会经济的可持续发展，“十分珍惜、合理利用土地和切实保护耕地成为我国的基本国策。随着近些年中国的城镇化建设迅速发展，耕地面积减少，用地结构改变，耕地数量和质量的保障和提升是当前的重要任务，因此，企业的开发经营必须遵循保护耕地、节约用地的原则，保护、开发土地资源，禁止非法占用及一切非法处置土地的行为。根据《中华人民共和国土地管理法》的规定，买卖或者以其他形式非法转让土地的；违反土地利用总体规划擅自将农用地改为建设用地；违反法律规定，占用耕地建窑、建坟或者擅自在耕地上建房、挖砂、采石、采矿、取土等破坏种植条件的；或者因开发土地造成土地荒漠化、盐渍化，未经批准或者采取欺骗手段骗取批准非法占用土地的，将受到相应的行政处罚，情节严重的可能构成犯罪，被追究刑事责任。

上述违规行为造成法定严重后果的，依据我国《刑法》分别构成不同的罪名。例如，《刑法》第二百二十八条的非法转让、倒卖土地使用权罪，是指以牟利为目的，违反土地管理法规，非法转让、倒卖土地使用权，其中包括基本农田 5 亩以上、基本农田以外的耕地 10 亩以上或其他土地 20 亩以上；违法所得数额在 50 万元以上；或者虽未达到上述数额标准，但因非法转让、倒卖土地使用权受过行政处罚，又非法转让、倒卖土地；构成以上其中一种情形或有其他严重情节的，则属于该罪的“情节严重”情形，处三年以下有期徒刑或者拘役，并处或者单处非法转让、倒卖土地使用权价额百分之五以上百分之二十以下罚金。若非法转让、倒卖基本农田10亩以上、基本农田以外的耕地20亩以上或其他土地40亩以上；非法获利100万元以上；或非法转让、倒卖土地接近上述数量标准并具有其他恶劣情节，如造成严重后果等，则属于“情节特别严重”，处三年以上七年以下有期徒刑，并处非法转让、倒卖土地使用权价额百分之五以上百分之二十以下罚金。

除此以外，若违反《中华人民共和国土地管理法》，非法占用耕地、林地等农用地，改变被占用土地用途，数量较大，造成耕地、林地等农用地大量毁坏的，依照《刑法》第三百四十二条规定，构成非法占用农用地罪，行为人将被处以五年以下有期徒刑或者拘役，并处或者单处罚金。违反《中华人民共和国自然保护区条例》，在国家公园、国家级自然保护区进行开垦、开发活动或者修建建筑物，造成严重后果，或者有其他恶劣情节的，构成破坏自然保护地罪，应处五年以下有期徒刑或者拘役，并处或者单处罚金。

上述三个罪名的犯罪主体包括自然人和单位，若单位实行犯罪行为，单位将被处罚金，其直接负责的主管人员和其他直接责任人员应承担相应法律规定的刑事处罚。

企业合规整改案例1：被告单位福州市源顺石材有限公司、被告人黄恒游非法占用农用地案[①]

【基本案情】

2012年、2013年及2017年4月、5月，被告单位福州市源顺石材有限公司（以下简称源顺公司）、被告人黄恒游未经林业主管部门审批，擅自在闽侯县鸿尾乡大模村“际岭”山场占用林地138.51亩，用作超范围采矿、石料加

① 《2019年度人民法院环境资源典型案例》，https://www.court.gov.cn/zixun/xiangqing/228361.html。

工区等。(其中被占用林地与福州市鸿尾农场土地证重叠面积为 85.77 亩) 案发后，源顺公司根据司法机关的要求向闽侯县南屿镇政府缴交生态修复款 62.33 万元，聘请专家编制了矿区及周边生态环境恢复治理方案，并依方案开展相应生态修复工作。同时，黄恒游自愿承诺在位于闽江湿地公园的闽江水资源生态保护司法示范点暨生态司法保护宣传长廊进行异地特色苗木公益修复，与专业园林公司签订合同，种植指定树木 150 棵，承诺管护一年，确保成活。被害方闽侯县鸿尾乡大模村村民委员会及鸿尾农场出具谅解书，请求司法机关对被告单位福州市源顺石材有限公司、被告人黄恒游从轻、减轻或免予刑事处罚。

【裁判结果】

福建省闽侯县人民法院一审认为，被告单位源顺公司、被告人黄恒游违反国家林业管理法规，未经审批占用农用地 138.51 亩，其行为已构成非法占用农用地罪。鉴于被告单位、被告人黄恒游有自首情节，积极进行生态修复，依法从轻处罚。以非法占用农用地罪判处被告单位源顺公司罚金 40 万元，判处被告人黄恒游有期徒刑二年九个月，缓刑四年，并处罚金 20 万元；责令被告人黄恒游在闽江湿地公园的闽江水资源生态保护司法示范点进行异地公益修复，种植指定规格的特色苗木 150 棵。

企业合规整改案例 2：内蒙古自治区鄂尔多斯市某煤炭公司非法占用农用地刑事不起诉案①

【基本案情】

2014 年至 2017 年期间，内蒙古自治区鄂尔多斯市某煤炭公司（以下简称“某煤炭公司”）未经行政管理部门审批同意，擅自在位于黄河上游补给水源区鄂尔多斯黄河“金三角”腹地十大孔兑（“孔兑”为蒙古语，意为山洪沟）的上游地段建设煤场，非法占用林地（类型为特殊灌木林地，林种为水土保持林）50.23 亩，造成林地植被大量毁坏。

① 《检察机关服务保障黄河流域生态保护和高质量发展典型案例》，https://www.spp.gov.cn/spp/xwfbh/wsfbt/202201/t20220125_542613.shtml#1。

【处理情况】

2020 年 12 月 3 日，内蒙古自治区鄂尔多斯市达拉特旗森林公安局将本案移送达拉特旗人民检察院（以下简称达拉特旗检察院）审查起诉。经审查，达拉特旗检察院认定该煤炭公司违反土地管理法规，未经林业主管部门审批，非法占用林地 50.23 亩建设厂房，数量较大，造成林地大量毁坏，其行为涉嫌非法占用农用地罪。在办理刑事案件中，达拉特旗检察院发现大量林地受损且尚未得到有效恢复的公益诉讼案件线索，于 2020 年 12 月 8 日附带民事公益诉讼立案，并邀请林地领域的专家对涉案林地破坏情况和修复方案进行评估论证。因地方政府启动生态环境损害赔偿程序，达拉特旗检察院支持达拉特旗林业和草原局与该煤炭公司进行磋商并达成协议，确定由该煤炭公司恢复治理林地 20 余亩，异地补植林地 30 余亩，种植松树 3100 余株，缴纳涉案林地植被恢复费用 116 万余元。2021 年 5 月 11 日，达拉特旗检察院邀请当地森林公安局、人民监督员实地勘验评估补植复绿树木成活率及生态修复效果，生态修复初显成效。

鉴于本案造成的生态环境损害已得到赔偿与修复治理，且案发后，该煤炭公司负责人主动投案认罪认罚，公司积极开展绿色矿山建设，达拉特旗检察院结合企业经营与发展需要，决定于 2021 年 5 月 17 日召开拟不起诉案件听证会。听证会议邀请了达拉特旗人大代表、政协委员、人民监督员以及工商联、林业和草原局工作人员等 7 名听证员参加，并邀请了当地 15 位煤炭行业民营企业家参与旁听，承办检察官围绕案件事实，阐述了对案件的性质认定以及拟作不起诉决定的理由和相关法律依据。听证员对案件定性和拟不起诉决定均表示赞同。听证会后，达拉特旗检察院结合以往办理非法占用农用地、非法采矿案件中暴露出的问题，为在座企业人员进行了生态资源保护的法治宣传活动。5 月 26 日，达拉特旗检察院对本案作出酌定不起诉处理决定。

上述两个关于非法占用农用地的刑事案件被最高法、最高检列为典型案例，对各级人民检察院、人民法院办理此类刑事案件有指导意义。同时，对引发相关风险的企业来说，除通过事前预防来降低刑事法律风险以外，还要有事中止损、事后补救恢复的意识，避免加重违法犯罪责任，并争取更轻程度的处理结果。第一个案例中，源顺公司及其法定代表人黄恒游未经审批擅自占用林地堆放矿石渣土，对农用地及其周边生态环境造成破坏，但案发后被告单位开展生态修复工作，被告人积极履行生态环境修复义务，取得被侵害方的谅解，此行为被法院纳入量刑考虑。第二个案例发生在黄河鄂尔多斯段"金三角"腹地，内蒙古自治区鄂尔多斯市位于黄河上游地区，黄河河段728公里，当地的十大孔兑是黄河上游地区的重要补给水源地，但因被告单位非法占用林地，造成林地植被大量毁坏，水土流失严重。为涵养水源、保持水土稳定，检察机关积极支持生态环境损害赔偿权利机关与赔偿义务人进行磋商并达成协议，将督促恢复生态环境作为案件处理的重要事由予以考量。同时，通过邀请专门人员实地评估生态修复效果和多方听证等方式，让被告单位的生态修复行动透明化，最终基于对案件定性和整改修复效果等因素作出不起诉决定。不论是从轻处罚还是酌定不起诉，这两个典型案例的最终结果既依法惩治了危害土地环境资源犯罪，对社会产生警示教育效果，又对环境有实质性改善，同时减少行为主体的刑事责任，在多方面具有积极意义。

六、不正当竞争

经营者在生产经营活动中，应当遵循自愿、平等、公平、诚信的原则，在遵守法律和商业道德的前提下进行良性竞争，才能平衡市场主体地位，保护消费者、经营者、竞争者等多方多重利益。长远来说，这是各行业稳定运行的必要条件，也是整个市场良性发展的重要基础。然而，企业合规措施在反不正当竞争领域并不健全，没有建立良好的竞争合规机制，容易在市场竞争中突破法律边界，侵犯其他经营者的合法权益，当不正当竞争行为达到法定程度时，行为人则面临被追究刑事责任的法律风险。

根据《中华人民共和国反不正当竞争法》(以下简称《反不正当竞争法》)，不正当竞争行为是指经营者在生产经营活动中，违反该法规定，进行欺骗性交易、进行商业贿赂、发布虚假广告、侵犯公司的商业秘密、进行虚假销售等，扰乱市场竞争秩序，损害其他经营者或者消费者的合法权益的行为。此处所称的"经营者"是指从事商品生产、经营或者提供服务的自然人、法人和非法人组织；而"其他经营者"包括与经营者在生产经营活动中存在可能争夺交易机会、损害竞争优势等关系的市场主体。我国《刑法》规制的反不正当竞争主要体现为侵犯知识产权的行为，发布虚假广告、损害他人/他方信誉、串通投标等行为。

（一）知识产权领域

现实情况中，经营者的不正当竞争行为在知识产权领域较为普遍，比如商铺之间的招牌、装修近似，网购时看到几乎一模一样的产品 logo，甚至整个产品高度相似，都是不正当竞争的现象。擅自使用与他人有一定影响的商品名称、包装、装潢等相同或者近似的标识，或他人有一定影响的企业名称（包括简称、字号等）、社会组织名称（包括简称等）、姓名（包括笔名、艺名、译名等），以及让人误认为是他人商品或者与他人存在特定联系的混淆行为，均属于《反不正当竞争法》的禁止行为。在我国法律规定中，若未经注册商标所有人许可，在同一种商品、服务上使用与其注册商标相同的商标，非法经营数额在五万元以上或违法所得数额在三万元以上的，即可能被认定构成“假冒注册商标罪”。所谓“与其注册商标相同的商标”并不要求是一模一样的商标，例如，改变注册商标的字体、字母大小写或者文字横竖排列、商标要素的间距，与注册商标之间基本无差别；改变注册商标颜色或仅增加商品通用名称、型号等缺乏显著特征要素，不影响体现注册商标显著特征①，这些足以对公众产生误导的行为均符合该要件。此外，销售明知是假冒注册商标的商品，或者伪造、擅自制造他人注册商标标识，或者销售伪造、擅自制造的注册商标标识，将分别涉嫌销售假冒注册商标的商品罪（《刑法》第二百一十四条）和非法制造、销售非法制造的注册商标标识罪（《刑法》第二百一十五条）。

除常见的商标侵权可能引发刑事法律风险以外，专利权或著作权也在《刑法》保护范畴之内。比如著作权，行为人以营利为目的，实施下列六类行为获取违法所得数额在三万元以上，则构成侵犯著作权罪：①未经著作权人

---

① 《最高人民法院、最高人民检察院关于办理侵犯知识产权刑事案件具体应用法律若干问题的解释（三）》，https://www.spp.gov.cn/spp/xwfbh/wsfbt/202009/t20200913_479686.shtml#2。

许可，复制发行、通过信息网络向公众传播其文字作品，音乐、美术、视听作品，计算机软件及法律、行政法规规定的其他作品的；②出版他人享有专有出版权的图书的；③未经录音录像制作者许可，复制发行、通过信息网络向公众传播其制作的录音录像的；④未经表演者许可，复制发行录有其表演的录音录像制品，或者通过信息网络向公众传播其表演的；⑤制作、出售假冒他人署名的美术作品的；⑥未经著作权人或者与著作权有关的权利人许可，故意避开或者破坏权利人为其作品、录音录像制品等采取的保护著作权或者与著作权有关的权利的技术措施的。

与商标权、专利权、著作权三类一般的知识产权相比，商业秘密是被纳入知识产权的特殊保护客体，包括技术秘密和经营秘密等有商业价值的信息，《反不正当竞争法》第九条第四款明确，所谓“商业秘密”是指不为公众所知悉、具有商业价值并经权利人采取相应保密措施的技术信息、经营信息等商业信息。在实务中，企业主要应注意保护自身商业秘密不被侵犯和避免自身行为侵犯他人商业秘密两方面的问题。而侵犯商业秘密的犯罪行为主要集中在机械制造、生物科技、软件开发等高新技术产业，犯罪人员多数是企业内部雇员，一是雇员利用职务便利将所掌握的涉密图纸、研发工艺、配方或客户名单等商业秘密披露给他人使用；二是雇员违反与权利人的保密约定，自行使用或者公开披露其所掌握的技术秘密或经营秘密①。

《反不正当竞争法》禁止了以下四类侵犯商业秘密的行为：①以盗窃、贿赂、欺诈、胁迫、电子侵入或者其他不正当手段获取权利人的商业秘密；②披露、使用或者允许他人使用以前项手段获取的权利人的商业秘密；③违反保密义务或者违反权利人有关保守商业秘密的要求，披露、使用或者允许他人使用其所掌握的商业秘密；④教唆、引诱、帮助他人违反保密义务或者违反权利人有关保守商业秘密的要求，获取、披露、使用或者允许他人使用权利人的商业秘密。而在《刑法》中，侵犯商业秘密的客观行为主要是前三

---

① 侵犯商业秘密罪检察实务研究课题组，谭滨：《侵犯商业秘密罪检察实务研究》，《中国检察官》2020 年第 11 期。

项[1]，根据《最高人民法院、最高人民检察院关于办理侵犯知识产权刑事案件具体应用法律若干问题的解释（三）》可知，侵犯商业秘密的入罪门槛有三种情形：（一）给商业秘密的权利人造成损失数额或者因侵犯商业秘密违法所得数额在30万元以上的；（二）直接导致商业秘密的权利人因重大经营困难而破产、倒闭的；（三）造成商业秘密权利人其他重大损失的。从实践操作层面看，30万元以上数额标准普遍适用。

此罪关于“情节严重”的标准一般通过商业秘密权利人所遭受的损失后果来衡量，但在司法实践中，最高人民检察院认为可以根据已有情节的同等严重程度、犯罪手段、犯罪动机以及特殊的主体身份泄露对象造成的后果等因素认定情节严重。比如，就犯罪手段而言，行为人实施侵犯商业秘密行为的次数、手段；行为人侵犯商业秘密的性质（创新程度高低）、持续时间、范围、后果、过错程度；信息是完全公开还是仍处于保密状态；泄露商业秘密的内容、方式，均影响损害结果的大小。而对于主体身份这一要素，侵犯商业秘密的主体既包括特殊主体，也包括一般主体。特殊主体通常包括两类：一类是基于约定负有保守商业秘密义务的单位或者自然人，如在生产经营过程中，与商业秘密的权利人订有保守商业秘密合同的单位或者自然人等；另一类是基于权利人要求负有保守其有关商业秘密责任的单位或者自然人，如经办涉及诉讼、非诉讼业务或者履行监督、管理职责的有关单位或者自然人等[2]。针对特殊主体，实务中可能会降低其入罪门槛。

（二）宣传行为

《反不正当竞争法》规定，经营者不得对其商品的性能、功能、质量、销售状况、用户评价、曾获荣誉等作虚假或者引人误解的商业宣传，欺骗、误导消费者；不得通过组织虚假交易等方式，帮助其他经营者进行虚假或者引人误解的商业宣传。经营者不得编造、传播虚假信息或者误导性信息，损害

---

① 《中华人民共和国刑法》，https://flk.npc.gov.cn/detail2.html?ZmY4MDgxODE3OTZhNjM2YTAxNzk4MjhMTk2NDBjOTI。

② 潘莉：《侵犯商业秘密罪：如何界定“情节严重”》，《检察日报》2020年11月25日第3版。

竞争对手的商业信誉、商品声誉[①]。倘若经营者（包括广告主、广告经营者、广告发布者）违反国家规定，利用广告对商品或者服务作虚假宣传，达到“情节严重”标准的，根据《刑法》第二百二十二条规定构成虚假广告罪，处二年以下有期徒刑或者拘役，并处或者单处罚金。若捏造并散布虚伪事实，损害他人的商业信誉、商品声誉，给他人造成重大损失或者有其他严重情节的，根据《刑法》第二百二十一条规定构成损害商业信誉、商品声誉罪，处二年以下有期徒刑或者拘役，并处或者单处罚金。

（三）串通投标罪（《刑法》第二百二十三条）

常见的串通投标是几个投标人之间相互约定，一致抬高或压低投标报价进行投标，通过限制竞争，排挤其他投标人，使某个利益相关者中标，从而谋取利益的手段和行为。串通投标的中标无效，行为人轻则承担行政处罚，给他人造成损失的须承担民事赔偿责任，情节严重的将被依法追究刑事责任。

《刑法》中将串通投标分为两类，一是投标人相互串通投标报价，损害招标人或者其他投标人利益；二是投标人与招标人串通投标，损害国家、集体、公民的合法利益。这两种行为若达到情节严重程度均构成串通投标罪。《刑法》第二百二十三条规定的“情节严重”是指：①损害招标人、投标人或者国家、集体、公民的合法利益，造成直接经济损失数额在 50 万元以上；②违法所得数额在 10 万元以上；③中标项目金额在 200 万元以上；④违法所得未达到上述数额标准但已经达到了该数额的 80%以上，两年内因串通投标受过行政处罚二次以上，又实施串通投标。行为人涉嫌以上四种情形之一，则达到被立案追诉的法定标准。此外，若在实施串通投标中采取威胁、欺骗或者贿赂等非法手段，或有其他情节严重的行为，同样会被司法机关追诉。

---

① 《中华人民共和国反不正当竞争法》（第八条、第十一条），http://www.npc.gov.cn/npc/c2/c30834/201906/t20190608_296509.html。

企业合规整改案例3：新泰市J公司等建筑企业串通投标系列案件①

【基本案情】

2013年以来，山东省新泰市J工程有限公司（以下简称J公司）等6家建筑企业，迫于张某黑社会性质组织的影响力，被要挟参与该涉黑组织骨干成员李某某（新城建筑工程公司经理，犯串通投标罪被判处有期徒刑一年零六个月）组织的串通投标。李某某暗箱操作统一制作标书、统一控制报价，导致新泰市涉及管道节能改造、道路维修、楼房建设等全市13个建设工程项目被新城建筑工程公司中标。由张某黑社会性质组织案带出的5起串通投标案件，涉及该市1家民营企业、2家国有企业、3家集体企业，均为当地建筑业龙头企业，牵扯面大，社会关注度高。

2020年3月、4月，公安机关将上述5起串通投标案件移送新泰市检察院审查起诉。检察机关受理案件后，通过自行补充侦查进一步查清案件事实，同时深入企业开展调查，于2020年5月召开公开听证会，对J公司等6家企业作出不起诉决定。

【企业合规整改情况及处理结果】

检察机关通过自行补充侦查，查清J公司等6家企业被胁迫陪标的案件事实。6家企业案发时均受到涉黑组织骨干成员李某某的要挟，处于张某黑社会性质组织控制范围内，被迫出借建筑资质参与陪标，且没有获得任何非法利益。同时，检察机关实地到6家企业走访调查，掌握企业疫情防控常态化下复工复产情况及存在的困难问题；多次到住建部门座谈，了解到6家企业常年承接全市重点工程项目，年创税均达1000万元以上，其中1家企业年创税1亿余元，在繁荣地方经济、城乡建设、劳动力就业等方面做出了突出贡献。如作出起诉决定，6家企业三年内将无法参加任何招投标工程，并被列入银行贷款黑名单，将对企业发展、劳动力就业和全市经济社会稳定造成一定的影响。

① 《最高检发布企业合规改革试点典型案例》，https://www.spp.gov.cn/spp/xwfbh/wsfbh/202106/t20210603_520232.shtml。

2020年5月，泰安市两级检察机关邀请人民监督员等各界代表召开公开听证会，参会人员一致同意对J公司等6家企业及其负责人作不起诉处理。检察机关当场公开宣告不起诉决定，并依法向住建部门提出对6家企业给予行政处罚的检察意见，同时建议对近年来建筑行业的招投标情况进行全面细致摸排自查，净化建筑业招投标环境。听证会结束后，检察机关组织当地10家建筑企业、连同6家涉案企业负责人召开专题座谈会，宣讲企业合规知识，用身边案例警醒企业依法规范经营，从而实现了“办理一案、教育一片、治理社会面”的目的。

检察机关还向6家涉案企业发出检察建议，要求企业围绕所涉罪名及相关领域开展合规建设，并对合规建设情况进行跟踪监督，最后举办检察建议落实情况公开回复会，对合规建设情况进行验收，从源头上避免再发生类似违法犯罪问题。在合规建设过程中，6家涉案企业缴纳171万余元行政罚款，并对公司监事会作出人事调整，完善公司重大法务风险防控机制。此后6家被不起诉企业积极扩大就业规模，安置就业人数2000余人，先后中标20余项重大民生工程，中标工程总造价20余亿元。

案例9：山东沂南县Y公司、姚某明等人串通投标案[①]

【基本案情】

山东省沂南县Y有限公司（以下简称Y公司）系专门从事家电销售及售后服务的有限责任公司，法定代表人姚某明。除Y公司外，姚某明还实际控制由其表哥姚某柱担任法定代表人的沂水县H电器有限公司（以下简称H公司）。

2016年9月、2018年3月、2020年6月，犯罪嫌疑人姚某明为让Y公司中标沂水县农村义务教育学校取暖空调设备采购、沂水县第一和第四中学教室空调等招标项目，安排犯罪嫌疑人徐某（Y公司员工）借用H公司等三家公司资质，通过暗箱操作统一制作标书、统一控制报价、协调专家评委等方

① 《企业合规典型案例第二批》，https://www.spp.gov.cn/spp/xwfbh/wsfbt/202112/t20211215_538815.shtml#2。

式串通投标，后分别中标，中标金额共计1134万余元。2021年1月，沂水县公安局以Y公司、姚某明等人涉嫌串通投标罪将其移送沂水县检察院审查起诉。

【企业合规整改情况及处理结果】

第一阶段，检察院综合审查，将案件纳入企业合规考察范围。沂水县检察院经审查认为，虽然该案中标金额较大，但Y公司姚某明等人有自首情节，主动认罪认罚，Y公司正处于快速发展阶段，在沂南县、沂水县空调销售市场占据较大份额，在疫情防控期间带头捐款捐物，综合考虑企业社会贡献度、发展前景、社会综合评价、企业负责人一贯表现等情况，以及该企业在法律意识、商业伦理、人员管理、财务管理等方面存在的问题，决定对该案适用企业合规试点工作。2021年6月，沂水县检察院经征询涉案企业、个人同意，层报山东省检察院审核批准，对该案正式启动企业合规考察。

第二阶段，探索异地协作，对涉案企业开展第三方监督评估。结合涉案企业Y公司所在地为沂南县、犯罪地为沂水县的实际情况，沂水县检察院多次与两地第三方机制管委会及沂南县检察院沟通交流，共同签订《企业合规异地协作协议》，并由沂南、沂水两地第三方机制管委会从专业人员名录库中抽取律师、市场监管、工商联人员共5人组建第三方组织，对Y公司合规建设开展监督评估。第三方组织多次深入企业实地走访、考察，主动约谈企业负责人，全面了解企业情况，诊断出Y公司在风险防控、日常管理方面存在缺乏招投标管理制度，内部审批不严，账簿登记不实，守法意识不强，工资发放不规范等诸多问题，指导企业制定覆盖生产经营全过程、各环节和管理层级的合规计划，确定3个月的考察期。整改过程中，第三方组织每月将合规计划执行情况通报双方检察机关及第三方机制管委会，四方会商后对合规计划及执行情况提出修改完善意见建议，定期跟踪调度，并于考察期满后出具对涉案企业的合规考察报告。同时，沂水县检察院积极建议县工商联、县市场监管局指派专人，参照Y公司合规计划，一并督促做好关联企业H公司的合规整改。

第三阶段，组建巡回检查小组，对第三方组织履职情况开展“飞行监管”。沂水县第三方机制管委会制定《沂水县企业合规改革试点巡回检查小组工作方案》，结合本案案情，选取6名熟悉企业经营和法律知识的人大代表、政协委员、人民监督员组成巡回检查小组。巡回检查小组和办案检察官通过不预先告知的方式，深入两个企业进行实地座谈，现场抽查Y公司近期中标的招标项目，对第三方组织履职情况以及企业合规整改情况进行“飞行监管”。通过现场核查，认为涉案企业整改到位，未发现第三方组织不客观公正履职情况。

第四阶段，检察机关组织听证、作出不起诉决定。承办检察官在全面审查合规考察报告和案件情况的基础上，提出拟不起诉意见。为确保公开公正，检察机关邀请政协委员、人民监督员和第三方机制管委会成员等5人组成听证团，对该案进行合规验收听证，听证人员一致同意检察机关意见。2021年10月，沂水县检察院经综合评估案情、企业合规整改、公开听证等情况，认为Y公司、姚某明等人主动投案、认罪认罚，主观恶性较小，串通投标次数较少，且案发后有效进行企业合规整改，建立健全相关制度机制堵塞管理漏洞，依法合规经营不断创造利税，社会危害性较小，对Y公司、姚某明等人依法作出相对不起诉决定。整改期间，Y公司参与了六个项目的招投标，依法合规承揽工程2000余万元，稳定持续提供就业岗位200余个。

同时，沂水县检察院针对办案过程中发现的问题，建议行政主管部门对Y公司及其他公司出借资质的行为依法进行处理；向财政、教育、市场监管三部门发出完善招投标管理、堵塞制度漏洞等检察建议，进一步严格落实行贿犯罪查询、政府采购活动中违法违规行为查询等制度规定，加强对招标代理公司的管理。

当地市场监管等部门积极采纳检察建议，开展招投标领域专项整治，对2021年以来60余个招投标项目全面进行清查，发现标前审查不严格、招标代理机构管理不规范等问题21个，并针对问题逐项进行整改；举办行业管理人员、招标代理机构专题培训，建立健全投标单位标前承诺制度、违法违规行为强制查询制度，对专项整治以来中标项目进行动态跟踪，畅通违法行为举报途径、加大惩罚力度，强化行政监管，有效遏制了串通投标等违法行为发生。

上述两个案例是最高检发布的企业涉嫌串通投标违法犯罪行为的典型案件，案例中的行为主体在一系列整改后取得了一定的改善效果。而实践中，在经济利益驱动下，仍有不少市场主体走“歪门邪道”，侵犯他人的权利，在商业宣传上不惜诋毁造谣，在工程建设、设备采购等多个领域大肆“串标”“围标”，不仅严重扰乱市场经济秩序，侵害其他招投标当事人的合法利益，还给工程质量、安全管理带来隐患。为了建立良性健康的市场竞争机制，让经营者公平、平等地进入市场及进行市场活动，不仅检察机关和行政主管部门要协作监管，经营者也要约束自身行为，具备合规意识，从源头处杜绝风险隐患。尤其是市场地位高、社会影响力大的企业，在经营活动中更要发挥引领示范的作用，重视合规建设，制定相应的合规计划。从山东省沂南县Y公司等串通投标一案的整改情况来看，企业合规整改可由第三方机制管委会组建巡回检查小组，邀请人大代表、政协委员、人民监督员、退休法官、检察官以及会计、审计、法律、合规等相关领域的专家学者担任巡回检查小组成员开展巡回检查，对涉案企业提出改进工作的意见建议。在行政主管部门和第三方监督评估主体的监管下，涉案企业及关联企业专门聘请法律顾问进行合规建设，同时建立每月述职谈合规、合规学习、员工管理、财务管理、举报制度等相关机制。作为企业方，可以将这类整改过程作为日常合规计划的思路和方向，借鉴他案的事后整改经验用于事发之前的日常合规工作，结合企业自身的规模、文化、管理模式及业务类型，从上述角度制定相应的措施，从而更有效地帮助企业预防法律风险。

七、财税类问题

财税类问题是企业管理业务中的一大板块，财务涉及经营成本、资产管理、融资并购、大小项交易等内容，是将企业经营活动量化的记录，呈现了企业的所有经济关系，反映了一家企业的经营状况、经济实力和发展价值。而税务需要考虑公司筹资、投资、经营、利润分配等财务活动的合理安排，针对采购、生产经营以及内部核算等决策进行税务筹划。因此，合法合理的财税计划可保证企业在合法履行纳税义务的同时，避免缴纳多余税款，减少不必要的成本。然而，国家及地方的税收征管政策更新快，面对复杂的经营环境和交易行为，若企业及员工的税务风险意识不到位、未及时发现漏洞而出现违法行为，或者因利益驱动而故意为之，很容易让企业陷入此类法律风险，甚至引发刑事责任。从《刑法》第二编第三章第六节关于危害税收征管罪这部分的规定可以看出，企业在财务管理中的刑事法律风险主要来自纳税和发票两个方面，其中，逃税、逃避追缴欠税、骗取国家出口退税、非法出售或购买增值税专用发票四条规定的犯罪行为适用双罚制，即企业和个人均可构成犯罪，如果企业犯罪，对企业处以罚金处罚，其直接负责的主管人员和其他直接责任人承担相应法条规定的责任，以下将具体分析其中的风险。

（一）欠税逃税类

企业作为纳税人，需要缴纳企业所得税、增值税、城建税、印花税等各种税费，根据企业的规模、营业范围、所在地区等要素适用不同的税率。所谓逃税罪，是指纳税人采取欺骗、隐瞒手段进行虚假纳税申报或者不申报，逃避缴纳税款数额较大并且占应纳税额 10% 以上的行为，客观上采取的手段具体包括：①伪造、变造、隐匿、擅自销毁账簿、记账凭证；②在账簿上多列支出或者不列、少列收入；③经税务机关通知申报而拒不申报纳税；④进行虚假纳税申报；⑤缴纳税款后，以假报出口或者其他欺骗手段，骗取所缴纳的税款。根据《最高人民检察院、公安部关于公安机关管辖的刑事案件立案追诉标准的规定（二）》第五十二条规定，对于逃税案件，公安机关应立案追诉的情形包括：其一，纳税人采取欺骗、隐瞒手段进行虚假纳税申报或者不申报，逃避缴纳税款，数额在十万元以上并且占各税种应纳税总额 10% 以上，经税务机关依法下达追缴通知后，不补缴应纳税款、不缴纳滞纳金或者不接受行政处罚的；其二，纳税人五年内因逃避缴纳税款受过刑事处罚或者被税务机关给予二次以上行政处罚，又逃避缴纳税款，数额在十万元以上并且占各税种应纳税总额 10% 以上的；其三，扣缴义务人采取欺骗、隐瞒手段，不缴或者少缴已扣、已收税款，数额在十万元以上的。若行为主体多次实施这些行为，即使前期未被发现处理，一经发现，也应按照累计数额计算，故一时侥幸的违法行为并不能避免被处罚，反之，在违法数额累计后可能承担更重的刑事责任。

《刑法》对逃税罪的量刑规定分为两档法定刑，一是处三年以下有期徒刑或者拘役，并处罚金；二是三年以上七年以下有期徒刑，并处罚金。实施逃税行为经税务机关依法下达追缴通知后，补缴应纳税款，缴纳滞纳金，已接受行政处罚的，不予追究刑事责任；但是，五年内因逃避缴纳税款受过刑事处罚或者被税务机关给予二次以上行政处罚的除外。

纳税人欠缴应纳税款，采取转移或者隐匿财产的手段，致使税务机关无法追缴欠缴税款数额达一万元以上的，构成逃避追缴欠税罪。

案例10：湖北某某环境工程有限公司、李某明逃税案①

【基本案情】

2003年1月至10月，申诉人李某明系某市某某化学清洗实业公司的法定代表人。2003年10月29日，某市某某化学清洗实业公司改制后，又成立了某市某某化学清洗有限公司，法定代表人仍为李某明，后该公司经多次更名，变更为湖北某某环境工程有限公司。2003年至2007年间，湖北某某环境工程有限公司和原某市某某化学清洗实业公司收入总额为7320445.51元，应缴纳税款803413.14元，已缴纳税款357120.63元，逃避缴纳税款共计446292.51元。2006年4月，某市地方税务局稽查局接原任湖北某某环境工程有限公司办公室主任黄某某实名举报开始调查本案，后在未通知补缴、未予行政处罚的情况下，作出涉税案件移送书，直接移送某区公安局立案侦查。湖北某某环境工程有限公司在侦查期间补缴了税款458069.08元，并于一审重审及宣判后全额缴纳了判处的罚金45万元。

【裁判结果】

2009年9月19日，一审法院作出判决。一审法院认为，湖北某某环境工程有限公司及其法定代表人李某明均构成逃税罪。湖北某某环境工程有限公司及李某明提出上诉，在二审期间又撤回上诉，二审法院裁定准许。湖北某某环境工程有限公司及李某明逐级申诉至最高人民法院，最高人民法院以法律适用错误为由，指令湖北省高级人民法院对本案进行再审。

湖北省高级人民法院再审认为，原判认定湖北某某环境工程有限公司少

① 《人民法院充分发挥审判职能作用保护产权和企业家合法权益典型案例（第三批）》，https://www.court.gov.cn/zixun/xiangqing/303421.html。

缴税款446292.51元的事实清楚，证据确实、充分，但适用法律错误。本案未经行政处置程序而直接追究湖北某某环境工程有限公司及李某明个人的刑事责任，不符合《刑法修正案（七）》的相关规定。对湖北某某环境工程有限公司、李某明应当适用根据《刑法修正案（七）》修正后的《刑法》第二百零一条第四款的规定，不予追究刑事责任。据此，湖北省高级人民法院再审判决撤销原裁判，宣告湖北某某环境工程有限公司、李某明无罪。

对于涉及进出口业务的企业，如果没有依法申报纳税，还涉及“骗取出口退税”的刑事风险。骗取出口退税罪是行为主体以假报出口或者其他欺骗手段，骗取国家出口退税款，数额较大的行为。根据司法解释规定，“假报出口”的表现形式有：第一，伪造或者签订虚假的买卖合同；第二，以伪造、变造或者其他非法手段取得出口货物报关单、出口收汇核销单、出口货物专用缴款书等有关出口退税单据、凭证；第三，虚开、伪造、非法购买增值税专用发票或者其他可以用于出口退税的发票；第四，其他虚构已税货物出口事实的行为。“其他欺骗手段”主要指骗取出口货物退税资格、将未纳税或者免税货物作为已税货物出口，虽有货物出口，但虚构该出口货物的品名、数量、单价等要素，骗取未实际纳税部分出口退税款，以及其他骗取出口退税款的手段。从数额标准来看，骗取国家出口退税款5万元以上、50万元以上、250万以上则分别达到骗取出口退税罪规定的“数额较大”“数额巨大”和“数额特别巨大”三个标准。数额较大的，处五年以下有期徒刑或者拘役，并处骗取税款一倍以上五倍以下罚金；数额巨大或者有其他严重情节的，处五年以上十年以下有期徒刑，并处骗取税款一倍以上五倍以下罚金；数额特别巨大或者有其他特别严重情节的，处十年以上有期徒刑或者无期徒刑，并处骗取税款一倍以上五倍以下罚金或者没收财产。

“抗税罪”与“逃税罪”有很大不同，抗税罪是不论金额多少，以暴力、威胁方法拒不缴纳税款的行为，而且犯罪主体为个人，同时须是特殊主体，只有负有纳税义务或者代收代缴税款义务的个人或单位的直接责任人员才可以构成，单位不构成犯罪。因此，如果单位的直接负责人实施这类行为拒不缴纳税款的，则由其个人承担三年以下有期徒刑或者拘役，并处拒缴税款一倍以上五倍以下罚金的刑事处罚；如果存在聚众抗税的首要分子、抗税数额在十万元以上或者有多次抗税、故意伤害致人轻伤等严重情节的，处三年以上七年以下有期徒刑，并处拒缴税款一倍以上五倍以下罚金。

（二）发票使用类

依法缴纳税款是纳税人的法定义务，依法依规开具发票也是经营者的法定义务。对于单位或个人应当开具而未开具发票的行为，根据《中华人民共和国发票管理办法》第三十五条规定应承担行政责任，最高可处 1 万元罚款。倘若违反规定虚开发票，包括为他人、为自己开具与实际经营业务情况不符的发票、让他人为自己开具与实际经营业务情况不符的发票及介绍他人开具与实际经营业务情况不符的发票，根据《中华人民共和国发票管理办法》规定，将由税务机关没收违法所得，并根据虚开金额依法处以相应区间的罚款，构成犯罪的还须承担刑事责任。《刑法》将虚开发票类型分为增值税专用发票和用于骗取出口退税、抵扣税款的其他发票，以及这两类以外的其他发票。

《刑法》中虚开增值税专用发票罪同样指有为他人虚开、为自己虚开、让他人为自己虚开和介绍他人虚开行为之一的，虚开的税款数额应当为“税款金额”，非票面金额。根据最高院相关司法解释的规定，下列行为属于虚开增值税专用发票行为：第一，没有货物购销或者没有提供或接受应税劳务而为他人、为自己、让他人为自己或介绍他人开具增值税专用发票；第二，有货物购销或者提供或接受了应税劳务但为他人、为自己、让他人为自己或介绍他人开具数量或者金额不实的增值税专用发票；第三，进行了实际经营活动，但让他人为自己代开增值税专用发票。这项罪名需主观上故意才成立，因管理或工作疏漏而误开的则不属于虚开增值税专用发票罪。

关于虚开发票行为被公安机关立案追诉的风险①，虚开增值税专用发票或者虚开用于骗取出口退税、抵扣税款的其他发票的案件是虚开税款数额达到十万元以上或者造成国家税款损失数额在五万元以上；而对于虚开前述两种

① 《最高检联合公安部印发修订后〈关于公安机关管辖的刑事案件立案追诉标准的规定（二）〉明确规定公安机关管辖的 78 种经济犯罪案件立案追诉标准》，https://www.spp.gov.cn/spp/xwfbh/wsfbt/202204/t20220429_555906.shtml#1。

以外的其他发票的案件，有以下三种情形：①虚开发票金额累计在五十万元以上的；②虚开发票一百份以上且票面金额在三十万元以上的；③五年内因虚开发票受过刑事处罚或者二次以上行政处罚，又虚开发票，数额达到前两项标准百分之六十以上的。

在量刑方面，虚开增值税专用发票罪分为以下几档进行量刑处罚。

第一档：虚开的税款数额在 5 万元以上的，处 3 年以下有期徒刑或者拘役，并处 2 万元以上 20 万元以下罚金；第二档：虚开的税款数额在 50 万元以上的，处 3 年以上 10 年以下有期徒刑，并处 5 万元以上 50 万元以下罚金；第三档：虚开的税款数额在 250 万元以上的，处 10 年以上有期徒刑或者无期徒刑，并处 5 万元以上 50 万元以下罚金或者没收财产。如果实施的行为骗取国家税款数额特别巨大、情节特别严重的，还可能面临无期徒刑或者死刑的刑事责任。

除了虚开发票以外，与发票有关的刑事法律风险还有伪造/制造、出售伪造/非法制造、非法出售/购买等非法行为，企业要增强合规使用发票的意识，坚决杜绝违规行为，不以此贪图利益，在对发票的开具、使用、保管方面要严格做好审核工作，并配套内部监督审查制度，定期或不定期排查法律隐患。

案例 11：江苏 A 建设有限公司等七家公司及其经营者虚开发票系列案[①]

【基本案情】

涉案单位江苏 A 建设有限公司（以下简称“A 公司”）等 7 家公司均为民营企业，经营建筑工程相关业务。许某等 7 人分别是以上 7 家公司负责人，分别于 2018 年 4 月 25 日至 5 月 2 日被取保候审。

2011 年至 2015 年，陈某在经营昆山 B 置地有限公司、昆山 C 房地产开发有限公司、昆山 D 房产开发有限公司（陈某及以上 3 家公司另案处理）期间，在开发“某花园”等房地产项目过程中，为虚增建筑成本，偷逃土地增值税、

① 《最高检发布首批涉民营企业司法保护典型案例》，https://www.spp.gov.cn/xwfbh/wsfbt/201812/t20181219_405690.shtml#1。

企业所得税，在无真实经营业务的情况下，以支付6%—11%开票费的方式，要求A公司等7家工程承揽企业为其虚开建筑业统一发票、增值税普通发票，虚开金额共计3亿余元。应陈某要求，为顺利完成房地产工程建设、方便结算工程款，A公司等7家企业先后在承建“某花园”等房地产工程过程中为陈某虚开发票，使用陈某支付的开票费缴纳全部税款及支付相关费用。许某等7人在公安机关立案前投案自首，主动上缴违法所得并缴纳罚款。

江苏省苏州市公安局直属分局2018年4月20日以涉嫌虚开发票罪对A公司等7家涉案公司立案侦查，5月23日分别向昆山市人民检察院移送审查起诉。

【处理意见】

昆山市人民检察院经审查认为，A公司等7家公司及许某等7人实施了《刑法》第二百零五条规定的虚开发票行为，具有自首、坦白等法定从轻或减轻处罚情节，没有在虚开发票过程中偷逃税款，案发后均积极上缴违法所得、缴纳罚款，在犯罪中处于从属地位，系陈某利用项目发包、资金结算形成的优势地位要求其实施共同犯罪，具有被动性。依据《中华人民共和国刑事诉讼法》第一百七十七条第二款规定，昆山市人民检察院于2018年12月19日对A公司等7家公司及许某等7人作出不起诉决定。同时，对陈某及其经营的3家公司以虚开发票罪依法提起公诉。

这起案件被最高检列为民营企业司法保护典型案例，本案中，检察院对在经济犯罪活动中处于不同地位的民营企业经营者，充分考虑了企业在上下游经营活动中的地位，依法区别对待，对在共同犯罪中处于从属地位，主观恶性不大，有自首、坦白、积极退赃退赔、主动认罪认罚的情形，依法给予从宽处理，促进民营企业恢复正常生产经营活动，维护企业员工就业和正常生活。

八、职务履行方面

职务履行类问题也是企业合规中的一个重要组成部分。根据近几年的合规案件数据统计分析，企业合规中的职务类犯罪所占比例居高不下。在《企业家刑事风险分析报告（2020 年）》关于企业家触犯罪名的数据中，仅职务侵占罪的频次就达 373 次（其中民营企业家有 361 次），占比 11.53%，仅次于非法吸收公众存款罪。企业在职务履行方面涉及的罪名主要包括职务侵占罪、挪用资金罪、非国家工作人员受贿罪、对非国家工作人员行贿罪、行贿罪。对此，企业应积极采取相关措施加以预防刑事风险，并在遭遇刑事风险时及时采取补救措施，确保企业在合规的基础上有序发展，不致面临刑事处罚。

（一）职务侵占罪

根据《刑法》第二百七十一条的规定，职务侵占罪是指公司、企业或者其他单位的工作人员，利用职务上的便利，将本单位财物非法占为己有的行为。其主要类型分为侵吞型非法占有、骗取型非法占有、窃取型非法占有。根据《最高人民法院、最高人民检察院关于办理贪污贿赂刑事案件适用法律若干问题的解释》关于职务侵占罪数额的认定，6 万元到 100 元万之间属于“数额较大”，处五年以下有期徒刑或者拘役；100 万元以上为“数额巨大”，处五年以上有期徒刑，可以并处没收财产。

《刑法》中将本罪的犯罪主体认定为“公司、企业或者其他单位的工作人员”，包括在某些情况下的临时工、母子公司员工，此外，除受国家机关、国有公司、企业、事业单位委派从事公务以外的在国有资本控股、参股的股份有限公司中从事管理工作的非国家工作人员，也可以成为本罪的主体[①]。客观行为方面，所谓“利用职务上的便利”是指犯罪主体通过利用其在企业职业地位而享有的一种管理支配的权利。而本罪的犯罪对象“单位财物”并不一定仅限于单位享有所有权的财物，也可以包括单位依法负有保管、运输等义务以及享有使用、占有等权利的非本单位所有的财物。

为了从严打击民营企业腐败犯罪，进一步提升民营企业司法保护质效，最高人民检察院发布了 6 起典型案例，这批案例涉及银行保险、电商、电子

---

① 《最高人民法院关于在国有资本控股、参股的股份有限公司中从事管理工作的人员利用职务便利非法占有本公司财物如何定罪问题的批复》，https://flk.npc.gov.cn/detail2.html?ZmY4MDgwODE2ZjNjYmIzYzAxNmY1YmY3NGVhNzQzNzg。

产品、快消品、轮胎制造领域民营企业，主要反映了这些领域实施职务侵占行为的特点：第一，行为人运用专业知识，利用相关业务程序、制度漏洞作案；第二，虚增交易环节，以“低买高卖”赚取差价的方式侵占公司财产；第三，采取虚报、冒领薪酬，“公费私收”方式侵占公司财物；第四，共同犯罪情况突出，作案群体层级分布广。案例12反映了企业发生职务侵占行为常见的手段。

案例12：M、N全国连锁饮品企业运营经理常某某职务侵占案①

【基本案情】

2018年11月、2020年7月，被告人常某某先后入职深圳M公司、北京N公司（均为全国知名连锁饮品店所属民营企业），担任华北区运营经理并负责北京区域60余家门店的人事、财物管理。2019年5月至案发，被告人常某某利用其职务上的便利，指使其下属区域经理、门店经理在北京市西城区多家店铺于21点后的非高峰时间段以店铺结算系统故障为由要求客户将消费款项扫码支付至常某某的微信、支付宝账户，收到消费者店内消费款项261319.5元。2019年8月至案发，被告人常某某借用张某某、闫某等8人身份证、银行卡办理了5家“×茶”门店入职手续，并指使各店面店长用专用手机为上述不上班员工代打卡，虚报、冒领薪酬，上述8人将每月工资打到常某某指定账户，虚报、冒领薪酬共211651.36元。2020年8月至案发，常某某利用职务上的便利，将部门门店的奶盖机、打杯机等设备通过向公司报损的方式挪运到亲戚的F饮品店经营使用，设备经价格认证中心鉴定为人民币27923元。经司法会计鉴定，2019年5月至2020年10月期间常某某通过上述三种方式先后侵占公司财物价值共计人民币50万余元。

2021年5月29日，北京市西城区人民检察院以被告人常某某涉嫌职务侵占罪依法提起公诉。同年6月8日，北京市西城区人民法院作出一审判决，

① 《检察机关依法办理民营企业职务侵占犯罪典型案例》，https://www.spp.gov.cn/spp/xwfbh/wsfbt/202205/t20220505_556156.shtml#2。

采纳检察院确定量刑建议，认定被告人常某某犯职务侵占罪，判处有期徒刑一年十个月。

【案件启示】

因饮品类连锁店属于快消品行业，具有单笔消费金额小、消费频次高、消费群体广，涉案账户的单笔数额少、数据体量大、转账收入来源多等特点，导致犯罪数额的认定成为审查起诉的难点。近年来，快消品行业作为民营经济的重要新生力量创造了巨大的产值，但同时本案也暴露出快消品行业快速扩张时管理滞后的短板。一些企业管理人员利用职务便利，在生产经营活动中进行“公款私用、公物私挪”的犯罪活动，严重影响企业可持续健康发展。本案常某某采取虚报、冒领薪酬，“公费私收”等方式侵占公司财物，属于典型的“蚂蚁搬家”式职务侵占案件。企业在运营中需要完善其中的数据和账目统计，严格管理人事、财物，定期监督、自查内部缺陷，防止管理漏洞给企业带来损失。

案例13：D科技公司营销中心总监张某某、经理罗某某职务侵占案[①]

【基本案情】

2018年至2019年，被告人张某某先后担任广州D公司西南区域营销中心云南办事处高级经理和西南区域营销中心总监，被告人罗某某先后担任上述办事处经理和高级经理。期间，二人利用负责和主管“某交互智能平板产品及配件”（以下简称“某产品”）在云南区域的销售业务，指使该公司销售人员分别向广州公司及客户故意隐瞒可以直接进行交易的真相，虚构必须通过云南区域总经销才能进行交易的事实，以此虚增二人参股的昆明A公司、云南B公司作为总经销的中间交易环节；后二人再利用负责审核及审批某产品销售价格的职务便利，帮助A公司、B公司以较低价格从广州公司购入某产品，随后以较高价格转卖给客户，通过“低买高卖”赚取差价的方式侵占D公司的财产共计人民币155万余元，最终二人以A公司和B公司股东分红

---

① 《检察机关依法办理民营企业职务侵占犯罪典型案例》，https://www.spp.gov.cn/spp/xwfbh/wsfbt/202205/t20220505_556156.shtml#2。

的名义从中获取个人利益。

【检察机关履职过程】

2021年7月23日，广东省广州市黄埔区人民检察院以职务侵占罪对二人提起公诉。检察院在围绕自行补充侦查的新证据讯问二被告人的同时，向被告人阐明认定职务侵占罪的理由、法律依据和认罪认罚、退赔与否将面临的不同量刑建议幅度，促使二被告人自愿认罪认罚并退赃退赔，争取从宽量刑建议。随后，二被告人经与广州D公司协商，退还了认定的职务侵占金额及其他不当经营行为对公司造成的损失共计900余万元，补偿了公司的损失，取得了公司的谅解，检察机关也对二被告人提出了适用缓刑的量刑建议并被法院采纳。2021年9月30日，广东省广州市黄埔区人民法院以犯职务侵占罪，判处二被告人有期徒刑三年，适用缓刑，并处罚金的刑罚。

【案件启示】

案件办理后，黄埔区人民检察院全面梳理检视广州D公司管理制度方面的不足，发现公司存在权限下放过于集中、内部核查跟踪不到位、监察机制运行不健全等内生问题。为此，检察机关向广州D公司发出检察建议，指明该公司存在问题，提出合理配置人员权限、完善内部监察机制的有效建议。在检察机关的督促下，广州D公司按要求进行整改，进一步建立健全合规管理体系，推动企业健康发展。

（二）挪用资金罪

《刑法》第二百七十二条规定："公司、企业或者其他单位的工作人员，利用职务上的便利，挪用本单位资金归个人使用或者借贷给他人，数额较大、超过三个月未还的，或者虽未超过三个月，但数额较大、进行营利活动的，或者进行非法活动的，处三年以下有期徒刑或者拘役；挪用本单位资金数额巨大的，处三年以上七年以下有期徒刑数额特别巨大的处七年以上有期徒刑。"犯罪构成要件方面，挪用资金罪的主体为特殊主体，即"公司、企业或者其他单位的工作人员"，在主观上存在直接故意，行为人明知自己在挪用或借贷本单位资金，并且利用了职务上的便利。侵犯的客体是一定时间内公司、企业或者其他单位对资金的占有、使用和收益权。本罪的犯罪对象是本单位的资金，即由单位所有或实际控制使用的一切以货币形式表现出来的财产。

《最高人民法院、最高人民检察院关于办理贪污贿赂刑事案件适用法律若干问题的解释》第十一条第二款规定："刑法第二百七十二条规定的挪用资金罪中的'数额较大''数额巨大'以及'进行非法活动'情形的数额起点，按照本解释关于挪用公款罪'数额较大''情节严重'以及'进行非法活动'的数额标准规定的二倍执行。"根据此司法解释的规定，挪用资金罪构成"数额较大"的情形包括：(1) 进行非法活动，数额在六万元以上；(2) 进行营利活动或超过三个月未还，数额在十万元以上。而关于"数额巨大"明确规定的情形如下：(1) 进行非法活动：①挪用资金数额在两百万元以上的；②挪用救灾、抢险、防汛、优抚、扶贫、移民、救济特定款物，数额在一百万元以上不满两百万元的；③挪用公款不退还，数额在一百万元以上不满两百万元的。(2) 进行营利活动或者超过三个月未还：①挪用资金数额在四百万元以上的；②挪用救灾、抢险、防汛、优抚、扶贫、移民、救济特定款物，数额在一百万元以上不满二百万元的；③挪用公款不退还，数额在两百万元以上不满四百万元的。根据数额大小和情节轻重，将依据《刑法》规定承担不同程度的刑事责任。若行为人在案件提起公诉前将挪用的资金退还的，依法可以从轻或者减轻处罚，如犯罪情形较轻的，可以减轻或者免除处罚。

与挪用资金罪相似的一项罪名是挪用公款罪，二者最直接的区别在于，挪用公款罪的主体必须为国家工作人员，其中包括受国家机关、国有公司、企业、事业单位、人民团体委托管理或经营国有财产的人员。如果非国家工作人员成为挪用公款罪的共犯，需具备与挪用人共谋，指使或者参与策划的行为之一[①]。侵犯的客体主要是公共财产的所有权，同时在一定程度上也侵犯了国家的经济管理制度。而主观上，行为人须存在直接故意，明知是公款而故意挪作他用。

① 《最高人民法院关于审理挪用公款案件具体应用法律若干问题的解释》，https://flk.npc.gov.cn/detail2.html?NDAyODgxZTQ1ZmZiYmU0MTAxNWZmYzliZjdlOTEwYTE。

（三）行贿罪

《刑法》中，行贿行为根据行贿主体和对象不同，涉及若干个罪名。

（1）行贿罪（《刑法》第三百八十九条），是指行为人为谋取不正当利益，给予国家工作人员以财物；或在经济往来中，违反国家规定，给予国家工作人员以财物，数额较大的，或者违反国家规定，给予国家工作人员以各种名义的回扣、手续费的行为。此处的行贿可分为两种情形：一种是主动给予财物，另一种是被动给予财物。对于主动给予财物型的行贿，无论行为人意图谋取的不正当利益是否实现，均不影响行贿罪的成立。因被国家工作人员勒索而被迫交付财物，只有在行为人实际获得了不正当利益的条件下才构成行贿罪。而本小节关于贿赂犯罪中所指的“财物”不仅是货币，物品和财产性利益均属于此利益范围。财产性利益包括可以折算为货币的物质利益如房屋装修、债务免除等，以及需要支付货币的其他利益如会员服务、旅游等。后者的犯罪数额，以实际支付或者应当支付的数额计算。

关于行贿的数额与犯罪情节，根据相关司法解释的规定[①]，行贿数额在三万元以上则构成行贿罪。如行贿数额在一万元以上不满三万元，具有下列情形之一的，同样达到追究刑事责任的标准：①向三人以上行贿的；②将违法所得用于行贿的；③通过行贿谋取职务提拔、调整的；④向负有食品药品、安全生产、环境保护等监督管理职责的国家工作人员行贿，实施非法活动的；⑤向司法工作人员行贿，影响司法公正的；⑥造成经济损失数额在五十万元以上不满一百万元的。上述情形依法应处五年以下有期徒刑或者拘役，并处罚金。若行贿数额在一百万元以上不满五百万元，或者行贿数额在五十万元以上不满一百万元并具有前述六种情形之一，即构成行贿罪的“情节严重”；造成经济损失数额在一百万元以上五百万元以下则构成“使国家利益遭受重大损失”，这两种情节对应“五年以上十年以下有期徒刑，并处罚金”的法定刑。随着行贿数额增大，行为人承担的刑事处罚将越重，行贿罪的最高法定刑为无期徒刑并处罚金。

---

① 《最高人民法院、最高人民检察院关于办理贪污贿赂刑事案件适用法律若干问题的解释》，https://www.spp.gov.cn/zdgz/201604/t20160418_116334.shtml。

（2）单位行贿罪（《刑法》第三百九十三条），顾名思义，单位是此罪名的行为主体，客观行为与行贿罪相同。单位实施该犯罪行为，将面临罚金的刑事责任，其直接负责的主管人员和其他直接责任人员将被判处有期徒刑或者拘役，并处罚金。一般来说，自然人犯罪（行贿罪）和单位犯罪（单位行贿罪）的区分主要是以利益归属来判断，如因行贿获得的不正当利益归属于单位，通常视为单位行贿罪；因行贿取得的违法所得归个人所有的，依照行贿罪的规定定罪处罚。

第（1）（2）项是自然人和单位两类行为主体实施行贿的罪名，以下第三项是根据行贿对象的身份进行区分，客观行为存在部分差异。

（3）对有影响力的人行贿罪（《刑法》第三百九十条之一），是指为谋取不正当利益，向国家工作人员的近亲属或者其他与该国家工作人员关系密切的人，或者向离职的国家工作人员或者其近亲属以及其他与其关系密切的人行贿的行为。

（4）对单位行贿罪（《刑法》第三百九十一条），是指为谋取不正当利益，给予国家机关、国有公司、企业、事业单位、人民团体以财物的，或者在经济往来中，违反国家规定，给予各种名义的回扣、手续费的行为。此罪的犯罪主体包括个人和单位，个人行贿数额在 10 万元以上、单位行贿数额在 20 万元以上或者具有其他法定情形，则有被立案起诉的风险。

（5）对非国家工作人员、外国公职人员、国际公共组织官员行贿罪（《刑法》第一百六十四条），为谋取不正当利益，给予公司、企业或者其他单位的工作人员、外国公职人员或者国际公共组织官员以财物，达到数额较大的，也构成犯罪。数额较大的，处三年以下有期徒刑或者拘役，并处罚金；数额巨大的，处三年以上十年以下有期徒刑，并处罚金。

案例 14：国美电器有限公司等单位行贿案①

【基本案情】

2006 年至 2008 年间，被告人黄光裕作为被告单位鹏房公司及国美公司的

① 谭劲松、赵瑞罡：《单位行贿罪中的不正当利益》，《人民司法》2011 年第 10 期。

法定代表人，在得知公安部经侦局北京总队正在查办鹏房公司涉嫌犯罪案件及北京市公安局经侦处对国美公司涉税举报线索调查后，经与被告人许钟民预谋，直接或指使许钟民向时任公安部经侦局副局长兼北京总队总队长的相怀珠提出在侦办鹏房公司、国美公司上述案件中给予关照的请托。期间，黄光裕单独或指使许钟民给予相怀珠款、物共计价值人民币106万余元。

2006年至2008年间，国税总局稽查局在全国范围对被告单位国美公司进行税务大检查。被告人黄光裕作为国美公司的法定代表人，经与被告人许钟民预谋，直接或通过北京市公安局经侦处民警靳红利联系介绍，多次分别宴请负责全国税务检查领导工作的国税总局稽查局孙海渟及具体承办税务检查的北京国税稽查局工作人员梁丛林、凌伟，黄光裕、许钟民及靳红利均向孙海渟等三人提出关照国美公司的请托。黄光裕先后单独或指使许钟民给予靳红利共计人民币150万元，给予孙海渟共计人民币100万元，给予梁丛林、凌伟人民币各50万元。

【裁判结果】

北京市第二中级人民法院经审理认为，被告人黄光裕作为被告单位国美电器有限公司、北京鹏润房地产开发有限责任公司的法定代表人，与被告人许钟民共谋，为二被告单位谋取不正当利益，单独或伙同许钟民向国家执法机关的工作人员提出请托，并给予国家机关工作人员财物，数额巨大，情节严重，二被告单位和被告人黄光裕、许钟民的行为均已构成单位行贿罪，黄光裕、许钟民构成单位行贿的共同犯罪；鉴于被告人黄光裕作为被告单位国美公司、鹏房公司的法定代表人，在被采取强制措施后，如实供述了司法机关未掌握的部分单位行贿的犯罪事实，可认定黄光裕及国美公司、鹏房公司均具有自首情节，故依法对黄光裕和国美公司、鹏房公司所犯单位行贿罪分别予以从轻处罚。鉴于被告人许钟民被采取强制措施后，如实供述了司法机关未掌握的部分单位行贿的犯罪事实，具有自首情节，依法对许钟民所犯单位行贿罪予以从轻处罚。故判决：被告单位国美电器有限公司犯单位行贿罪，判处罚金人民币五百万元；被告单位北京鹏润房地产开发有限责任公司犯单位行贿罪，判处罚金人民币一百二十万元；被告人黄光裕犯单位行贿罪，判处有期徒刑二年；被告人许钟民犯单位行贿罪，判处有期徒刑一年。一审宣判后，各被告人不服，提出上诉。2010年8月30日，北京市高级人民法院作出二审判决，维持了一审法院对单位行贿行为事实、性质的认定及对各被告人有关单位行贿罪的量刑。

此案的一个争议焦点是认定为单位犯罪还是自然人犯罪，另一个争议焦点在于单位行贿罪的不正当利益如何认定。根据1999年最高人民法院、最高人民检察院《关于在办理受贿犯罪大要案的同时要严肃查处严重行贿犯罪分子的通知》第二条规定，不正当利益包括两种情形，第一种是“违反法律、法规、国家政策和国务院各部门规章规定的利益”，也就是说，国务院或国务院各部门制定的非法规、规章的一些规定、制度以及地方政府制定的规章或政策并非认定利益正当与否的依据。这种利益既包括行为人不应得到而意图获得的利益，如不具备申请某项许可证的条件而意图取得，也包括行为人应履行某项义务而意图免除的利益，如实施违法行为后依法应当接受处罚，而意图超出法定幅度减轻或免除该处罚。第二种是“国家工作人员或者有关单位提供的违反法律、法规、国家政策和国务院各部门规章规定的帮助或者便利条件”。该种利益系行为人为实现某种实体利益而要求国家工作人员违反规定给予的一种不正当帮助行为，该行为的不正当性与最终谋取的实体利益的正当与否无关。

此案判决中认定黄光裕等人单位行贿事实中涉及的请托事项主要是：(1)请托相怀珠在查办鹏房公司虚假贷款按揭问题中给予帮助，尽快结案；将公安部移交北京市公安局查办的国美公司涉嫌偷税的案件提至相怀珠主管的经侦局北京总队，与鹏房公司案并案调查。(2)亲自或通过靳红利请托孙海渟、梁丛林、凌伟在国税总局、北京国税局不公开检查国美公司税务情况并给予关照。虽然现有证据无法证明上述请托事项的内容违反了法律、法规、部门规章的规定，不能直接认定上述请托事项为不正当利益，但结合为达成请托事项所采取的手段，在客观上对办案人员施加了不正当影响，干扰了正常执法工作，破坏了程序的正当性，应认定为具备不正当性。因此，从这个案件的裁判结果可以看出，构罪的前提是存在谋取不正当利益的故意，除了在结果上获取利益以外，也可能结合取得利益的手段来判断。企业单位应具备风险意识，在请托办事时注意动机和手段的合法性，避免弄巧成拙，付出更大的代价。

2021年9月，围绕中央纪委国家监委会同最高检等单位发布的《关于进一步推进受贿行贿一起查的意见》明确查办行贿犯罪重点任务，国家监察委员会、最高人民检察院首次联合发布5起行贿犯罪典型案例。

案例15：山东薛某某行贿、串通投标案①

【基本案情】

被告人薛某某，男，1974年12月20日出生，汉族，住山东省青岛市市南区某某路××号。

2014年8月，山东省沂水县财政局对沂水县中小学信息化设备采购项目进行招标，被告人薛某某与四川虹某软件股份有限公司投标负责人刘某某（已判决），伙同沂水县财政局原副局长丁某某（已判决），通过协调评审专家修改分数、与其他投标公司围标等方式串通投标，后四川虹某软件股份有限公司中标该项目，中标金额9000余万元，严重损害国家及其他投标人利益。同年年底，被告人薛某某为感谢丁某某在该项目招标投标中提供的帮助，给予丁某某人民币15万元。

（其他犯罪事实略）

2020年5月13日、18日，山东省沂水县公安局、县监察委员会分别将薛某某等人串通投标案、薛某某行贿案移送沂水县人民检察院审查起诉。沂水县人民检察院受理后并案审查，于6月12日向沂水县人民法院提起公诉。9月24日，沂水县人民法院以薛某某犯串通投标罪，判处其有期徒刑二年，并处罚金人民币二十万元；以犯行贿罪，判处其有期徒刑六个月，并处罚金人民币十万元，决定执行有期徒刑二年三个月，并处罚金人民币三十万元。后薛某某上诉，12月24日，临沂市中级人民法院裁定驳回上诉，维持原判。

【案件分析】

本案中，虽然薛某某实施的串通投标与行贿之间存在关联，但属于两种

① 《国家监察委员会、最高人民检察院首次联合发布5起行贿犯罪典型案例》，https://www.spp.gov.cn/xwfbh/wsfbt/202204/t20220420_554587.shtml#1。

行为，侵犯的是两类不同性质的法益。根据最高人民法院、最高人民检察院《关于办理行贿刑事案件具体应用法律若干问题的解释》第六条关于“行贿人谋取不正当利益的行为构成犯罪的，应当与行贿犯罪实行数罪并罚”的规定，如果行为人谋取不正当利益的行为本身构成犯罪，将承担叠加的刑事责任。此外，司法机关在打击行贿犯罪的实践中，应综合考虑行贿金额、次数、犯罪情节以及案件发生的领域和危害后果，依法对行为人作出准确恰当的处理。沂水县监察委员会在这起案件中就薛某某涉嫌行贿犯罪立案调查，征求沂水县人民检察院意见时，检察机关认为薛某某通过行贿方式谋取竞争优势，且其犯罪行为不仅严重影响项目建设质量，还破坏了招标投标领域的公平竞争环境；该案虽行贿数额不大，但涉及的教育系统信息化建设属于重点民生领域项目，是重点打击的行贿行为，应从严惩处。

（四）非国家工作人员受贿罪

《刑法修正案（十一）》第十条将《刑法》第一百六十三条第一款修改为：“公司、企业或者其他单位的工作人员，利用职务上的便利，索取他人财物或者非法收受他人财物，为他人谋取利益，数额较大的，处三年以下有期徒刑或者拘役，并处罚金；数额巨大或者有其他严重情节的，处三年以上十年以下有期徒刑，并处罚金；数额特别巨大或者有其他特别严重情节的，处十年以上有期徒刑或者无期徒刑，并处罚金。”其中“为他人谋取利益”是指行为人索要或收受他人财物，利用职务之便为他人或允诺为他人实现某种利益，该利益是合法还是非法，或是否已谋取到，均不影响该罪的成立。根据犯罪情节，更加细致地划分了量刑幅度，新增了“数额特别巨大或者有其他特别严重情节”，并新增了无期徒刑。构成非国家工作人员受贿罪须是受贿数额较大的，不足较大数额的按一般受贿行为处理。依据相关司法解释，非国家工作人员受贿数额在五千元以上的即达到立案标准；“数额较大”“数额巨大”的数额起点与职务侵占罪相同，分别为 6 万元、100 万元。

企业合规整改案例4：王某某、林某某、刘某乙对非国家工作人员行贿案[①]

【基本案情】

深圳Y科技股份有限公司（以下简称Y公司）系深圳H智能技术有限公司（以下简称H公司）的音响设备供货商。Y公司业务员王某某，为了在H公司音响设备选型中获得照顾，向H公司采购员刘某甲陆续支付好处费25万元，并在刘某甲的暗示下向H公司技术总监陈某行贿24万余元。由王某某通过公司采购流程与深圳市A数码科技有限公司（以下简称A公司）签订采购合同，将资金转入A公司账户，A公司将相关费用扣除后，将剩余的资金转入陈某指定的账户中。Y公司副总裁刘某乙、财务总监林某某，对相关款项进行审核后，王某某从公司领取行贿款项实施行贿。

2019年10月，H公司向深圳市公安局南山分局报案，王某某、林某某、刘某乙及刘某甲、陈某相继到案。2020年3月，深圳市公安局南山分局以王某某、林某某、刘某乙涉嫌对非国家工作人员行贿罪，刘某甲、陈某涉嫌非国家工作人员受贿罪向深圳市南山区检察院移送审查起诉。

2020年4月，检察机关对王某某依据《中华人民共和国刑事诉讼法》第一百七十七条第二款作出不起诉决定，对林某某、刘某乙依据《中华人民共和国刑事诉讼法》第一百七十七条第一款作出不起诉决定，以陈某、刘某甲涉嫌非国家工作人员受贿罪向深圳市南山区法院提起公诉。同月，深圳市南山区法院以非国家工作人员受贿罪判处被告人刘某甲有期徒刑6个月，判处被告人陈某拘役5个月。法院判决后，检察机关于2020年7月与Y公司签署合规监管协议，协助企业开展合规建设。

【企业合规整改情况及处理结果】

检察机关在司法办案过程中了解到，Y公司属于深圳市南山区拟上市的重点企业，该公司在专业音响领域处于国内领先地位，已经在开展上市前辅导，但本案暴露出Y公司在制度建设和日常管理中存在较大漏洞。检察机关

① 《最高检发布企业合规改革试点典型案例》，https://www.spp.gov.cn/spp/xwfbh/wsfbh/202106/t20210603_520232.shtml。

与Y公司签署合规监管协议后，围绕与商业贿赂犯罪有密切联系的企业内部治理结构、规章制度、人员管理等方面存在的问题，制定可行的合规管理规范，构建有效的合规组织体系，健全合规风险防范报告机制，弥补企业制度建设和监督管理漏洞，防止再次发生相同或者类似的违法犯罪。Y公司对内部架构和人员进行了重整，着手制定企业内部反舞弊和防止商业贿赂指引等一系列规章制度，增加企业合规的专门人员。检察机关通过回访Y公司合规建设情况，针对企业可能涉及的知识产权等合规问题进一步提出指导意见，推动企业查漏补缺并重启了上市申报程序。

本案中，检察机关积极推动企业合规与依法适用不起诉相结合。依法对涉案企业负责人作出不起诉决定，不是简单一放了之，而是通过对企业提出整改意见，推动企业合规建设，进行合规考察等后续工作，让涉案企业既为违法犯罪付出代价，又吸取教训建立健全防范再犯的合规制度，维护正常经济秩序。

针对本章节所提及的刑事法律风险，笔者结合实务案例和企业运营管理经验对刑事风险防范以及构建企业经营管理刑事合规体系提出以下建议。

第一，采取预防措施。

(1) 区分识别各类企业、各类人员的具体风险，重要岗位重点治理，加强对重点人员的监督。

各级领导人员、经营管理人员、重要岗位业务人员是企业职务犯罪人员的重点对象，重点人员是企业涉嫌犯罪的高发区，企业可以采取定期开展专题普法教育活动等多种方式，以增强企业人员对职务类犯罪的警惕和防范意识。其他领域的刑事风险，同样可以通过培训、研讨等方式多方面、多渠道增强企业员工法治观念和法律意识，普及员工法律知识，提高其合规意识。另外，企业可以开展自查活动，定期组织相关部门对单位的采购、工程、仓储、材料、销售、检查、验收等岗位的重点人员进行检查监督。建立管理台账，详细记录重点人员的姓名、职务、岗位职责等信息，降低风险发生概率。

对于企业居于不同管理岗位的各类高级管理人员刑事风险需要具体对待，

对不同行业、不同地域的企业中居于不同管理岗位的各类高级管理人员刑事风险也需要区别对待。可以从企业的民事、行政、刑事案件以及内部管理事件中归纳、总结造成企业风险的原因，并逐案进行刑事风险等级评估，坚持从企业实际出发，把专题普法教育活动同企业治理、企业建设相结合，使企业在健康、合法的环境中发展壮大，帮助企业制定一套适合自身情况的刑事合规方案。

（2）建立完善的规章制度，包括用人机制、财务管理制度、业务管理制度、决策审批制度、业绩考察机制、监督机制等。

企业应完善各项规章制度，通过规范、完善的各类规章制度防范风险。其一，在用工方面，应严格闭环劳动用工手续、员工考察机制，在工作中应当明确各自身份、职责、职务，严格落实报酬、奖励的结算方式和期限。其二，企业财务管理制度不健全是诱发职务侵占犯罪、暴露财税不规范问题的重要因素，因此企业应当加强财务管理，提升运营资金的会计系统控制，严格规范资金的收支制度，注意企业财产与个人财产的分离，资金调用注意遵守企业的财务审批制度，依法报税纳税，严格把控发票开具、使用规则，避免"钻空子"操作。其三，企业应当建立完善的业务管理制度，在每个环节上做到清晰透明、责任到位，同时使企业从上至下的员工均形成相互监督的模式，避免出现玩忽职守、监守自盗、对外串通等情形，或者领导层的决策方向正确而执行层出现疏漏引发风险的低级错误。对于规模庞大或内部组织架构较复杂的企业，还可以建立专门的监督机制，合规检查与调查制度、合规报告制度以及合规举报制度等多种形式可作为企业内部监督的利器。合规检查与调查可以是定期或不定期评估风险，针对先前遗留的漏洞进行复查；合规报告制度即通过企业自下而上的汇报确保信息沟通顺畅，信息同步；[①] 合规举报制度指可以设置专门的举报渠道，越级反映风险点，精准、高效扼杀风险源头，抑制合规风险扩大。而在外部监督方面，企业可以引入独立的第三方监督机制，由第三方监督机构定期检查企业合规体系是否得到贯彻执行，并定期检查企业内部是否存在违规情况，并

---

① 陈瑞华：《企业合规的基本问题》，《中国法律评论》2020 年第 1 期。

出具相应的检查报告[①]。

(3) 建立企业合规体系，开展合规风险评估，排查经营管理中的风险点。

企业应重视企业合规体系构建，增强问题意识和风险意识，善于总结分析。根据企业经营类型属性、岗位特点、经营流程以及实际经营情况，梳理可能涉及的高发性犯罪的多发主体、多发阶段，在了解企业有关政策、立法背景的前提下，以企业经营各环节的刑事风险调研结果以及大数据检索报告为基础，梳理排查企业的刑事风险点，对风险原因及危险等级进行评估，制定一套符合企业实际情况的有针对性的刑事合规方案。

第二，采取补救措施。

发现企业内部员工实施犯罪行为后，企业应当尽快全面把控情况，采取措施收集证据，在防止企业受到牵连的同时减少损失。一方面，根据最高检发布的《关于建立涉案企业合规第三方监督评估机制的指导意见（试行）》，如果企业本身也受到刑事案件立案侦查，可以争取适用第三方机制。该机制适用于各类国有企业、民营企业、外资企业在生产经营活动中所涉及的经济、职务犯罪等案件，且适用的案件包括单位犯罪案件，以及企业实际控制人、经营管理人员、关键技术人员等实施的与生产经营活动密切相关的犯罪案件。企业尽快可与检察机关沟通，争取适用第三方机制。另一方面，如企业内部员工涉嫌的是职务类犯罪，企业可以采取合法手段及时控制嫌疑人，防止其脱逃，并收集相关证据，同时启动企业内部的应急机制，展开内部审计监督调查程序，对嫌疑人所管理的财产及时进行盘点核对，积极配合办案机关工作。

小　结

合法合规风险，是企业生存发展过程中不可回避的内容，企业法律风险问题初期，60%是行政合规问题，有30%最终会演变成刑事问题。我们要做

---

① 《民营企业职务犯罪之大数据分析报告》，https://shkindall.com/index/news/details.html?id=515&news_type_id=2。

的是，养成合规的思维习惯和制定相应的风险防范措施，坚决不去挑战法律底线，不踩红线、触摸高压线。加强合法合规风险的防控和管理，是企业必须面对的课题，我们必须牢固树立规则意识、形成法治思维。

第四章　侵害民营企业合法权益的类型

第一节　法律保护的权益类别

法律关系由主体、客体和内容三个要素构成，在法律关系中享有权利或承担义务的当事人是主体，主体的权利和义务所指向的一定的对象为客体，具有法律上权利义务关系形式的社会关系即法律关系内容。学界提出“法律关系内容”具有三层含义：（1）法律上的权利和义务。这是法律关系的法律内容，这一内容揭示法律关系的法律特征。（2）事实上的社会关系。这是法律关系的社会内容，这一内容揭示法律关系的社会特征。（3）享受权利和履行义务的事实行为。这是法律关系的物质内容，它体现了法律关系的法律内容和社会内容的联系。通常所说的法律关系内容，是指法律关系的法律内容，即法律上的权利和义务。

法律保护的权益主要分为物质权益和非物质权益两类。其一是财产权，以财产利益为内容，既包括物权、债权、继承权，也包括其他具有财产价值、能够直接体现财产利益的民事权利。其二是人身权，民事主体基于其法律人格而享有的、以人格利益为客体的权利，如生命权、身份权、肖像权、隐私权，这些系维护其独立人格所必需的组成，不可用金钱衡量，也不可让与他人。于民营企业而言，其财产权毋庸置疑受法律保护，但很多人以为企业不具备人身权，所以无须重视。其实不然，企业法人可以享有非自然人属性的权利，例如名称权、名誉权、荣誉权，而且民营企业需要其法定代表人、董事长、高管人员的维持、操作，因此除了民营企业主体以外，民营企业家的权益同样需要得到法治规范。

第二节　侵害民企合法权益的类型

一、行政机关行政行为的侵权

任何企业的运营都离不开行政主体的监督、管理，比如企业设立的工商登记、各个领域生产经营的许可、违法经营时的行政处罚等。企业从里到外、从上至下均受行政法律法规的监督。但行政主体在做出行政许可、行政强制、行政处罚、行政征收等行政行为的过程中，不排除不合法、不公正、不严谨而损害行政相对人合法权益的情况发生。对于这类行政侵权，行政相对人应适用行政法领域相关法律法规，通过行政救济途径解决纠纷、维护权益。

案例 16：罗某明等五人与某综合行政执法局行政赔偿案①

【基本案情】

2013 年，某明合作社与某村民小组签订土地租赁协议，租用约 6 亩土地建造猪栏舍及其他附属设施，进行生猪养殖经营。2015 年，海南省三亚市动物卫生监督所和原海南省三亚市国土环境资源局先后分别下发《责令整改通知书》和《责令限期治理通知书》，罗某明等五人根据环保部门要求，在限期内对养猪场进行整改，建设相关的水污染防治设施并于同年 7 月投入使用。2015 年 8 月 26 日，在未经上述环保部门验收的情况下，某综合行政执法局以养猪场属违法建筑为由，未作出任何处理决定并告知罗某明等五人相关权利，便对养猪场及相关附属设施实施了强制拆除。

【裁判结果】

在生效判决认定被诉强制拆除行为违法情形下，本案一审、二审法院均

① 《人民法院充分发挥审判职能作用保护产权和企业家合法权益典型案例（第三批）》，https://www.court.gov.cn/zixun/xiangqing/303421.html。

认定某综合行政执法局应就强制拆除行为造成的损失对罗某明等五人予以赔偿。一审法院确定的赔偿数额为 1802439 元，二审法院确定的赔偿数额为 864984 元。最高人民法院提审后，对直接损失的范围进行明确界定，并逐一计算和认定养猪场被强拆所遭受各项损失，依法扣除未实际遭受的损失和因再审申请人过错导致的损失，对罗某明等五人合理的再审主张予以充分考虑和支持，最终判决某综合行政执法局应当赔偿罗某明等五人 1691788 元，一次性化解赔偿争议。

《中共中央 国务院关于完善产权保护制度依法保护产权的意见》（以下简称《产权保护意见》）要求大力推进法治政府和政务诚信建设，对因政府违约等导致企业和公民财产权受到损害等情形，进一步完善赔偿、投诉和救济机制，畅通投诉和救济渠道。本案中，某综合行政执法局对涉案养猪场的猪栏和饲料仓库实施强制拆除，客观上已导致养猪场无法正常经营，只能停业并关闭。二审法院在确定赔偿数额时，仅考虑了被拆除的猪栏和饲料仓库的直接损失，对因养猪场必然不能继续正常经营导致的其他场内设备、设施无法继续使用的损失未予任何考虑，当事人产权未能依法得到公平和充分保护。通过最高人民法院再审改判，当事人的直接损失范围和实际财产损失金额被准确认定，获得公平的赔偿，这不仅是对行政侵权行为的打击，也体现了对企业家合法财产权益的保护。同时，最高法的再审改判在司法实践中对合法行政、依法审判也发挥着指导作用。

行政协议是另一种常见的行政行为，虽然是以实现公共利益或者行政管理目标为目的，在其法定职责范围内依法作出，但不同于上述几种，行政协议是需要经过与行政相对人协商达成意思一致的。据司法解释规定，行政协议主要有几大类型：①政府特许经营协议；②土地、房屋等征收征用补偿协议；③矿业权等国有自然资源使用权出让协议；④政府投资的保障性住房的租赁、买卖等协议；⑤行政机关为了实现行政管理或者公共服务目标，与公民、法人或者其他组织协商订立的政府与社会资本合作协议。

案例17：中山市某房地产发展有限公司诉广东省中山市自然资源局要求解除行政协议案[①]

【基本案情】

2015年9月30日，原广东省中山市国土资源局（以下简称原中山市国土局）认定中山市某房地产发展有限公司（以下简称某房地产公司）使用的涉案土地为闲置地，但系政府方原因造成闲置。2016年7月19日，原中山市国土局与某房地产公司订立一份《国有土地使用权出让合同补充协议》（以下简称《补充协议》），约定涉案土地的动工开发日期为2015年9月30日，竣工期限为2年，还约定了动工开发的标准等其他内容。某房地产公司认为《补充协议》约定的动工开发日期早于合同订立日期，以及原中山市国土局存在违约、导致合同目的不能实现等行为，遂提起诉讼，请求判令解除《补充协议》。另，中山市闲置土地处置工作领导小组办公室（以下简称中山市闲置办）已同意涉案土地在2016年9月30日前可以办理规划报建、施工许可手续，但是原中山市国土局没有及时告知某房地产公司。某房地产公司曾就涉案土地上的两期商业住宅工程申请办理建设工程规划许可，规划管理部门仍先后两次作出不予行政许可通知，理由为“项目情况与市总规不符”。

【裁判结果】

广东省中山市第一人民法院一审认为，《补充协议》于2016年7月19日订立，却约定动工开发日期为2015年9月30日、竣工期限为两年（即2017年9月30日），且同时约定工程建设进度等限制条件，即某房地产公司实际上须于协议订立后的两个多月内在面积达100754.2平方米的涉案土地上完成办理规划和施工许可、基坑开挖、打入所有基础桩、地基施工完成三分之一等系列工作，且须于2017年9月30日前竣工，显然有悖常理。同时，原中山市国土局在中山市闲置办已同意对涉案土地在2016年9月30日前可以申请办

① 《【最高人民法院发布第二批行政协议诉讼典型案例】中山市某房地产发展有限公司诉广东省中山市自然资源局要求解除行政协议案》，https://bigdata.wuxi.gov.cn/doc/2023/11/08/4267345.shtml。

理规划报建、施工许可的情况下，没有及时告知某房地产公司该情况，致使某房地产公司随后未能获得规划部门的规划建设许可、无法及时按照《补充协议》的约定履行土地出让合同约定的开发建设义务，故市国土资源局未能为土地使用企业履行双方约定提供便利条件，存在一定的过错。因此，原中山市国土局签订《补充协议》时，在对国有土地实施行政管理、监督使用的过程中未兼顾行政相对人即某房地产公司的合法权益，违反了行政合理性原则，且其存在过错行为，故从合同目的不能实现的角度来看，该《补充协议》已符合法律规定的解除条件。但解除《补充协议》将不利于土地管理部门对闲置土地行使管理、监督的职权，也不利于国有土地的合理配置和利用，从而有损国家利益、社会公共利益和他人的合法利益。一审法院遂判决驳回某房地产公司的诉讼请求。某房地产公司不服，提起上诉。

广东省中山市中级人民法院二审认为，一审法院认定《补充协议》已实际满足法定解除条件，事实依据充分，定性准确。就解除《补充协议》是否会损害国家利益、社会公共利益和他人合法利益的问题，《补充协议》订立的目的是结束涉案土地的闲置状态，尽快开发利用涉案土地，涉及的是土地高效、合规合理利用的土地管理国家利益和社会公共利益，但已因原中山市国土局的过错明显无法实现，让双方继续囿于一份合同目的已无法实现的协议关系中，已不符合国家利益和社会公共利益。相反，确认涉案《补充协议》的解除效力，使协议当事人重归解决涉案土地闲置问题的原点，避免土地资源的继续闲置浪费，才更符合土地管理的国家利益、社会公共利益。二审法院遂判决撤销一审判决，确认涉案《补充协议》自 2019 年 4 月 29 日（即一审法院向原中山市国土局送达本案诉状及应诉通知书之日）起解除。

【典型意义】

因行政协议具有协议性特征，协议相对人与民事合同当事人相同，在符合法定条件的情形下，可以依法解除行政协议。但行政协议的订立系基于行政管理或者公共服务目标，行政协议的解除将导致订立目的无法实现，可能损害社会公共利益或其他合法权益。因此，行政协议所具有的行政性特征，决定了协议相对人不能通过其单方行为使有效的行政协议失去法律效力。与民事合同当事人不同，协议相对人在符合法定解除情形下，通常也不能直接通过单方通知行政机关的方式解除行政协议，而需要进一步寻求法定救济路径，最高法关于行政协议的司法解释亦有明确规定："原告请求解除行政协议，人民法院认为符合约定或者法定解除情形且不损害国家利益、社会公共利益和他人合法权益的，可以判决解除该协议。"[①] 人民法院审理诉请解除行政协议案件时，行政协议是否符合法定的解除条件、行政协议解除后是否对其他合法权益尤其是社会公共利益造成损害是审查重点。当企业发现签订的行政协议已无法实现合同目的时，应当积极行使解除权，尽早采取措施则可能对国家利益、社会公共利益影响越小，最大限度地止损、补救，以争取各方权益的最大保障。

二、行政主体的民事侵权

常有人认为，行政主体的任何行为均是行政行为，与行政主体签订的合同则是行政协议，其实不然。事实上，行政主体的侵权还可能是民事领域的，当事人却很容易将这类民事行为与行政行为混淆。行政主体的某个行为是行政行为性质还是民事行为性质，要通过当事人的地位是否平等、该行为是否基于行政职权作出等因素来判断；属于行政纠纷还是民事纠纷，关键要看纠纷的原因是否因政府部门行使行政职权而产生。顾名思义，民事行为是基于各方当事人平等的主体地位，协商谈判时是处于同一水平线上进行的，与自身所有的职能职责无关。比如，政府日常的办公用品采购、购买服务，是任何一个主体都可以实施的，与其职权无关，就是行政主体的民事行为；而政府的征收征用行为，必须依靠法律法规赋予政府的行政职权而实施，则是行政行为。

基于这两类行为的性质和形成的法律关系不同，适用的法律和争议解决程序也有区别，而当事人对这个问题的理解误区可能在一定程度上影响其维权意识、维权手段，导致在主张权益之路上耗费更多成本。因此，行政主体

① 《最高人民法院关于审理行政协议案件若干问题的规定》，https://flk.npc.gov.cn/detail2.html?ZmY4MDgwODE2ZjNjYmIzYzAxNmY0MDJhYzU1ODAxMTY。

所作出行为的性质也是在经营企业中必须了解的，若能正确定位侵权行为的性质，便能更准确地找到有效的维权途径。

案例 18：中科公司与 A 县国土局土地使用权出让合同纠纷案[①]

【基本案情】

2009 年，A 地方政府招商引资高科技项目，中科公司与 A 县国土局签订土地使用权出让合同并已实际占有、开发建设案涉工业用地。在中科公司积极投资建设过程中，当地政府调整了包括中科公司案涉土地在内的 200 余亩用地规划。案涉土地被政府单方收回并由 A 县国土局另行高价出让，由其他公司拍得并开发房地产。中科公司的投资建设被拆除，其损失未获赔偿。中科公司于 2013 年 1 月以某某管委会和 A 县国土局为被告提起民事诉讼，请求赔偿损失。

【裁判结果】

一审法院以本案为国有土地使用权出让合同纠纷并非民事案件受理范围为由裁定驳回起诉。中科公司不服上诉，最高人民法院裁定本案由一审法院审理。一审法院审理后，仅判决支持了中科公司地上物的基建损失，未考虑到民营企业的履行利益损失。中科公司不服，向最高人民法院提起上诉。最高人民法院二审认为，地方政府招商引资出让土地使用权给中科公司，后又单方收回另行出让给案外人，导致案涉出让合同不能继续履行，客观上终结了招商引资进程，违背了中科公司落地投产的意愿，构成根本违约，应承担相应责任。中科公司请求解除合同并返还已经支付的国有土地使用权出让金、投资款、租金及承担损害赔偿责任的诉讼请求，依法应予支持。最高人民法院综合考虑 A 县国土局因违约行为的获利、案涉工业用地的土地使用权利益、中科公司实际投入的资金数额、资金使用利益的损失及未来经营收益、市场风险等因素，判决 A 县国土局赔偿中科公司直接损失及相关合同利益总计一

① 《人民法院充分发挥审判职能作用保护产权和企业家合法权益典型案例（第二批）》，https://www.court.gov.cn/zixun/xiangqing/133721.html。

千万余元。

【典型意义】

最高人民法院《关于充分发挥审判职能作用为企业家创新创业营造良好法治环境的通知》明确要求，对于确因政府规划调整、政策变化导致当事人签订的民商事合同不能履行的，依法支持当事人解除合同的请求。对于当事人请求返还已经支付的国有土地使用权出让金、投资款、租金或者承担损害赔偿责任的，依法予以支持。本案中，A县国土局与企业签订的是民事合同，作为拥有平等地位的两个主体，应依法履约，不能因政府部门的角色而允许例外。对于政府部门根本违约的行为，最高法在二审中改判其承担充足的违约责任，且列入最高法发布的典型案例中，对同类案件司法审判有着重要的指导意义，有利于规范地方政府在招商引资中的不规范行为，严格兑现其依法作出的承诺，推动地方政府守信践诺和依法行政，保护企业家合法生产经营权益。

三、合作单位违约及侵权

第三章中阐述了违约及侵权两类民事责任，违约行为是合同当事人未履行或未正确、完全履行合同义务，侵权行为是行为人以不法行为或法律规定的不当行为致使他人人身、财产权益受到损害而承担的民事法律责任。两者基于不同的事实基础和法律依据认定，构成要件不同，也适用不同的归责原则。企业在与外界合作中，通常以签订合同文本作为权利义务确定的节点，也是具体合作内容的依据，也便于在合作中主张己方权利，追究违约责任。但违约责任的前提条件是存在合同关系，而在签订合同前，各方洽谈协商的过程所作出的行为能否产生法律效力，由谁作出的、在什么情形下才产生法律效力，这些问题都需要结合具体情形作进一步分析。下面这个“壳牌统一（北京）石油化工有限公司诉史智伟、龙宝珠侵权责任纠纷案”的争议焦点就是源于这些问题，是关于建设工程商务活动中“会议纪要”性质认定的案例。

案例19：工程款结算纠纷争议[①]

【基本案情】

2013年6月25日，原告化工公司与工程公司签订施工合同，由工程公司负责化工公司一三期围堰项目的工程施工。后又签订补充协议约定此项目合同总价为4329544元。2014年5月20日，被告龙某作为工程公司在案涉工程项目商务活动中的全权代表，与被告史某一起出席会议，史某代表工程公司与原告代表均在《会议签到表》上签字。在史某自称其为工程公司代表且职位最高的情况下，并未对史某身份提出异议，最终史某在这次会议上作为工程公司全权代表签到并在最终408万元结算金额确认会议纪要上签字。事后，工程公司否认会议纪要效力，没有履行约定内容并且一直未予说明。2014年12月17日，工程公司提起仲裁，否认被告史某具有金舟公司的授权，认为该会议纪要对工程公司不发生法律效力，要求原告按照合同固定总价支付工程款。裁决认定会议纪要没有法律效力，支持工程公司主张的4329544元，同时支持工程公司主张的违约金。2015年，原告以史某、龙某无权代理造成其损失为由，诉请史某、龙某赔偿。

【裁判结果】

仲裁委裁决：针对化工公司提交的会议纪要，仲裁委认为化工公司无法提供会议纪要签字人员史某的任职文件或工程公司对其的授权委托书，且该会议纪要未得到工程公司事后追认，该会议纪要对工程公司不产生法律效力，并据此作出了相应裁决。法院基于仲裁裁决的观点认为，化工公司提交的会议纪要载明"双方基于本次会议达成的共识应在2周内签订补充协议"，可见，化工公司在形成会议纪要时明知就确认工程最终结算金额为408万元其须与工程公司在2周内签订补充协议，故该会议纪要在未得到工程公司事后

① 《壳牌统一（北京）石油化工有限公司与史智伟等侵权责任纠纷一审民事判决书》，https://wenshu.court.gov.cn/website/wenshu/181107ANFZ0BXSK4/index.html?docId=clmgJ9BiZfbDvNZEk0njMEe9hCE3QX5KQo9C5sKyzsjYEtw9TCmRHPUKq3u+IEo4vSEkGbvuw8Z49T0Xm0IYeGVlevcuZyEUq7qLXv3k/WZiNapEJmHbeLnmAxDJmsTy。

追认情况下，只能证明双方就相关争议进行了协商，并不能证明该会议纪要即为双方所签补充协议或合同。被告史某、龙某参加会议并签到、签字行为，并未导致该纪要作为合同成立。既然合同尚未成立，两被告的行为也就未构成相关法律规定的无权代理行为。因此判决驳回化工公司诉请。

这个案件中争议最大的是“会议纪要”能不能构成合同，对化工公司和工程公司产生约束力，这也是企业在合作经营中需要注意的问题，即行为的法律效力问题。其中，对合同当事人的主体资格和缔约能力要谨慎判断。合同的成立需行为人具备民事行为能力，自然人一般以年满18周岁和精神正常来认定，法人则是从其合法成立时产生。对于某些特殊的合同，需要合同主体获得相应的资质，例如，建设工程类合同中涉及施工单位、勘察单位、设计单位和监理单位，划分不同等级的资质，这些主体须在其取得的资质范围内承揽业务。如果未依法取得资质或超出资质签订合同，将导致合同无效的结果。另外，法人签订合同一般通过其合法代理人进行，可以是一个对外公示可代表法人的身份——法定代表人，或者是取得授权书的代理人，在法人授权范围内签订合同。如果行为人没有获得代理权限、超越代理权限范围或者代理权终止后仍以被代理人名义订立的合同，依照《民法典》规定，根据被代理人是否追认来认定法律效力。正如此案，未经被代理人追认的，对被代理人不发生效力，由行为人承担责任。所以，企业在选择合作单位时，首先要判断合作业务是否涉及特别的资质要求，由法律专业人员对相关的政策法规进行检索，在签约时，判断签约代表是否为合法代理人。

通常，在合同成立、生效后，履约过程中发生的问题会依据合同约定追究违约方的违约责任。但在实际操作中，违约责任往往容易和侵权责任竞合，即合同主体在履行合同过程中实施的某一行为同时符合违约及侵权法律责任的构成要件。譬如，买卖合同中，标的物有瑕疵、不符合质量要求，造成买方人身财产损害；仓储合同中，寄存人未如实告知所交付的是易燃、易爆、有毒、有腐蚀性、有放射性等危险物品，保管人因此遭受损害；运输合同中，因承运人的故意或者过失，致旅客受伤、死亡或者致货物损毁、灭失……在这些违约责任和侵权责任竞合的情形中，受损害方可以选择其中一种责任请求赔偿。

案例 20：理汇公司等与森远公司等财产损害赔偿纠纷案[①]

【基本案情】

B 区仓库系森远公司改建而成并管理。后森远公司将 B 区仓库中的 B14 仓库出租给新平凉公司、B11 仓库出租给理汇公司。森远公司与理汇公司签订了《仓储合作服务合同》《安全生产管理协议书》等协议，其中《安全生产管理协议书》约定森远公司负有提供符合国家法律规定并具备基本安全生产条件的仓储服务场所、对厂区入驻单位的安全生产进行监督、对事故隐患进行整改或督促承租方整改等义务。理汇公司承租的库房用于堆放存货，因庆阳公司将公司产品委托理汇公司代为销售，故庆阳公司的产品亦放置于理汇公司的库房。庆阳公司与理汇公司联合以其办公用品、存货、房屋建筑及附属设施为标的投保了财产综合险，双方均为被保险人。后发生火灾，造成起火仓库的建筑烧损坍塌，B6 至 B16 仓库内存放的货物、日常用品等不同程度烧毁烧损。

经消防部门认定，火灾发生的起火点在新平凉公司承租的 B14 仓库中，起火原因为电气线路短路引发火灾。B 区仓库未做产权登记且未通过消防验收，也未配备自动报警设备和自动灭火装置，该公司也没有执行人员离开必须断电的规定。另查明，新平凉公司系一人有限责任公司，其唯一自然人股东为张仲良。后原告理汇公司及庆阳公司共同向法院起诉，要求森远公司、新平凉公司及张仲良共同赔偿两原告损失（账面存货损失、退货损失、账外资产损失、机动车烧毁后重新购置车牌费用损失）、以损失金额为基数计算的利息损失、律师代理费。

【裁判结果】

本案的主要争议焦点在于侵权责任人及责任大小的认定。被告新平凉公司、被告森远公司对于火灾发生及蔓延均具有过错，应当承担相应的民事责任。但两被告之间没有意思联络，不存在共同故意，且各方的侵权行为不足

① 《浅谈侵权责任与违约责任竞合时的诉讼请求权选择——以火灾事故货损赔偿类案件为视角》，https://m.thepaper.cn/baijiahao_6868617。

以造成全部损害，故两被告应按照过错大小，分别承担相应比例的侵权赔偿责任。

（1）被告新平凉公司的责任

经公安消防部门确认的火灾起火点和引起火灾原因，新平凉公司作为该仓库的承租人具有以下过错：首先，其在仓库内自行拉设电线，疏于对电气线路的维护，违规使用冰柜、电磁炉、电饭煲等电器设备，且在离人后未行断电措施，是火灾发生的直接原因。其次，其违反消防规定在仓库中设置办公室，并使用可燃的泡沫夹芯彩钢板材料作为隔断装置，而且在仓库中堆放了席梦思、纸箱、行李和杂物等众多可燃物品，导致了火势的蔓延。故其未能尽到承租人应尽的防火注意义务，对涉案火灾的发生具有明显过错，与两原告的损害结果之间存在直接因果关系，应对原告的损失承担主要的赔偿责任。

（2）被告森远公司的责任

森远公司作为当时仓库的产权人，一是对外出租的B区仓库既无合法产权，也未经过消防验收或备案，存在先天隐患。二是涉案仓库是“砖墙+钢梁+彩钢板顶棚”结构的简易建筑，每跨仓库之间使用下为砖块、上为彩钢板的隔墙分割，虽然各跨仓库之间是独立单位，但从消防安全角度看仍是一个整体。由于使用了耐火等级低的彩钢板作为顶棚和隔墙的材料，且未配备自动报警设备和自动灭火装置，不能有效防止火灾发生及防止火势蔓延。此外，其作为管理人。一是未执行消防安全制度，没有在晚间人员离开后对涉案仓库统一进行强制拉闸断电。二是其在日常经营管理中应及时检查、制止各类违规行为，及早发现并排除仓库内的各种安全隐患，但其对承租户普遍存在的违规分割装修、私拉乱接电线、违规使用电器等违法违规行为听之任之、不予制止。综上，森远公司未能提供符合消防安全标准的适租仓库且管理上存在重大疏漏继而未履行好消防安全管理职责，故对本次火灾的发生和蔓延具有重大过错，应对原告因本次火灾产生的损失承担相应的赔偿责任。

（3）两原告的责任

根据《侵权法》相关规定，被侵权人对损害的发生也有过错的，可以减轻侵权人的责任。首先，两原告自身未尽到审慎注意义务，租赁没有合法产权和消防设施不完备的涉案仓库存放毛巾、浴巾、内衣等易燃物品，且未采取有效的防火措施；其次，两原告消防安全意识淡薄，在仓库内搭建阁楼且在阁楼上铺设易燃的木地板，同时在仓库内违规停放机动车，对火灾的蔓延和损失的扩大具有一定的作用。故两原告对自身损害的发生和扩大也有过错，应自行承担部分责任。

最终，法院按照过错责任原则，综合各主体间的过错大小以及行为致损害发生的原因及比例，酌定新平凉公司对损失承担47%的赔偿责任，森远公司承担41%的赔偿责任，两原告自行承担12%的赔偿责任。

本案中，森远公司违反租赁、仓储合同中约定的安全义务，是典型违约责任与侵权责任竞合的情形。《民法典》第一百八十六条规定："因当事人一方的违约行为，损害对方人身权益、财产权益的，受损害方有权选择请求其承担违约责任或者侵权责任。"因此，对于这种情形，受损害方不能同时主张两种责任，只能择其一。至于两种主张有何区别、如何选择可争取更多的赔偿、对受损害方更有利，需结合多个因素对比衡量。第一，侵权责任大部分适用过错责任原则，除了适用无过错原则的少数特殊情形以外，受损害人须证明侵权人对损害结果存在过错。而如果合同中有约定具体违约情形，只要违约方存在违约行为，在不构成免责事由的前提下，不用考虑过错，即可主张相应责任。第二，违约责任局限于合同的相对性，如果侵权行为涉及的责任主体较多，在选择请求权时要根据各责任主体的身份、义务、与损害结果的因果关系及侵权事件中的责任份额考量。例如上面的火灾侵权案中，受损害人没有尽到审慎义务及采取应有的安全措施而对损害发生存在过错，也应承担一定份额的责任。如遇多方责任时，要综合考量具体案情、主要诉求和实现诉求的难易程度。第三，《民法典》第五百八十四条规定："当事人一方不履行合同义务或者履行合同义务不符合约定，造成对方损失的，损失赔偿额应当相当于因违约所造成的损失，包括合同履行后可以获得的利益；但是，不得超过违约一方订立合同时预见到或者应当预见到的因违约可能造成的损失。"根据此条规定，违约责任只能填补财产损失，其中包括因违约造成的直接损失及可预见的预期利益，而相关损失没有标准的计算方式，取决于法官的自由裁量权。相比之下，侵权之诉可主张的赔偿范围更加宽泛，包括财产、人身、精神损害赔偿。《民法典》明确规定，财产损失按照损失发生时的市场价格或者其他合理方式计算，人身损害赔偿包括法定项目，如医疗费、护理费、交通费、误工费、残疾赔偿金等，具体项目也规定了相应的标准，因此在确定赔偿数额时相对明确。但在某些情形下，如果侵权损害结果难以举证或认定，而合同中对此违约行为约定了明确且充足的违约金，对受损害人来说，主张违约责任可能是更好的选择。因此，在发生违约责任和侵权责任竞合时，如何确定诉讼请求是重要环节，需要根据具体情况，结合违约和侵权行为、合同约定、责任认定、赔偿能力等实体问题以及管辖、送达、举证责任等程序问题进行综合考虑。

四、外部主体的侵权

其实，广义的外部主体囊括了企业自身以外的所有主体，包括前面提到的行政主体、合作伙伴，而此处想讨论的仅仅是与企业非合作关系、先前没有建立法律关系的外部主体，常常发生在相同或相似经营领域的竞争对手身上。例如，抄袭某企业特有的商业模式、抄袭企业商标装潢、非正当公开途径获取客户资料、利用技术手段限制他人使用商业资源等，均属于外部主体实施的侵权行为。

案例 21：知识产权侵权纠纷[①]

【基本案情】

北京某源公司系 a 商标和 b 商标权利人，核定使用商品为第 32 类，主要是果汁和果汁饮料等。该两注册商标经过大量使用和宣传，具有较高的市场声誉，并经国家工商管理总局商标局认定为驰名商标。某某汇源公司在其生产销售的三种水果罐头商品上使用的图文组合标识及文字标识的、在网站宣

① 《人民法院充分发挥审判职能作用保护产权和企业家合法权益典型案例（第二批）》，https://www.court.gov.cn/zixun/xiangqing/133721.html。

传中使用的图文组合标识及“汇源”文字标识，涉嫌构成类似产品。北京某源公司为证明某某汇源公司应当赔偿的损失数额，提供了来源于某某汇源公司工商档案中的《专项审计报告》，证明某某汇源公司侵权期间获得的销售利润为1.03亿元，营业利润为9077万元，同时某某汇源公司在其宣传网站记载“预计年销售额2亿元”内容。北京某源公司请求之一为赔偿经济损失及合理费用1亿元。

【裁判结果】

针对北京某源公司赔偿经济损失的请求，一审法院判决某某汇源公司赔偿北京某源食品饮料有限公司经济损失300万元。北京某源公司认为赔偿数额过低，上诉至最高人民法院。最高人民法院审理认为，在确定商标侵权损害赔偿责任时，应综合考虑案涉商标的知名度、侵权产品的类型与产量、侵权人的主观恶意、侵权产品的生产销售范围以及相关公众造成实际混淆的后果等因素。一审法院酌定赔偿额仅考虑了水果罐头的生产和销售量，而没有考虑某某汇源公司还侵权生产冰糖山药罐头和八宝粥两种侵权产品，且鉴于某某汇源公司主观恶意明显，为使北京某源公司受损利益得到补偿，让侵权人某某汇源公司的侵权行为无利可图，根据北京某源公司所提交的某某汇源公司销售额以及获利情况的证据，最高人民法院判决，某某汇源公司赔偿北京某源公司经济损失1000万元。

五、企业内部的侵权

企业可能发生的内部侵权主要涉及企业员工或股东的解约、跳槽等情形，违反与企业的竞业限制约定，或者企业员工、高管、股东违反企业内部规章制度及行业规定，串通外部，将从企业获得的涉密商业信息或资源传播到企业的外部，从而造成对企业的侵权。通常，这种侵害的客体是企业的商业秘密，下面将通过一个侵犯商业秘密的案例呈现内部侵权的行为。

案例22：广东广州天赐高新材料股份有限公司等与华某等侵害技术秘密纠纷案[①]

【案情简介】

广州天赐公司主要从事卡波产品技术的自主研发。九江天赐公司系广州天赐公司的子公司，两公司签署授权书，约定广州天赐公司将其卡波产品生产技术和知识产权授权九江天赐公司无偿使用。2007年12月30日，华某与广州天赐公司建立劳动关系，签订劳动合同及商业保密、竞业限制协议，并签收了公司的员工手册，就商业秘密的保密义务、竞业限制等方面进行了约定。广州天赐公司离职证明显示，华某离职生效日期是2013年11月8日。2012年至2013年期间，华某利用其卡波产品研发负责人的身份，以撰写论文为由索取了九江天赐公司卡波生产工艺技术的反应釜和干燥机设备图纸，还违反广州天赐公司管理制度，多次从其办公电脑里将广州天赐公司卡波生产项目工艺设备的资料拷贝到外部存储介质中。华某非法获取卡波生产技术中的生产工艺资料后，先后通过U盘拷贝或电子邮件发送的方式发送给安徽纽曼公司的刘某等人。安徽纽曼公司利用华某非法获取的卡波生产工艺、设备技术资料生产卡波产品，并向国内外销售。

广州天赐公司、九江天赐公司于2017年10月向广州知识产权法院提起诉讼，主张华某、刘某、安徽纽曼公司、胡某某、朱某某、吴某某、彭某共同侵害了两家公司卡波配方、工艺、流程、设备的技术秘密，且侵权行为给两家公司造成了巨大的经济损失，要求各当事人等立即停止侵害技术秘密，销毁生产卡波的原材料、专用生产设备、配方及工艺资料，赔礼道歉消除影响，并共同赔偿两家公司经济损失及维权费用共计7098万元。

【裁判结果】

广州知识产权法院经审理认为，华某利用其卡波产品研发负责人的身份，未经广州天赐公司和九江天赐公司许可，非法获取卡波产品生产工艺流程和

① 周雷：《侵害技术秘密纠纷案件适用惩罚性赔偿的考量因素》，《人民司法》2021年第26期。

设备信息，并和刘某、胡某某、朱某某等进行协商，安徽纽曼公司利用前述工艺流程和设备生产卡波产品对外销售。华某、刘某、安徽纽曼公司、胡某某、朱某某构成共同侵权。据此，广州知识产权法院判决：一、华某、刘某、胡某某、朱某某、安徽纽曼公司于判决生效之日起立即停止侵害广州天赐公司、九江天赐公司涉案技术秘密，并销毁记载涉案技术秘密的工艺资料；

二、安徽纽曼公司于判决生效之日起10日内赔偿广州天赐公司、九江天赐公司经济损失3000万元及合理开支40万元，华某、刘某、胡某某、朱某某对前述赔偿数额分别在500万元、500万元、100万元、100万元范围内承担连带责任；三、驳回广州天赐公司、九江天赐公司其他诉讼请求。

一审判决后，广州天赐公司、九江天赐公司、华某、刘某、安徽纽曼公司均不服该判决，向最高人民法院提起上诉。

最高人民法院经审理认为，《中华人民共和国反不正当竞争法》第十七条第三款规定，因不正当竞争行为受到损害的经营者的赔偿数额，按照其因被侵权所受到的实际损失确定；实际损失难以计算的，按照侵权人因侵权所获得的利益确定。经营者恶意实施侵犯商业秘密行为，情节严重的，可以按照上述方法确定数额的1倍以上5倍以下确定赔偿数额。赔偿数额还应当包括经营者为制止侵权行为所支付的合理开支。可见，若经营者存在恶意侵害他人商业秘密的行为且情节严重的，权利人可请求侵权人承担赔偿金额相应倍数的惩罚性赔偿。

关于惩罚性赔偿倍数的问题。根据业已查明的事实，安徽纽曼公司自成立以来，便以生产卡波产品为经营业务，虽辩称生产其他产品，但并未提交证据加以佐证，且其所生产的卡波产品名称虽有差别，但均由同一套设备加工完成。此外，当其前法定代表人因侵害商业秘密行为被追究刑事责任，相关生产工艺、流程及设备涉嫌侵害权利人技术秘密后，安徽纽曼公司仍未停止生产，销售范围多达二十余个国家和地区，同时在本案原审阶段无正当理由拒不提供相关会计账册和原始凭证，构成举证妨碍，足见其侵权主观故意之深重、侵权情节之严重。《反不正当竞争法》设立惩罚性赔偿制度的初衷在于强化法律威慑力，打击恶意严重侵权行为，威慑、阻吓未来或潜在侵权人，有效保护创新活动，对长期恶意从事侵权活动之人应从重处理，因此依据所认定的安徽纽曼公司侵权获利的5倍确定本案损害赔偿数额。

同时，《反不正当竞争法》于2019年4月23日修订时增加了关于惩罚性赔偿的规定，并于当日起施行，本案被诉侵权行为发生于2019年4月23日之前且持续至2019年4月23日之后，根据法不溯及既往的一般原则，对于发生在法律修改之前的行为一般不适用惩罚性赔偿，赔偿数额应以2019年4月23日为界进行分段计算。但是具体到本案，安徽纽曼公司拒绝提供财务账册等资料构成举证妨碍，所认定的侵权获利系基于安徽纽曼公司自认的销售额确定，仅为其部分侵权获利；同时，侵权人在本案中并未提交证据证明其法律修改前后的具体获利情况，导致无法以2019年4月23日为界进行分段计算；且二审证据显示安徽纽曼公司在一审判决之后并未停止侵权行为，其行为具有连续性，其侵权规模巨大、持续时间长，因此可对被诉侵权行为整体适用惩罚性赔偿。

据此，最高人民法院于2020年11月24日作出二审判决。一、维持一审判决第一项、第三项；二、变更一审判决第二项为：安徽纽曼公司于本判决生效之日起10日内赔偿广州天赐公司、九江天赐公司经济损失3000万元及合理开支40万元，华某、刘某、胡某某、朱某某对前述赔偿数额分别在500万元、3000万元、100万元、100万元范围内承担连带责任；三、驳回广州天赐公司、九江天赐公司的其他上诉请求；四、驳回华某、刘某、安徽纽曼公司的上诉请求。

虽然本案的争议焦点和审查重点在于惩罚性赔偿适用条件，以及侵权情节严重程度与惩罚性赔偿倍数之间的对应关系，但就案件事实而言，从企业员工非法获取公司重要的技术资料、侵犯商业秘密的角度，却是企业内部侵权的典型案例。

小　结

综合以上侵害民营企业合法权益的类型可以看出，民营企业权益在日常生产经营活动当中易于受到各种侵害，从而导致民营企业的财产权利、人身权利得不到保障，并遭受市场准入权利的不平等待遇。民营企业必须拿起法律武器维护自己的合法权益。在现实中，针对不同的侵权行为，需要增强证据意识，注意保存和收集基于客观事实的各类证据。而且从第三章关于企业刑事法律风险的讨论可以看出，许多犯罪行为追究的是其直接责任人或管理人员的刑事责任。如果发生在国有企业，对企业负责人的刑事处罚可能不会对国有企业的运作有太大影响，但基于民营企业与民营企业家的密切关系，一旦民营企业家被立案侦查，对企业可能带来打击性、破坏性的影响。因此，除了要保护民营企业的合法权益，还要增强企业家的人身安全和财产安全。从司法机关、执法机关的角度，应改变“先刑后民”的思维定式，严格区分行政违法与刑事犯罪，遵循罪刑法定、刑法适用平等和罪责刑相适应原则，用发展的眼光看待民营企业，从而促进企业的良好运作、保障市场的健康发展。

第五章　企业如何进行合规管理

第一节　规范经营管理

当前的合规激励机制下，一方面，企业的合规措施或许可以让企业免于刑事责任追究，即所谓“合规出罪”；另一方面，实施合规管理是企业防范风险的自我保护机制，是“防患于未然”。二者相比，显然后者更加重要，并且也是我国试点“刑事合规”的出发点。相比于事发后在检察机关、行政机关的督促下进行合规整改，远不如因事先意识到风险而提早预防更能实现企业合规的目的。例如《合规刑事激励：促进企业治理现代化法治化》一文中提出：“建构企业合规刑事激励并不是让企业通过建构企业合规制度从而在企业涉案时获得减轻刑罚处罚的结果，而是通过行政处罚、刑事处罚层面的激励，让企业建构科学、完备、高效的管理制度，实现企业治理的现代化和法治化，能够预防犯罪行为的发生。”① 在外部复杂多变的市场环境中，企业正视合规的重要性，以严密的制度和措施筑牢企业合规的防御墙，才是自我保护的最好方式。下面笔者将从公司设立出资和股权变更、健全用工机制、加强资产管理三个方面进行分析。

一、合法设立出资和股权变更

第三章分析了企业的刑事法律风险，首先提到的就是企业设立阶段的出资风险问题，这决定了企业的成立是否合规，企业能否成长以及如何成长。

---

① 《合规刑事激励：促进企业治理现代化法治化》，https://www.spp.gov.cn/spp/llyj/202201/t20220126_542859.shtml。

企业设立的合规问题涉及许多方面，譬如设立程序、公司形式、组成结构、出资义务、经营范围及许可、公司章程等。其中，出资行为相对复杂，是需要特别注意的。

常见的出资形式是货币，股东（出资人）按照股东协议约定、章程规定的金额在规定期限内向公司注入资金，即合法履行出资义务，一般以银行流水为凭证。如果出资人以非货币资产出资，应符合法律允许的形式并履行法定出资程序。可用于出资的财产包括实物、股权、知识产权、土地使用权等，而《公司法》明确规定，股东不得以劳务、信用、自然人姓名、商誉、特许经营权作价出资。对于法律允许出资的资产种类，还需要同时满足两个条件：第一，可以用货币估价；第二，该资产为出资人合法持有并且可以依法转让。这两个条件须同时具备才能生效。此外，如果有股东以其他公司的股权作价100万元出资，但是这里用于出资的股权是被办理了质押的权利，要出资合法则必须解除股权质押，否则这个股权就不符合出资的条件。除了出资财产需要符合条件以外，还应当合法履行后续出资的程序：一是必须先依法进行价值评估，不得高估或者低估作价，未进行评估确认价值的股权出资，不能认定为出资义务已履行。如果有限责任公司成立后发现出资的非货币财产的实际价额明显低于公司章程所定价额，视为出资人未足额出资，因此在非货币资产的评估作价环节也必须合法、如实进行，避免瑕疵出资的责任风险。二是应办理财产权转移的法定手续，将出资财产过户到目标公司名下，并及时出具验资证明，以证明出资人已实际出资。

股份有限公司的设立出资还有特殊的要求和程序，需要注意的合规点较多。《公司法》规定股份有限公司的设立方式分为发起设立和募集设立，前者是由发起人认购公司应发行的全部股份而设立公司，后者是由发起人认购公司应发行股份的一部分，其余股份向社会公开募集或者向特定对象募集而设立。无论是发起设立还是募集设立，应有2人以上200人以下的发起人，发起人既可以是自然人，也可以是法人，但其中须有半数以上的发起人在我国境内有住所。股份有限公司的注册资本额由公司章程规定。发起人需认购公司章程所规定的股本总额。发起人负责承担公司的筹办事务，如果公司成立，由发起人取得的权利和利益或者所发生的一切债权债务将由公司承继；如果公司没有设立或设立失败，在发起设立期间产生的一切债务和费用，均由发起人共同承担连带责任；对认股人已缴纳的股款，应承担返还股款并加算银行同期存款利息的连带责任。因此，发起人之间应当签订协议，明确各自在公司设立过程中的权利和义务，可以具体约定发起人内部的权利义务分配和责任承担。

关于企业股权转让的问题，同样需要根据企业性质分析不同的关键点。

（一）有限责任公司

鉴于有限责任公司的股东成员之间是以信赖为基础建立的合作契约关系，同时具备“人合性”和“资合性”的特点，在股权转让时，股东内部转让和对外转让有不同程度的门槛。依据《公司法》规定，在股东之间进行股权转让没有“人合性”的顾虑，可以相互转让全部或者部分股权。而向股东以外的人转让股权，应就其股权转让事项书面通知其他股东并征求意见，经其他股东过半数同意方可转让。公司章程可以在法定条件的基础上规定更严格的转让条件。经股东同意转让的股权，在同等条件下，其他股东有优先购买权。依法进行股权转让后，公司应当注销原股东的出资证明书，向新股东签发出资证明书，并相应修改公司章程和股东名册中有关股东及其出资额的记载。

（二）股份有限公司

依据《公司法》规定，股东转让其股份，应当在依法设立的证券交易场所进行或者以其他法定的方式进行。虽然股份有限公司是资合性企业，没有征求其他股东同意的要求，但对股权转让行为有相应的规定，主要侧重于对公司高管的限制。其一，发起人持有的本公司股份，自公司成立之日起一年内不得转让。如果是公司公开发行股份前已发行的股份，自公司股票在证券交易所上市交易之日起一年内不得转让。其二，公司董事、监事、高级管理人员在任职期间每年转让的股份不得超过其所持有本公司股份总数的25%；所持本公司股份自公司股票上市交易之日起一年内不得转让。“董监高人员”离职后半年内不得转让其所持有的本公司股份，如果公司章程对此有其他限制性规定，也应遵守。

二、健全用工机制

劳动用工是企业经营管理中不容忽视的问题。劳动用工往往涉及用人规划、员工招聘、培训、绩效薪酬和劳动关系等，这些属于人力资源管理范畴。搭建企业合规体系时，人力资源合规是其关键部分。人力资源合规的开展包括制度制定、风险识别处置、风险应对、风险评价、风险控制措施制定及风险控制机制实施等管理活动。

对于合规制度尚不完善的企业来说，人力资源合规可能会增加其运营管理成本，但不合规现象给企业带来的风险以及企业承担后果的成本将远远超出事前合规的投入。因此，企业可从以下几方面主动进行人力资源合规管理的建设，降低企业的人力资源管理风险。

（一）人力资源规划

为了做到企业管理有法可依，依法管理，其一，需要建立或完善企业人力资源管理制度。由人力资源部门统计各业务部门的用人需求及用人条件，并负责制定人力资源统一规划管理制度，制定企业用工计划、人员招聘与录用、劳动合同签订、员工日常行为考核、员工离职、员工社会保险缴纳、员工薪酬发放等内容。企业可根据公司的具体发展战略，制定与公司发展战略相匹配的用工计划，构建人力资源管理制度。人力资源规划应做到内容和程序合法、具备实际操作性，并形成完整的体系。其二，管理制度的落实需要配备相应的专班团队，可以由企业董事长或总经理统筹具体人员配置，以人力资源部为主导设立合规小组，对本部门的合规风险进行识别与评估，法务部负责协调、指导，并对企业人力资源合规提出整改建议及措施并向上级汇报。同时建立工会，定期开展劳资关系模块的专业化建设。由于企业合规建设具有较强的专业性，企业可以聘请专业的合规律师团队对企业进行合规规划与建设。其三，建立劳动用工风险预警制度，通过定期梳理劳动用工中存在的风险，分析风险发生的可能性、后果及影响程度等，对普遍性风险和严重后果性风险及时作出预警。建立合规风险库和风险整改制度，在完备的制度下做到及时制定风险应对措施，最大限度地化解风险、降低损失。

（二）招聘入职

在录用员工前，企业要严格履行用人单位的告知义务，除了基本介绍以外，对于岗位的特殊情况更要保证信息的真实性，如特殊岗位工作、岗位需求、职业危害等。在手续文件方面，企业可以在员工入职登记表中添加声明部分，让员工确认其入职时，公司已如实告知相应的工作内容、工作条件、工作地点、职业危害、安全生产状况、劳动报酬及其他需要了解的情况，提醒员工留意这些问题，更重要的是为企业减少日后发生劳动纠纷的风险，减轻举证责任和难度。用人单位需要重视的另一个要素是明确录用条件，根据《劳动合同法》第三十九条的规定，员工在试用期内被证明不符合录用条件的，用人单位可以单方解除劳动合同，且属于无须支付经济补偿的情形。企业应根据岗位实际情况，在招聘信息中明确录用条件，或者在发出录用通知时让员工就录用条件进行确认，表明知悉岗位所要求的身体素质、业务能力、工作考核目标、不达标的认定标准等基本录用条件。许多用人单位为了方便统一管理，将录用条件设定为宽泛的原则性要求，可适用于所有岗位，看似解释权在企业一方，且解释空间大，但这种做法对用人单位来说其实是不利的。在适用“不符合录用条件”理由解聘员工时，用人单位承担着举证责任，而对于员工的道德品质、工作态度等只能主观判断的表现，难以达成一致意见，故容易产生纠纷。所以用人单位需要结合专业的人力资源意见设定录用条件，使标准尽可能地量化、明确且可执行，避免在实际认定中产生争议，这是司法实践中争取优势的关键。

企业提供给员工的信息要真实全面，相应地，员工提供给企业的信息也需要保证真实全面。企业需提前调查并核实员工提供的信息，比如个人简历、入职登记表、学历证明、从业经历证明、未承担竞业限制义务书面承诺、无犯罪记录证明等基本资料，以及与前单位解除或终止劳动合同等离职证明。比如，为避免企业因未进行充分的核查而错判拟录用员工的工作作风及人品，甚至因拟录用员工提供不实材料导致出现双重劳动关系的情况，企业在实践中还需视情况进行适度的调查，在经员工同意的基础上向原单位核实，对该员工与原单位的劳动关系是否解除、有无约定竞业限制等关键问题进行调查。

员工确认入职后，企业应在一个月内与入职员工签订劳动合同，如员工入职一个月内未签订劳动合同或劳动合同到期后未及时续签，将出现未签订劳动合同支付双倍工资的风险，最高需支付 11 个月工资。需要注意的是，并非所有用工都须签订劳动合同，企业应区分用工关系，在了解清楚法律关系的前提下签署各种法律文书，除了劳动合同以外，还可签订劳务合同、非全日制用工协议、实习协议等，切忌因不了解相关法律文书适用的背景，引发不该承担的用工风险。至于劳动合同的内容，许多用人单位为了方便快捷，所有劳动合同使用统一模板。然而，对于不同类型的工作岗位，其工作时间、地点、内容可能不同，引起的用工风险和处理方式也有差异。建议企业联合法务部门、人力资源部门、业务部门从条款合法性、企业制度、业务需求等方面，对不同岗位的员工有针对性地制定、填充合同内容，并妥善保管于员工档案中。

（三）员工管理

第一，完善考核机制。《劳动合同法》规定，用人单位可单方解除劳动合同的情形包括劳动者“在试用期间被证明不符合录用条件”以及“严重违反用人单位的规章制度”，用人单位需提前三十日通知劳动者本人或者额外支付劳动者一个月工资后即可解除劳动合同的情形是“劳动者不能胜任工作，经过培训或者调整工作岗位，仍不能胜任工作”。依照法律规定，以上几种情况下，用人单位需证明劳动者有前述事实存在方可解除劳动关系。而实践中，经常出现用人单位对岗位职责约定不清导致无法考核的情况，可能会导致企业以员工不胜任岗位为由不予转正或辞退时出现证据不足等风险。因此，在员工管理中，企业应完善员工考核机制，根据企业的录用条件和规章制度加强对其试用期内的考核，并保留员工不符合要求或工作存在错误的证据，如考勤记录、工作记录等。对于过了试用期的员工，同样需要进行日常考核，通过明确、可量化的考核标准让员工进行书面确认，并让员工知悉若不能胜任工作需接受培训或调岗，直至解除劳动关系。

第二，重大事项公示告知程序。企业在员工的管理考核过程中，可能会对员工违反考勤等管理制度的行为作出扣款处理，如果公司没有相关制度作为依据，或者虽有制度，但该制度的制定没有经过民主程序，则可能在劳动仲裁或诉讼中被认定扣款行为违规。公司如果未明确设置具体可行的加班费标准，或者设置了低于法律规定的标准，就可能因约定不明、违法支付加班费而承担法律责任。为了保证企业管理制度能够合法落实，在制定、修改与劳动者切身利益相关的规章制度时应当经过全体职工或职工代表的讨论，与工会或工会职工代表协商确定规章制度文本，并经公示告知劳动者。

第三，完善公司转岗制度。虽然调整岗位是企业用人自主权的体现，但关于调整岗位的规定需在劳动合同或公司规章制度中体现。若未与员工进行协商，达成一致意见，也未在劳动合同或公司规章制度中对调岗进行明确规定，而直接对员工进行调岗，或调岗后未及时同步变更劳动合同，导致实际工作岗位与劳动合同不符，可能违反《劳动法》规定，导致企业在劳动争议中处于不利地位。关于员工转岗的问题，企业需要：①制定健全的岗位变更制度，在企业规章制度中完善关于转岗的规定，明确在员工不能胜任工作时应采取的措施，如接受培训，明确培训后员工仍不能胜任工作岗位，企业可以对其进行转岗的安排；②企业可以在劳动合同中提前确定岗位调整标准，包括关于劳动者胜任岗位的标准、企业可以调整劳动者岗位的情形以及转岗后员工仍不能胜任工作岗位时的处理方法；③企业可以建立定期评价体系，制定明确的绩效考核制度，通过评价体系确定不能胜任岗位工作的员工。同时，可根据评价体系制定配套的奖惩措施（如加薪与降薪、升职与降职等措施）。④以《通知书》《确认书》等书面形式告知员工转岗事项，并书面告知转岗的原因及具体情况。如果仅仅通过口头方式通知员工调动工作地点，不仅难以固定证据，也很容易导致缺乏法律效力的风险。在合理可行的前提下，企业还可以考虑在书面告知中给予员工合理的考虑期限，充分尊重员工的意愿和表达权，进一步降低发生劳动争议的可能性。

第四，规范保存员工档案。正如以上几项措施提到的，从员工入职到日常的管理考核，要通过各种信息文件记录留痕，包括个人信息资料、劳动合同、考核记录、培训记录、奖惩记录、工资台账、用工名册等，这些都会成为员工档案文件。对此，企业必须建立规范的档案管理制度，规范保存劳动者的全部信息档案，将其作为企业对劳动者进行有效管理的依据，也可以在发生劳动纠纷时支撑用人单位主张的证据，是维护企业合法权益的利器。

第五，完善劳动合同解除流程。针对员工主动离职或协商一致离职的情形，应由员工填写相应表单，按企业相关制度规定的程序经领导审批并确保工作交接完成后办理离职。针对企业辞退员工的情形，应当经过内部民主程序，并将书面辞退决定送达劳动者。不论何种情形，在员工正式离职之前均需审查其工作交接情况，避免出现员工带走企业重要资料，给企业造成重大损失等情况。除此以外，在解除劳动关系时，必须与员工签订书面协议或留存相关书面证据，明确劳动关系解除的时间以及工资、经济补偿金、福利待遇等问题，以确保不会产生争议。

三、加强资产管理

企业资产是企业开展经营活动的物质基础，是决定企业存亡的关键性资源。一般来说，我们谈到公司资产首先想到的是固定资产，如房屋建筑物、机器设备、运输工具、办公设备、办公家具等。实质上，根据不同标准进行分类，企业资产可以划分为不同的资产类别，比如流动资产、无形资产、投资性资产等。

企业管理资产的合规性应通过企业制度加以保障，具体涉及采购制度及各类资产管理制度、权限审批制度等。企业可以根据资产的特性进行分类管理，结合企业经营定位、业务领域及内部需求确定管理思路，明确管理分工。有的企业成立独立的资产管理部负责核心资产的运营，有的企业由综合管理部/行政部门配合管理日常使用资产，有的企业将涉及经营业务的资产交由业务部门管理，再定期清点汇总。财务管理部主要负责资产计价与账务处理，法务部主要处理企业资产管理法律纠纷。不管适用何种管理模式，都要明确各部门的职责和管理流程，以企业制度的形式执行落实。

第一，建立健全资产明细台账。做好资产分类、统一编号，建立资产档案。对于固定资产，将购置、验收、启用、调拨、报废、封存等事项及相应审批手续材料进行登记、保存，并定期组织人员开展固定资产盘点，核实固定资产的实有数与账面结存数是否一致、台账记录情况与实际使用状况是否相符。管理制度对公司资产的借出、出售等转移事项尤其需要确保有具体、可操作的规定，比如主管部门负责人、总经理的审批，主管部门的转移手续。如为资产出售，还需要规定资产价值的确定方式及交易流程，同时联合财务部门核实是否需要在公司账目上作出相应调整。对于固定资产的报废处置，主要有两个关键风险点。其一，应确定报废条件，包括：（1）超过使用年限且不能继续使用、改造利用；（2）严重毁损，使固定资产失去了原有的功能并且无法恢复到正常使用的状态；（3）不能动迁的设备因业务需要须拆除；（4）如继续使用容易发生危险；等等。如有必要，可以设置“原始价值达到一定金额的固定资产处置需要经过技术鉴定或评估机构评定符合报废条件方可报废”的规定。其二，明晰报废处置流程，包括评定符合报废条件、审核审批程序、台账处理、账务处理等程序要求。

如果企业的出资资产、经营业务范围中涉及无形资产，鉴于无形资产的形态和性质大不相同，管理过程中应注意的风险点也不一样，建议制定单独的无形资产管理制度。一般拥有无形资产的企业将由与资产业务紧密关联的业务部门担任无形资产管理部门，但诸如土地使用权、公司特许经营权的管理部门和专利权、著作权等专业技术权利管理部门不同，应分别明确管理对象。而无形资产的许可使用、转让和出资应依照法律规定的要求、在合法范围内进行，例如无形资产的出资应符合的法定条件、应履行的法定程序，需要职能部门跟进核实；又如知识产权的对外使用许可，分为普通许可、排他许可或独占许可，职能部门通过商谈了解公司的业务方式，依制度流程开展调研、决策、审批、签约等工作。

第二，完善追责机制。如上所述，各部门对资产管理有其自身的职责，当某个环节出现纰漏，甚至给企业造成损失后果时，如何追溯责任人、落实责任，也需要制定完整的制度。例如，在盘点清查时发现存在固定资产没有入账，应查明出错环节并及时入账；又如，发现资产未经办理相关手续而发生转移、出售，可能给企业带来损失，应根据事前明确的主管部门职责查清原因和责任，确定责任人及处置方式。由于在实践中难以通过管理制度穷尽所有情形，为保证企业管理的灵活性，在制定企业制度时可以保留一定的操作空间，根据情况严重程度将最终决定权分别交由企业的内部组织，如董事会、监事会或股东会，由内部组织视情况作出处理决定。

第二节　注重合规审查

一、合同合规审查

1. 企业合规审查的依据和对象

2015 年，国务院国资委印发《关于全面推进法治央企建设的意见》①，要求中央企业强化依法合规经营，健全依法决策程序，严格落实职工参与、专家论证、风险评估、法律审核、集体决策等程序要求。完善重大决策合法性审查机制，未经合法性审查或者经审查不合法的，不得提交决策会议讨论。构建合规管理工作体系，研究制定统一有效、全面覆盖、内容明确的合规制度准则，加强合规教育培训，努力形成全员合规的良性机制。探索建立法律、合规、风险、内控一体化管理平台。该文件是对中央企业的指示要求，但其内容是所有国有企业、民营企业改革发展的方向，也是提升企业核心竞争力的重要路径。因而，企业合规审查是决策运营的必要环节和基础依据。

关于合规审查的对象和范围，主要包括全面审查和专项审查。全面合规审查是从内部的决策管理到外部的各项合作与各类合同协议，对企业经营管理活动的每个环节是否符合规范进行审查。专项审查往往是根据企业经营范围的领域或具体某个重大决策、合作或项目，有针对性地开展合规审查。

我国对中央企业及地方各级国有企业提出了重点合规审查的要求。依据《中央企业合规管理指引（试行）》第十二条至第十六条的规定，企业合规审查包括对重点领域、重点环节以及重点人员的合规管理。其中，重点领域有市场交易、安全环保、产品质量、劳动用工、财务税收、知识产权、商业伙伴和其他需要重点关注的领域。重点环节包括制度制定、经营决策环节、生产运营环节及其他需要重点关注的环节。重点人员包括管理人员、重要风

---

① 《关于印发〈关于全面推进法治央企建设的意见〉的通知》，http://www.sasac.gov.cn/n2588035/n2588320/n2588335/c4258267/content.html。

险岗位人员、海外人员以及其他需要重点关注的人员。除此以外，对海外投资经营行为的合规管理也需要加强，把握国际规则和投资所在国的法律法规，重视开展项目的合规论证和尽职调查，定期排查海外业务的风险状况。

2022 年 6 月 1 日，广州市律师协会根据国家相关法律法规、最高人民检察院及国务院各部委制定的相关规范性文件、行业规则，结合企业合规的实务经验，发布了《律师开展企业合规法律服务业务指引》（以下简称《指引》），其中关于民营企业的合规工作指引是："针对规模大、管理健全的民营企业可侧重于其建立完善的合规管理体系，全面开展合规管理工作；针对规模小、数量多的中小民营企业可加强针对性，围绕其经营涉及的相关重点合规领域进行。"《指引》第三十条至三十四条提到民营企业的五项合规重点内容：劳动合规、企业治理合规、环境保护合规、税收合规及安全生产合规。民营企业可以借鉴国企重点合规审查的做法和各行业合规工作指引，完善内部的合规计划，在全面合规审查的基础上重视对必要且重要内容的合规审查。

2. 重大合同的合规审查事项

合规审查中的一大板块是合同审查。企业的发展建立在无数个市场交易行为上，不同的市场交易行为需要确立不同类型的法律关系。然而，企业与外界建立关系是为了促进企业发展、增强实力，但行为往往会伴随法律风险，还可能有交易陷阱。出于保护交易安全的目的，合作主体通常需要以合同的形式将法律关系及各方权利义务确定下来，以减少法律纠纷或降低维权成本。实践中，许多中小企业虽然能意识到对合同风险的预防，但对这方面的认知却很容易局限于对合同材料本身的管理和字面审查上。实际上，合同关系不仅包含了主要权利义务界定标准，从订约谈判开始到合约履行完毕，乃至后续很长的一段时间里都将产生法律效力。因此，要做到合同的合规管理，需要关注的是整个交易的过程。

3. 合同订立阶段的法律风险及防控要点

（1）主体审查，即看别人又看自己。在进行具体某项交易（合作）行为之前，需要确定自己和对方有相应的资质，合同才会产生法律效力。比如，建设工程施工合同中，作为承包方，要对发包方的主体资格进行审查，包括建设用地是否取得批准、规划设计是否符合规定、手续是否齐全。而作为发包方，应审查承包方的资质情况，有无承揽工程的资格。在保证合法性的基础上，再判断对方的履约能力和社会信誉，尽可能地避免商业风险。如果未对合同相对方的主体情况进行调查，可能导致合同履行存在风险，企业利益因此受损。所以，在合同签订前期，企业应当具备主体审查意识，通过合同承办部门对合同相对方的主体资格、资信状况等进行充分的调查，其中重点对企业的信用状况、司法涉诉信息，相关授权文件的合法性等进行审查，对重要的合作项目，还需进行尽职调查，如果发现问题可及时沟通、衡量风险程度、商定风险控制和应对措施，进而降低企业自身的风险。例如，拟合作方为企业法人，在调查中发现其控股股东有一个涉诉案件，且该股东持有该公司的股权已被冻结，意味着这部分股权随时有被执行拍卖、转让的风险。虽然，从法律的角度，企业是独立的法人实体，很多人认为只要股东在出资方面没有瑕疵，股权变更不会影响与该企业的合作。但如果在合作过程中，该企业的控股股东变更为其他主体，则意味着该企业的决策权易主，对此次合作项目的推进乃至该企业的发展定位都会带来影响。这种情况下，企业需要充分分析是否继续合作、采取什么措施减少此类风险的发生。

（2）合同谈判，即充分交流且达成共识。这是让准备订立合同的当事人进一步了解、确定权利义务的环节，目的是各方对具体的合作达成一致意见。通常谈判会反复多次进行，交易主体确定大致目标后，针对合作中涉及的实质性问题进行磋商，洽谈具体的合同条款。在法律层面，关注的重点一般包括是否具备合作的基础、涉及的合同要素是否完备、各方权利义务和违约责任是否对等，以及权利义务安排是否具有合理性等方面。如果在谈判前未对合作内容进行充分论证，导致在谈判中存在重大失误或作出不当让步，企业会随时面临巨大的利益损失。

比如，企业洽谈一个新能源项目的投资合作，在了解意向合作伙伴的情况后，通常会关注新能源项目的发展前景、新能源板块中项目落地的可行性、回报周期及回报率、利润率等内容。然而，项目开发建设是否合规也不容忽视，这关系到该投资项目是否合法、能否顺利推进的关键问题。新能源项目的立项不仅需要经过严格的法定核准或备案程序，而且要根据意向投资板块合理规划选址，取得项目的用地（用海）预审和选址意见书。在开发建设前，需要取得相应的合规性文件，除了一般建设项目所需的建设用地规划许可证、建设工程规划许可证和建筑工程施工许可证以外，还要根据项目的选址、占用土地性质等情况，了解项目是否取得电网接入意见、环境影响评价批复、水土保持方案批复、压覆矿产资源证明、安全评价及职业病防护等合规文件。虽然这些事项在投资项目实施后才正式实施，但前期的掌握和调查有利于企业全面把控项目的开发建设，分析合作过程中可能出现的风险和障碍，也是在谈判过程中与合作对象谈判的内容之一。因此，为了预防和及时发现风险点，避免因谈判中的过失造成损失，合同谈判应遵循以下原则。第一，在合同谈判前，业务部门与合同承办部门进行充分沟通，提前进行技术、业务、商务、法律等方面的论证，提出论证方案，作为谈判的依据。第二，对重大经济合同的谈判，法律人员、业务人员、财务人员共同参与，在现场及时分析问题、反馈意见，如此既可提高效率，也能精准把握问题的关键，避免了出现疏漏和偏差。第三，合作的重要事项及谈判中产生分歧的地方应当进行记录，并保留各方意见，将每次谈判过程形成手稿，避免谈判过程过长而偏离原方向，同时也可作为谈判成果的重要凭据。

（3）合同文本拟定、审核。经过前期的调查、论证、谈判，合同当事人对权利义务和责任达成基本一致的约定，而合同文本的起草则是将前期达成的共识以书面形式确定下来。在草拟合同文本的过程中必须对主要条款进行明确约定，一般包括：①名称和住所；②标的；③数量；④质量；⑤价款或报酬；⑥履行期限、地点和方式；⑦违约责任；⑧解决争议的方法。在这些基础条款上再根据具体合作性质和内容特别明确权利义务。合同的条款是否齐备准确，决定了合同能否成立、生效以及能否顺利履行，实现合同目的。合同约定得越全面，在履行中产生的争议就越少，可最大限度地降低企业的风险。

以设备租赁合同为例，有三项内容需明确约定。一是运输交付的方式，应明确交付时租赁设备的状态，以确认租赁期结束后交还的状态，避免交付时即存在的瑕疵由承租人负责；二是对设备的维修保养义务及费用由哪一方承担，有无时间的要求；三是违约责任，如果设备在租赁使用过程中出现故障，应区分原因和情形而约定对应的责任。又如，建设工程施工合同中涉及的阶段较多，相对复杂，以下条款在起草时须格外注意。①工程范围和地点、工期、质量、工程造价的约定。其中，质量条款应明确质量要求和质量标准；合同价款应详细约定工程预付款、进度拨款和竣工结算程序；工期包括开工日期、工程进度及竣工日期，或者注明开工、竣工日期的具体确定方法。②发包人、总承包人、分包人相互关系及各自的责任，如施工条件及基础资料的提供、材料设备供应、各方人员名单。③监理工程师等各方管理人员的职责和权限。④验收方式及流程。⑤缺陷责任与保修条款。⑥影响工期的情形及处理方式。⑦不可抗力的情形，对应的合同主体责任义务、费用及后果的承担。

关于违约责任条款，有的合同直接表述为“违反本合同约定义务的，将依照《民法典》规定承担相应法律责任”，或者仅约定须承担赔偿责任，这种条款是存在弊端的。法律规定中的法律责任大多是方向性、原则性的，如果出现违约时无法确定具体的标准，则可能会产生争议。即使通过诉讼仲裁的手段解决也需要证明因违约行为而遭受的损失，加大了主张违约责任的难度。因此，拟定合同条款时应注意约定各项义务对应的违约责任，尤其是合同的主要义务，且违约责任尽可能明确数额或计算标准。在审查涉及违约金的约定时，应注意：①是否明确约定违约金的内容及性质；②违约金的支付条件是否具体且可操作，是否与合同义务相对应；③约定的违约金能否弥补损失；④违约金标准的设计是否合理，例如，合同核心义务对应的违约金以及附属义务对应的违约金应有所区别。

关于争议解决条款，首先要明确选择仲裁或诉讼的纠纷解决方式，其次是要重视选择管辖法院。在实践中，管辖法院意味着诉讼将在哪里进行，这可能影响取证的难易程度，也关乎诉讼的时间成本和经济成本。《中华人民共和国民事诉讼法》第三十四条规定：“合同或者其他财产权益纠纷的当事人可以书面协议选择被告住所地、合同履行地、合同签订地、原告住所地、标的物所在地等与争议有实际联系的地点的人民法院管辖，但不得违反本法对级别管辖和专属管辖的规定。”一般处在强势的一方会约定产生纠纷后由其所在地人民法院管辖；如果是处在弱势的一方，为了争取权利，可以要求改成“原告方所在地人民法院管辖”。从这里可以看出，争取合同起草权很重要。企业拟定条款时必然会站在己方的立场考虑问题，维护己方权益。而对合同中存在的一些“灰色地带”，起草合同的一方可以设置对自己有利的规定，避开一些对自己不利的情形；而另一方在审查中很难通过给定合同的条款发现这些细微的问题，这就是优势所在。

假设在合同拟定中出现重大纰漏，对合同条款、格式、文字使用审核不严格，一旦合同签订，对企业的利益会造成不可控且不可预计的损失。对此，建议企业建立各类合同示范文本以及配套使用须知，各部门可以参照订立合同，对采购、买卖、服务、租赁、工程类常规业务的合作采取标准合同范本，一定程度上能确保签订的合同条款维护了企业的利益，又能提高效率、避免重复审查。再者，重大经济合同应由法律部门、相关技术部门、业务部门、财务部门联合审查，确定内容后，任何部门不得擅自更改合同。

（4）合同签订。签订环节的审查工作主要在于合同的合法性。比如合同主体与洽谈主体不符或名称与工商登记信息不符、非法人代表签订未得到企业的有效授权、未按内部流程履行签订手续或签订时间不符合规定等，都可能影响合同效力。此外，有些民营企业订立合同的程序不甚严谨，经常出现先签章后填写合同内容、先履行义务后签订合同的情形，这些其实都是不规范且有很大潜在风险的做法。前者对企业来说，既相当于签订了一份内容不确定的合同，也有可能导致合同实质内容出错，或已签署的合同被篡改等等；而后者可能仅基于各方的口头约定或非合法代表的协商过程，没有建立合法的法律关系，所有权利义务和法律责任在各方履行中均处于不确定的状态，容易给企业带来损失而难以主张。因此，在合同订立环节应规避上述风险，做到以下几点。①制定严格的合同签署权限授权机制，企业授权员工对外进行经营活动时，要明确具体的被授权人及信息、授权内容、授权权限和授权时间，杜绝出具加盖公章的空白授权书；如有变动应及时解除授权，并通知与被授权相关的相对方。企业印章、证照遗失、被盗的，应及时登报公示并告知相关业务相对方。②严格执行合同用印管理制度，规范企业公章的使用管理，在章程中明确公章保管人，公章的使用和移交程序。③程序和形式要件上，审查签订人员是否为合法授权主体，该合同签订和履行顺序是否符合逻辑，内容是否完整且合理公平，盖章之前是否已明确标注签订日期，需办理公证备案的合同是否已办理相关手续。④签订后的合同由合同专职部门统一管理；对企业全体人员进行日常培训，不允许倒签合同，注重培养员工的法律风险意识。

2020 年深圳市腾讯计算机系统有限公司与贵阳南明老干妈风味食品销售有限公司的合同纠纷案，对企业在对签约主体及授权的合规审查方面具有一定的警示作用，提醒企业增强合同风险防范意识。

2020 年 4 月 24 日，深圳市腾讯计算机系统有限公司（以下简称“腾讯公司”）向法院提出财产保全的申请，请求查封、冻结被告贵阳南明老干妈风味食品销售有限公司、贵阳南明老干妈风味食品有限责任公司（以下统称“老干妈公司”）名下价值人民币 1624.06 万元的财产。广东省深圳市南山区人民法院作出民事裁定，同意保全申请。腾讯公司称其于 2019 年 3 月与老干妈公司签订了一份《联合市场推广合作协议》，腾讯公司投放广告推广老干妈公司油辣椒系列产品，而老干妈公司却未按照合同约定付款。2020 年 6 月 30 日，老干妈公司发出声明，称其从未与腾讯公司或授权他人与腾讯公司就“老干妈”品牌签署《联合市场推广合作协议》，且从未与腾讯公司进行过任何商业合作。老干妈公司表示，公安机关已经于 2020 年 6 月 20 日决定对此案予以立案侦查。

2020 年 7 月 1 日，贵州警方通报：“经初步查明，系犯罪嫌疑人曹某、刘某利、郑某君三人伪造老干妈公司印章，冒充该公司市场经营部经理，与腾讯公司签订合作协议。其目的是获取腾讯公司在推广活动中配套赠送的网络游戏礼包码，之后通过互联网倒卖非法获取经济利益。”2020 年 7 月 10 日，腾讯公司与老干妈公司发布联合声明，称腾讯公司和老干妈公司已经进行了深入沟通，双方已经澄清误解，腾讯公司已向老干妈公司方面当面致歉，并撤回财产保全申请及诉讼。2020 年 8 月 7 日，贵阳市南明区人民检察院依法以合同诈骗罪批准逮捕冒充老干妈公司工作人员行骗的犯罪嫌疑人。2021 年 2 月 7 日，贵阳市南明区人民检察院依法向贵阳市南明区人民法院提起公诉。2021 年 12 月 29 日，贵阳市南明区法院一审宣判三人冒充老干妈员工诈骗腾讯公司案件，三人分别被判处有期徒刑 12 年、7 年、6 年。

如果这三名犯罪嫌疑人无法赔偿腾讯公司的损失，腾讯公司将自行承担因合同的合规漏洞而造成的后果。但腾讯公司若是在前期合同磋商阶段，注意核查三名冒充人员的身份、职位和授权，在签署《联合市场推广合作协议》后，向老干妈公司致函，告知其合同签署情况以及履行合同的计划，从多个方面进行验证，防止出现员工超越权限或离职后无权代理公司而以个人名义代表公司签订合同的情况，或许可以避免此次事件的发生。

4. 合同履行及产生纠纷时的法律风险及防范要点

（1）合同履行。

这里将合同履行过程中遇到的问题分为几种情形，企业可根据不同情形采取相应防范措施或主张权利。

情形一：中止履行

根据《民法典》规定，如果互负债务的当事人之间约定了先后履行顺序，而应当先履行债务的一方未履行的，后履行一方有权拒绝其履行请求；如果先履行一方履行债务不符合约定的，后履行一方有权拒绝其相应的履行请求。

当企业作为应当先履行债务的一方，发现对方存在以下情况，可以行使先履行抗辩权，中止履行，并及时通知对方，让其提供担保或者承诺恢复履行能力的期限。①经营状况严重恶化；②转移财产、抽逃资金，以逃避债务；③丧失商业信誉；④有丧失或者可能丧失履行债务能力的其他情形。如果对方在一定期限内未恢复履行能力且未提供适当担保，企业可以解除合同，并请求对方承担违约责任。但需要注意的是，在采取中止履行措施之前，应有确切证据证明对方符合上述几种情形，不可随意滥用先履行抗辩权，否则将被认为是己方违约，须承担违约责任。倘若企业自身发生突发事件或在投资方面进行重大调整，预见到己方可能影响合同履行，应及时与对方协商变更合同，调整合作内容，一方面争取对方谅解，尽量避免己方承担违约责任，另一方面给对方缓冲时间，减少对方的损失，也减少己方所要承担的法律责任。

情形二：变更合同

关于合同的变更，可以经合同当事人协商一致约定，亦可由法院或仲裁机构裁判。根据《民法典》第五百三十三条规定，如果在合同成立后，合同的基础条件发生了无法预见且不属于商业风险的重大变化，继续履行合同将对当事人一方明显不公平，受不利影响的当事人可以与对方重新协商，变更合同条款。如果在一定期限内协商不成功，当事人可以请求人民法院或者仲裁机构变更或者解除合同。

在双方当事人协商变更合同约定时，应注意以书面形式确定变更事宜，相当于签订补充协议。流程上，对补充协议的审查应按照一般合同审查的核心要素和程序进行，保证其合法有效，并应重新梳理整个合作流程。内容上，明确指出主合同哪一部分发生变更及变更后的约定，并明确其他内容是否依照主合同履行。而且在变更某一项内容时，可能带动其他义务履行的变更，应当全面审查，比如买卖合同的货物迟期交付，除了约定延长交付期限以外，如果原合同中已约定具体的付款日期，亦应当相应地顺延，并另行约定新的交付日期。而付款时间也可能涉及开具发票的义务，亦需要同时明确。

情形三：撤销合同

合同撤销权是指撤销权人享有对意思表示不真实但已经生效的合同予以撤销、使合同归于无效的权利。《民法典》第一百四十七条至第一百五十一条规定，合同若存在重大误解、欺诈胁迫、显失公平等情形，行为人可请求撤销，如行为人依法行使撤销权，被撤销的合同将自此没有法律约束力。

"基于重大误解实施的民事法律行为，行为人有权请求人民法院或者仲裁机构予以撤销。"

"一方以欺诈手段，使对方在违背真实意思的情况下实施的民事法律行为，受欺诈方有权请求人民法院或者仲裁机构予以撤销。"

"第三人实施欺诈行为，使一方在违背真实意思的情况下实施的民事法律行为，对方知道或者应当知道该欺诈行为的，受欺诈方有权请求人民法院或者仲裁机构予以撤销。"

"一方或者第三人以胁迫手段，使对方在违背真实意思的情况下实施的民事法律行为，受胁迫方有权请求人民法院或者仲裁机构予以撤销。"

"一方利用对方处于危困状态、缺乏判断能力等情形，致使民事法律行为成立时显失公平的，受损害方有权请求人民法院或者仲裁机构予以撤销。"

重大误解可以从行为的性质，对方当事人，标的物的品种、质量、规格和数量等方面进行判断。行为人对合同主要内容或关键要素产生错误认识，导致其作出的行为决定与其真实意思存在较大误差，在此类情形下，行为人可基于重大误解请求撤销合同。但同时，行为人需充分证明其存在的误解关乎合同主要内容和根本目的的实现且达到重大程度，且误解不是由于行为人的过错或重大过失而造成的。重大误解制度只为行为人因轻微过失造成的误解行为提供救济[①]。

---

① 何继祥、王利冬：《重大误解的构成和撤销权的行使方式》，《人民司法》2012 年第 20 期。

在郎溪锦林铜业有限公司与常州德而比焊接设备有限公司买卖合同纠纷一案中，原告郎溪锦林铜业有限公司主张被告常州德而比焊接设备有限公司支付货款时，被告以重大误解为由抗辩。二审法院认为，行为人主张的误解是由于自己的疏忽而发生的不应有的误解，从作为一笔交易的当事人应该具有最起码的谨慎角度来讲，被告如果认为前一份交易合同中其支付的一笔大额预付款尚未退还，则不会若无其事地履行后一份合同，也不会在后一份交易合同履行过程中贸然付款给对方，更不会轻率地再与对方就付款计划达成一致意见并进一步履行部分付款义务。因此，被告以重大误解为由要求撤销付款计划的理由，最终未被二审法院支持。

欺诈行为一般有两种，一种是其明知真实情况，却不告诉对方，反而告知虚假情况；另一种是隐瞒真实情况，没有如实告诉对方。但并非凡涉及虚假信息的合同都属于可撤销合同，要根据欺诈行为的严重程度、欺诈行为对另一方真实意思表示的影响大小、实现合同的目的、受损害方受损害的程度等因素综合考量。例如，江苏泰州中院判决刘某等诉靖江碧桂园公司商品房销售合同纠纷案则是不构成欺诈的典型案例。该案中，原告刘某与被告靖江碧桂园公司签订《商品房买卖合同》，购买该公司开发的商品房并支付了购房款。后被告在房屋销售过程中的相关广告宣传、价格公示行为被人举报，经工商行政管理局和物价局认定，因虚假宣传和不正当价格受到行政处罚。虽然被告关于企业资质、商品房热销程序、价格优惠等方面的宣传信息存在不实之处，对原告的购房意向有一定程度的影响，但上述宣传信息本质上并不属于合同内容，并非唯一或直接影响刘某决定是否购买的关键性因素，故并没有导致原告对其实际签订的合同内容产生错误认识。一审及二审法院认为，虽然法律赋予了相对方撤销合同的权利，但并不意味着凡是一方当事人存在欺诈行为，相对方一律可主张予以撤销合同。相对方只有在因为被欺诈而产生错误认识并基于错误认识作出了非真实意思表示的情况下，才有权主张撤销或变更合同。再者，根据一般的认知，购房者在购房前必定对房屋的质量、价格、地段、环境、生活配套设施、交通等方面进行综合考虑后才会作出购买与否的意思表示，而且涉案合同中出卖方主体、所购房屋的地理位置、结构、质量和价格等内容明确，系双方平等协商后达成的，且并无证据证明合同约定的内容与真实情况不一致。因此，被告的广告宣传、价格公示等涉案行为并未使原告对其所购房屋的质量、价格、地段等合同内容产生错误认识，其签订合同购买涉案房屋系其真实意思表示，该涉案合同不属于可撤销合同。

胁迫往往涉及危害家人及亲人的健康、生命、财产等，使对方在心理上产生恐惧，而且这些手段本身是非法的，是法律所不允许的。而显失公平的认定，是在订立合同的时间节点存在显失公平、构成明显的利益失衡，要结合市场状况、交易习惯、缔约背景、合同目的、约定的权利义务等因素综合认定。一般来说，合同内容对双方当事人明显不公平，体现为一方承担更多的义务却享有更少的权利，而另一方享有更多的权利却承担更少的义务。

再来说一说债权人行使的撤销权。企业一方难免与外界合作交易，产生债权债务关系。如果在企业与债务人产生了债权关系后，债务人放弃其到期债权、放弃债权担保、无偿或低价转让财产、与第三方达成可能损害己方利益的协议等出于恶意影响己方（企业）债权实现的行为，作为债权人的企业对债务人的行为享有撤销权，此类情形下，企业同样应当及时向人民法院申请行使撤销权，维护自身债权利益。

《民法典》第四百一十条规定："债务人不履行到期债务或者发生当事人约定的实现抵押权的情形，抵押权人可以与抵押人协议以抵押财产折价或者以拍卖、变卖该抵押财产所得的价款优先受偿。协议损害其他债权人利益的，其他债权人可以请求人民法院撤销该协议。"

《民法典》第五百三十八条规定："债务人以放弃其债权、放弃债权担保、无偿转让财产等方式无偿处分财产权益，或者恶意延长其到期债权的履行期限，影响债权人的债权实现的，债权人可以请求人民法院撤销债务人的行为。"

《民法典》第五百三十九条规定："债务人以明显不合理的低价转让财产、以明显不合理的高价受让他人财产或者为他人的债务提供担保，影响债权人的债权实现，债务人的相对人知道或者应当知道该情形的，债权人可以请求人民法院撤销债务人的行为。"

《民法典》第五百四十条规定："撤销权的行使范围以债权人的债权为限。债权人行使撤销权的必要费用，由债务人负担。"

除了上述几种因意思表示不真实而产生的合同撤销权及债权人撤销权以外，对于限制民事行为能力人订立的合同，善意相对人可以在合同被追认之前行使撤销权（《民法典》第一百四十五条）；对于无权代理人（包括没有代理权、超越代理权或者代理权终止）以被代理人名义订立的合同，善意相对人在合同被追认之前可以行使撤销权（《民法典》第一百七十一条）。这两种情形的撤销应当以通知的方式作出。

情形四：解除合同

合同解除分为法定解除和约定解除两种情形。《民法典》中规定的法定解除情形有：①因不可抗力致使不能实现合同目的；②在履行期限届满前，当事人一方明确表示或者以自己的行为表明不履行主要债务，相当于有履约能力但拒绝履行；③当事人一方迟延履行主要债务，经催告后在合理期限内仍未履行；④当事人一方迟延履行债务或者有其他违约行为致使不能实现合同目的；⑤法律规定的其他情形。约定解除包括合同中约定的解除事由以及当事人协商解除，前者即当提前约定的解除合同事由发生时，解除权人可以解除合同。例如，房屋租赁合同中约定，出租方迟延交付房屋达 30 天，承租方可解除合同；货物买卖合同中约定，买方未按时支付货款超过 7 日，卖方有权解除合同；采购服务合同中约定，乙方无法达到甲方的服务要求或无法如期提交服务成果，甲方可单方解除合同……诸如此类，只要在合同中明确约定触发条件即可解除的，均为约定解除权。

总而言之，解除合同的核心基础在于合同的根本目的无法实现，所以在合同没有特别约定的前提下，并非对方出现违约行为即可行使单方解除权，而是要证明对方的行为导致己方不能实现合同目的。但当事人的单方解除权是适用除斥期间的，即要在一定时间内行使：如果法律有特别规定或当事人约定解除权行使期限，期限届满当事人不行使的，该权利消灭；如果没有特殊规定或约定，自解除权人知道或者应当知道解除事由之日起一年内不行使或经对方催告后在合理期限内不行使的，解除权亦会消灭。

无论是约定解除还是法定解除，建议企业以书面形式落实，通过签订解除协议、发出解除通知等方式确定解除日期及解除前有无义务尚未履行、是否需要继续履行等问题，比如房屋租赁合同中的费用结算和房屋交还，通知对方应在某日前清退所有物品，归还房屋。合同一般自解除通知到达对方时解除；如果通知载明债务人在一定期限内不履行债务则合同自动解除，债务人在该期限内未履行债务的，合同自通知载明的期限届满时解除。

情形五：及时行权

法律规定和合同约定是当事人主张权利的基础，可以作为维护当事人合法权益的依据。然而，纸上赋予的权利并不是永久性的，也不能形成长期保障，因此，在合同关系中，怠于行权对企业来说是严重的合规漏洞，企业必须精准掌握每段法律关系中的权利义务及相应的时限，不要做在“权利上睡觉的人”，及时行使享有的权利，避免不必要的损失。首先，我们要清楚在实践中容易出现哪些怠于行权的风险和后果，下面主要分析四种类型。

第一种是怠于行使撤销权。

为了避免逾期或错误行使权利的情况发生，权利人应从三个方面着手合规：①了解撤销权的事由及构成条件；②掌握正确行权的方式；③把握行使权利的期限。由于撤销权属于形成权，其行使期限是除斥期间，该期限不可中断、中止或者延长，若权利人不及时行使撤销权，在法定期间届满时则丧失该项权利。《民法典》第一百五十二条规定，重大误解的当事人应自其知道或应当知道撤销事由之日起九十日内行使撤销权，受胁迫的当事人应自胁迫行为终止之日起一年内行使撤销权，其他事由的合同撤销权应自当事人知道或应当知道撤销事由之日起一年内行使。如果当事人知道撤销事由后明确表示或者以自己的行为表明放弃撤销权，则撤销权将依法消灭。需要注意的是，如果自撤销事由发生之日起超过 5 年，无论当事人是否知道撤销事由，于何时知道撤销事由，当事人都不再享有撤销权，此为《民法典》规定的撤销权的最长除斥期间。

《民法典》第一百五十二条规定：“有下列情形之一的，撤销权消灭：（一）当事人自知道或者应当知道撤销事由之日起一年内、重大误解的当事人自知道或者应当知道撤销事由之日起九十日内没有行使撤销权；（二）当事人受胁迫，自胁迫行为终止之日起一年内没有行使撤销权；（三）当事人知道撤销事由后明确表示或者以自己的行为表明放弃撤销权。当事人自民事法律行为发生之日起五年内没有行使撤销权的，撤销权消灭。”

《民法典》第五百四十一条规定：“撤销权自债权人知道或者应当知道撤销事由之日起一年内行使。自债务人的行为发生之日起五年内没有行使撤销权的，该撤销权消灭。”

第二种是怠于行使解除权。

对于依法可以随时解除的合同，或可以解除合同的约定情形出现后，未及时行使合同解除权保护权利人一方的利益，则要承担怠于行权的后果。

《民法典》第一百九十九条规定："法律规定或者当事人约定的撤销权、解除权等权利的存续期间，除法律另有规定外，自权利人知道或者应当知道权利产生之日起计算，不适用有关诉讼时效中止、中断和延长的规定。存续期间届满，撤销权、解除权等权利消灭。"

《民法典》第五百六十四条规定："法律规定或者当事人约定解除权行使期限，期限届满当事人不行使的，该权利消灭。法律没有规定或者当事人没有约定解除权行使期限，自解除权人知道或者应当知道解除事由之日起一年内不行使，或者经对方催告后在合理期限内不行使的，该权利消灭。"

根据上述规定，对约定的解除权行使期限，遵照意思自治的原则，只要是合同当事人共同达成的合意，且没有违反法律、行政法规强制性规定，没有违反公序良俗则有效，当事人应当遵守约定在此期限内行使权利。若没有明确约定行使期限，且没有特别法规定，则自权利人知道或应当知道解除事由起一年内为有效的解除权行使期限。如经过对方当事人催告，所谓"合理期限"则需结合具体案情和双方沟通情况，根据交易习惯、诚信原则进行裁量确定。如果在对方当事人催告后的合理期限内没有行使解除权，该权利同样消灭，合同关系存续，权利义务应当继续履行。

因此，综合几种解除合同的情形，对处于履行合同阶段的企业的建议是，在法定期限内或约定解除事由发生时，切忌拖延决策。如果是权利人一方，应第一时间采取措施与对方交涉沟通，综合判断对方继续履行合同的可能性及等待成本，按照约定或以合理的方式送达解除通知。《民法典》规定，一般单方主张解除合同的，合同自通知到达对方时解除；如通知载明债务人在一定期限内不履行债务则合同自动解除，债务人在该期限内未履行债务的，合同自通知载明的期限届满时解除。如未通知对方，直接以提起诉讼或者申请仲裁的方式依法主张解除合同，人民法院或者仲裁机构确认该主张的，合同自起诉状或者仲裁申请书送达对方时解除。如是被解除的一方，在可能涉及对方解除的情形出现时，为了明确自身义务是否仍需继续履行，可以催告对方行使解除权，并在催告函中明确期限，避免双方产生争议而出现扩大损失的情况。

第三种是怠于行使代位权。

债权人行使代位权是一种合同保全制度。因债务人怠于行使其到期债权，对债权人造成损害的，债权人可以突破合同的相对性，向人民法院请求以自己的名义代位行使债务人对相对人（次债务人）的权利。但在行使代位权之前，需符合以下条件：第一，债权人与债务人之间存在合法的债权债务关系；第二，债权人对债务人的债权已到期，或者虽未到期，但是债务人的债权或者与该债权有关的从权利存在诉讼时效期间即将届满或者未及时申报破产债权等情形；第三，债务人对相对人的债权已到期，否则不属于怠于行使；第四，债务人的该项权利并非专属于债务人自身，而是允许他人代位行使的，例如不属于劳动报酬、侵权赔偿款项这类具有人身属性的债务；第五，债务人怠于行使上述债权的行为影响债权人的到期债权实现，对债权人造成损害的。

《民法典》第五百三十五条规定："因债务人怠于行使其债权或者与该债权有关的从权利，影响债权人的到期债权实现的，债权人可以向人民法院请求以自己的名义代位行使债务人对相对人的权利，但是该权利专属于债务人自身的除外。代位权的行使范围以债权人的到期债权为限。债权人行使代位权的必要费用，由债务人负担。"

《民法典》第五百三十六条规定："债权人的债权到期前，债务人的债权或者与该债权有关的从权利存在诉讼时效期间即将届满或者未及时申报破产债权等情形，影响债权人的债权实现的，债权人可以代位向债务人的相对人请求其向债务人履行、向破产管理人申报或者作出其他必要的行为。"

《民法典》第五百三十七条规定："人民法院认定代位权成立的，由债务人的相对人向债权人履行义务，债权人接受履行后，债权人与债务人、债务人与相对人之间相应的权利义务终止。债务人对相对人的债权或者与该债权有关的从权利被采取保全、执行措施，或者债务人破产的，依照相关法律的规定处理。"

若行使代位权的请求得到支持，债权人的债权可以部分甚至全部实现。但如果债权人没有及时行使代位权，意味着放任次债务人自由处分资产，或者优先偿还其他债务，可能导致债务人的该项债权真正被主张的时候，已无财产受偿。如果债权人及债务人过久没有对此项债权行使权利，还可能造成债权超过诉讼时效，次债务人以此抗辩，会给债权人造成极大的损失。因此，企业对债务人的经济状态以及债权债务情况的掌握很重要，一方面，可以在前期对债务人进行充分尽职调查，了解其资信情况及债务履行能力，与债务人保持沟通，跟进债务人的经营、经济情况；另一方面，做好债权债务台账，对即将到期的债权，提前做好跟进调查工作，及时主张债权。如果发现债务人怠于行使其债权，出现可代位求偿的可能，则积极行使权利。

第四种是怠于行使合同履行中的抗辩权、求偿权等其他权利。

第一，在合同关系中，当事人要定期追踪合作进展，并根据合同的实际履行情况及时反馈并迅速反应。例如，企业 A 与企业 B 合作成立公司时，协议约定企业 A 实缴的某笔注册资金定向用于运作某个项目，但事实上，合作公司的运作主要由企业 B 负责，企业 A 没有建立用款监督机制，且没有及时跟进资金使用情况和拟投入项目的进展，企业 B 将资金投入其他项目或者用于其他用途后，企业 A 只能为自己的疏忽买单，事后弥补，通过追究企业 B 的违约责任挽回损失。

第二，及时行使抗辩权、求偿权等合同赋予的权利。假设合同中约定在对方交付成果后 5 日内提出异议，否则视为验收合格，或者约定对方提出异议的 5 日内应作出回应，否则视为异议成立，而实际履行合同的过程中，企业可能因工作对接、层层汇报、讨论决策等环节出现问题而未依约给予反馈，则根据合同默认验收合格或接受异议，这通常会影响整个合同主要内容的履行情况，甚至可能导致合同目的无法实现。

第三，当对方已经出现违约行为或在义务履行期限届满前出现预期违约的情形时，应第一时间采取相关措施避免损失扩大，并向合作方提出异议，同时，可依据法律规定在履行期限届满前主张对方的违约责任。但如果无法判断未来是否会发生对方不履行合同的情形，当事人也可以依据《民法典》第五百二十七条的不安抗辩权制度，首先中止己方履行，并催告对方，给对方一个恢复履行能力和提供担保的机会。

无论出现哪种情况，第一个重点是企业要实行完善的合同进度追踪和闭环管理制度，定期了解合作方、交易方的状态及态度。第二个重点是增强证据意识，留存痕迹，包括对方履行合同的情况和所有沟通往来记录，并针对履行情况和所获得的信息作出准确预判，行使相应的权利，最大限度地减少损失。

（2）合同纠纷。

如果各方当事人在履行合同中产生争议，要采取多种应对措施，争取主动权，避免因应对措施不当而导致己方在日后诉讼中处于不利地位。

上文提到的证据意识发挥着重要的作用，为将来的诉讼或仲裁增加了一成胜算。前文提到，合同经办人要及时收集信息，注重保留合同履行过程中各阶段的证据，包括合同文本及补充协议、关于合同履行中各方沟通协商的资料或记录、变更内容的痕迹，对方没有依照合同约定履行的证据等全方位的证据材料，这些是合同纠纷中维护和主张己方权利的基础，也是胜诉的关键。一旦发现履行不恰当或合作方主体情况出现异常，应向企业法务部门反映情况，如有必要，还应向企业管理层汇报，判断风险，及时商定下一步应对措施。

在合同争议处置过程中，未采取有效的法律措施、未妥善保管有效的法律文件，是企业在合同管理中容易出现的漏洞，需要通过合规管理进行完善。在信息化时代，通过电话或微信语音随时可以联络对方，但享受便利的同时也要注意难以固定证据这一风险。为了确保证据文件的效力，建议每次关于合同的沟通均以书面形式进行。如果以书面形式沟通，文本上应显示对方的名称、联系方式，并注意记录送达时间、事后规范保留原件。

必要时可以给对方发律师函。根据当事人的需求和想要达到的目的，在处理争议时可能用到的律师函大致有以下几类。（1）催告类，这是较为常用的一类，主要是为了督促第三方及时履行义务，如催款律师函，用于追回被拖欠的合同款项等。当一方发生合同违约的情形时，可以委托律师向其发出律师函，敦促违约方纠正违约行为，继续履行合同和固定违约事实，告知损失等，一旦将来发起诉讼，可作为损失认定的证据。（2）警告类，主要是为了防止或制止某种行为的发生或继续发生，可以在预判对方可能出现违约无法履行合同时发出。（3）公示类，用于澄清或告知有关事实，比如出现法定或约定解除情形，解除权人以律师函的形式通知违约一方解除合同。善于利用律师函处理合同纠纷，根据不同合同关系的履行情况，可以实现制止违约行为、中断诉讼时效、澄清事实、解除合同、转移维权费用承担主体等目的，而且律师函严谨、专业的表述，便于当事人在留存证据的同时，也确保文书的内容合法有利，送达规范有效。

二、项目合规审查

项目合规审查分为政府部门的审查、行业机构组织的审查及企业内部的审查。从企业自身的角度看，对项目进行合规审查，大前提是要知道“规”是什么，怎样才是“合规”的操作以及合规风险点是什么。所以，审查工作的第一步是掌握这些内容，不同领域、不同项目的审查的侧重点也大不相同。项目所属范畴，涉及领域的法律规范和地方政策、企业的常规做法和常见的管理风险漏洞，都建立在与项目有关的专业知识之上，也依赖于审查者的信息检索能力和判断力。对此，接下来就资产管理、安全生产、环境保护及知识产权四个领域的相关项目讨论合规审查的内容。

（一）资产管理

在资产管理领域，合规管理工作范围要比法律工作范围更加广泛，合规管理工作不仅需要工作人员熟知相关法律、法规、规章，还需要了解企业经营管理、业务运营以及风险管理的特点，实际上，在具体业务中，资产管理合规工作本身也是风控的一个重要组成部分。下面将分三个板块进行分析。

1. 清产核资，产权界定

目前我国关于清产核资及产权界定的要求主要针对国有企业、国有独资公司、持有国家股权的单位以及以其他形式占有国有资产的企业，民营企业资产管理的全面性、系统性、规范性的提升，可以在实践中参照国有企业的相关规定，并将其拓展到企业日常合规管理中。

根据 2003 年国务院国有资产监督管理委员会发布的《国有企业清产核资办法》，企业清产核资包括账务清理、资产清查、价值重估、损溢认定、资金核实和完善制度等内容。①账务清理是指对企业的各种银行账户、会计核算科目、各类库存现金和有价证券等基本财务情况进行全面核对和清理，以及对企业的各项内部资金往来进行全面核对和清理，以保证企业账账相符，账证相符，促进企业账务的全面、准确和真实。②资产清查是指对企业的各项资产进行全面的清理、核对和查实。在资产清查中把实物盘点同核实账务结合起来，把清理资产同核查负债和所有者权益结合起来，重点做好各类应收及预付账款、各项对外投资、账外资产的清理，以及做好企业有关抵押、担保等事项的清理。③价值重估是对企业账面价值和实际价值背离较大的主要固定资产和流动资产按照国家规定方法、标准进行重新估价。④损溢认定是指国有资产监督管理机构依据国家清产核资政策和有关财务会计制度规定，对企业申报的各项资产损溢和资金挂账进行认证。⑤资金核实是指国有资产监督管理机构根据企业上报的资产盘盈和资产损失、资金挂账等清产核资工作结果，依据国家清产核资政策和有关财务会计制度规定，组织进行审核并批复准予账务处理，重新核定企业实际占用的国有资本金数额。参照国有企业清产核资规定，当企业资产损失和资金挂账超过所有者权益，或者企业会计信息严重失真、账实严重不符时；当企业受重大自然灾害、重大紧急情况等不可抗力因素影响，或企业账务出现严重异常情况，出现重大资产损失时，则有开展清产核资行动的必要性。

企业实施清产核资按下列步骤进行：①指定内设的财务管理机构、资产管理机构或者多个部门组成的清产核资临时办事机构，负责具体组织清产核资工作；②制定本企业的清产核资实施方案；③聘请符合资质条件的社会中介机构；④按照清产核资工作的内容和要求具体组织实施各项工作；⑤向同级国有资产监督管理机构报送由企业法人代表签字、加盖公章的清产核资工作结果申报材料。

企业在清产核资中应当认真清理各项长期积压的存货，以及各种未使用、剩余、闲置或因技术落后淘汰的固定资产、工程物资，并组织力量进行处置，积极变现或者收回残值。无论是国有企业还是民营企业，都尽力实现资产的保值、增值。对于清产核资清出的各项资产损失和资金挂账，应依据国家清产核资有关法律、法规、规章和财务会计制度的规定处理。

产权登记分为占有产权登记、变动产权登记和注销产权登记。根据《企业国有资产产权登记管理办法》规定，产权登记是为了健全国有资产基础管理制度，防止国有资产流失，具体是指国有资产管理部门代表政府对占有国有资产的各类企业的资产、负债、所有者权益等产权状况进行登记，依法确认产权归属关系的行为。就国有企业而言，占有产权登记的主要内容包括：出资人名称、住所、出资金额及法定代表人；企业名称、住所及法定代表人；企业的资产、负债及所有者权益；企业实收资本、国有资本；企业投资情况；

国务院国有资产管理部门规定的其他事项。而要求办理变动产权登记的情形主要有：①企业名称、住所或者法定代表人改变的；②国有资本占企业实收资本比例发生变化的；③企业分立、合并或者改变经营形式的。当企业解散、被依法撤销或者被依法宣告破产，或者企业转让全部产权或者企业被划转时，应当办理注销产权登记。民营企业若以上述模式管理资产，可以制定相应的内部产权登记制度，对于企业重大经营活动或重大事项变更、涉及重大产权变更时，结合资产相应的文件、凭证、报表，配合做好资产登记统计手续，便于日后经营管理。

2. **资产利用**

资产利用包括企业投入经营活动、合作运营、租赁、承包等形式。首先需要掌握不同资产利用方式和活动对应的法律、法规及行业规定。

（1）以资产投资为例，企业通过投资建设固定资产获取回报收益，而在投资项目开展的前、中、后期，均需要联合各领域、各类型规定进行合规审查。国家发展和改革委员会出台的《企业投资项目核准和备案管理办法》就特殊领域和类型的投资项目规定了核准、备案的程序要求，大体原则是对关系国家安全、涉及全国重大生产力布局、战略性资源开发和重大公共利益等项目实行核准管理，其他项目实行备案管理。该办法所称企业投资项目（以下简称“项目”），是指企业在中国境内投资建设的固定资产投资项目，包括企业使用自己筹措的资金的项目，以及使用自己筹措的资金并申请使用政府投资补助或贷款贴息等的项目。企业投资建设固定资产投资项目，应当遵守国家法律法规，符合国民经济和社会发展总体规划、专项规划、区域规划、产业政策、市场准入标准、资源开发、能耗与环境管理等要求，依法履行项目核准或者备案及其他相关手续，并依法办理城乡规划、土地（海域）使用、环境保护、能源资源利用、安全生产等相关手续，如实提供相关材料，报告相关信息。

企业办理项目核准手续，应当按照国家有关要求编制项目申请报告，项目申请报告主要包括以下内容：①项目单位情况；②拟建项目情况，包括项目名称、建设地点、建设规模、建设内容等；③项目资源利用情况分析以及对生态环境的影响分析；④项目对经济和社会的影响分析。在取得项目核准后，若出现建设地点发生变更，投资规模、建设规模、建设内容发生较大变化，项目变更可能对经济、社会、环境等产生重大不利影响等重大情形，项目单位应当及时以书面形式向原项目核准机关提出变更申请。

实行备案管理的项目，项目单位应当在开工建设前通过在线平台将相关信息告知项目备案机关，依法履行投资项目信息告知义务，并遵循诚信和规范原则。项目备案机关应当制定项目备案基本信息格式文本，内容包括：①项目单位基本情况；②项目名称、建设地点、建设规模、建设内容；③项目总投资额；④项目符合产业政策声明。项目备案后，项目法人发生变化，项目建设地点、规模、内容发生重大变更，或者放弃项目建设的，项目单位应当通过在线平台及时告知项目备案机关，并修改相关信息。

企业的资产合规管理活动应当以制度为基础，首先制定投资决策合规制度，明确决策机构，如投资决策委员会，分层分级针对不同规模、不同价值的资产投资合作设置合理恰当的决策流程。在研讨投资行为之前，开展有针对性的可行性研究，从运营成本、投资回报、预期利润、投资风险等多方面综合分析，提高整体决策的全面性。

（2）资产租赁，实践中最常见的就是物业、设备租赁。关于租赁的合规注意事项主要有以下几点。一是建议一律采用书面形式明确租赁重要事项及双方权利义务，如租期在六个月以上却未采用书面形式，无法确定租赁期限的，将依法被视为不定期租赁，这无论对出租方还是承租方而言都是不确定的风险。注意租赁期限控制在二十年以内，依照《民法典》规定，租赁期限超过二十年的部分无效。假设企业就承租物业与出租方签订的合同约定四十年期限，前期投入大量资金装修改造升级，但在法定的二十年租期届满后，出租方不同意继续出租，企业依据合同约定是无法主张使用物业四十年的权利的，可能因此蒙受巨大的损失。

二是，除了《民法典》第十四章就租赁合同的内容、租赁期限、租赁用途、租赁物的保管和维修、租金的支付、租赁物的转租转让等进行了一般性的规定外，主要针对国有企业的资产出租作出了具体规定。欲探讨民营企业的资产租赁合规措施，可以通过研究国有企业的管理模式和规范程序，适当借鉴、应用。

（3）土地资产管理。土地分为国家所有和集体所有，此处讨论企业的土地资产实质上是企业拥有的权利，包括土地使用权、土地经营权等。

城镇国有土地对应的为土地使用权，适用《中华人民共和国城镇国有土地使用权出让和转让暂行条例》。企业可依照此条例规定以出让、转让、出租、抵押等方式取得土地使用权，进行土地开发、利用、经营。土地使用者应当按照土地使用权出让合同的规定和城市规划的要求，开发、利用、经营土地。未按合同规定的期限和条件开发、利用土地的，将面临警告、罚款甚至无偿收回土地的处罚。如在经营活动中需要改变土地使用权出让合同规定的土地用途的，应当征得出让方同意并经土地管理部门和城市规划部门批准，依照规定重新签订土地使用权出让合同，调整土地使用权出让金，并办理登记。土地使用权的转让行为中，企业可以是转让方，亦可以是受让方，使用权转让时应签订转让合同，且土地上建筑物、其他附着物所有权一并随之转让。土地使用权转让后的使用年限为土地使用权出让合同规定的使用年限减去原土地使用者已使用年限后的剩余年限，期满后土地使用权即终止。

农村集体土地对应的是土地经营权，相关法律、法规有《中华人民共和国农村土地承包法》（以下简称《农村土地承包法》）、《中华人民共和国土地管理法》《农村土地经营权流转管理办法》等。承包方可以采取出租（转包）、入股或者其他符合有关法律和国家政策规定的方式流转土地经营权，也就是租赁给他人从事农业生产经营，或将土地经营权作价出资。土地经营权流转应遵循五大原则：①依法、自愿、有偿，任何组织和个人不得强迫或者阻碍承包方流转土地经营权；②不得改变承包土地的所有权性质和其农业用途，不得破坏农业综合生产能力和农业生态环境；③流转期限不得超过承包期的剩余期限；④受让方须有农业经营能力或者资质；⑤在同等条件下，本集体经济组织成员享有优先权。

根据《农村土地承包法》规定，发包方将农村土地发包给本集体经济组织以外的单位或者个人承包，应当事先经本集体经济组织成员的村民会议三分之二以上成员或者三分之二以上村民代表的同意，并报乡（镇）人民政府批准，而且应当对承包方的资信情况和经营能力进行审查后，再签订承包合同。

《农村土地经营权流转管理办法》第二十九条规定，对工商企业等社会资本流转土地经营权，县级以上地方人民政府依法建立分级资格审查和项目审核制度。①涉及未承包到户集体土地等集体资源的，应当按照法定程序经本集体经济组织成员的村民会议三分之二以上成员或者三分之二以上村民代表的同意，并与集体经济组织签订流转意向协议书。②受让主体按照分级审查审核规定，分别向乡（镇）人民政府农村土地承包管理部门或者县级以上地方人民政府农业农村主管（农村经营管理）部门提出申请，并提交流转意向协议书、农业经营能力或者资质证明、流转项目规划等相关材料。③经地方人民政府主管（农村经营管理）部门审查审核通过后，再签订土地经营权流转合同。如果受让方将流转取得的土地经营权再流转或向金融机构融资担保，应当事先取得承包方书面同意，并向发包方备案。取得土地经营权后，土地经营权人应该维持土地的农业用途，未经依法批准不得用于非农建设，依法保护和合理利用土地，不得给土地造成永久性损害。如果擅自改变土地的农业用途、弃耕抛荒连续两年以上、给土地造成严重损害或者严重破坏土地生态环境，则可能被终止土地经营权流转合同，如果对土地和土地生态环境造成损害，应承担赔偿责任。如果企业的建设占用土地行为涉及农用地转为建设用地，还应当依法按土地类型及相应审批层级办理农用地转用审批手续。

3. **资产处置**

资产处置主要是指资产的转让、置换、报废、损失核销等行为。为保证资产处置途径、方法合规，也确保公司资产不流失，一方面，企业应明确资产处置的条件；另一方面，应设置分层级的处置审批权限和审批流程。对于大宗大件、价值高、风险大的资产处置，建议企业制定专门的处置方案，在征询资产评估、资金财务、法务等部门意见后，由企业高层进行集体讨论决策，方可确定最终处置方案。在落实方案过程中，要确定主管部门及该方案负责人，进行处置进度的跟踪、汇报，及时反映处置特殊情况，以便于规避风险。

（二）安全生产

安全生产事关人民福祉，事关经济社会发展大局。安全生产合规是企业合规管理工作的重点，是企业防范生产风险、实现可持续发展的重要保证。《中华人民共和国安全生产法》（以下简称《安全生产法》）作为安全生产合规领域的重要法律依据，关系着各责任主体防范安全生产事故风险和安全生产合规的义务。随着2021年9月1日新修订的《安全生产法》正式施行，安全生产加大了监管和执法力度，安全生产事关民事责任、行政责任乃至刑事责任的风险，企业、企业主要负责人、安全生产管理人员等相关责任主体应当认识到安全生产合规的必要性和重要性，重视合规审查工作。

现行安全生产法律体系主要有《安全生产法》《中华人民共和国消防法》《中华人民共和国职业病防治法》《劳动法》《中华人民共和国道路交通安全法》《中华人民共和国海上交通安全法》《中华人民共和国矿山安全法》《中华人民共和国建筑法》《中华人民共和国电力法》《中华人民共和国铁路法》《中华人民共和国公路法》《中华人民共和国民用航空法》《中华人民共和国港口法》《中华人民共和国煤炭法》《安全生产许可证条例》《建筑工程安全生产管理条例》《生产安全事故应急条例》等。除此以外，安全生产合规还应当明确掌握各项标准，包括国家标准、行业标准、地方标准、团体标准和企业标准。国家标准是国务院标准化行政主管部门依照《中华人民共和国标准化法》制定的，分为强制性标准和推荐性标准。在全国范围内适用的安全生产技术规范，属于强制性安全生产标准。行业标准为推荐性标准，是国务院有关部门和直属机构对同一安全生产事项的技术要求。企业可以根据需要自行制定企业标准，或者与其他企业联合制定企业标准，可以高于强制性国家标准，但是不得与之相抵触。

立足中国国情，企业安全生产管理的根源问题是安全意识不强，触发安全生产事故风险的直接原因是客观上安全条件的缺乏，直接原因是根源问题的外在表现。在许多中小企业或安全事故风险较低领域的企业，相关负责人可能认为发生安全事故的概率低，即使发生事故也不会造成很大影响，不足以引起对安全生产合规审查的重视，更不值得耗费成本去提高安全指数。在这些观念的驱使下，自然缺少“领头羊”着手完善企业的安全管理机制，不会全面规范地制定、审查和更新内部管理制度；在经济成本和利益的驱动下，即使出现安全设备配套不齐全、性能不佳、长期缺乏检修等缺陷，企业也总会在概率事件面前选择节省成本，存在侥幸心理。然而，企业的每个生产运营环节都宛如“走钢丝”，只会形成处处是法律“雷点”的局面。

《安全生产法》规定，矿山、金属冶炼、建筑施工、运输单位和危险物品的生产、经营、储存、装卸单位，应当设置安全生产管理机构或者配备专职安全生产管理人员，除此以外的其他生产经营单位，从业人员超过一百人的，应当设置安全生产管理机构或者配备专职安全生产管理人员；从业人员在一百人以下的，应当配备专职或者兼职的安全生产管理人员。在强化企业合规的背景下，企业及相关责任人应当恪尽职守，依法履行职责，梳理企业及个人的安全生产合规义务及管理职责，明确主体责任，基于以往在企业的安全生产管理工作中存在的漏洞，梳理如何完善安全生产合规制度、识别安全生产合规风险并有针对性地进行整改、补漏，落实各项法规政策要求的合规措施，全面提高企业安全生产合规管理体系建设水平。接下来将从以下几个方面讨论如何重视合规管理。

1. 企业安全生产教育培训

安全生产教育是安全生产中至关重要的一环。我国企业的安全生产条件之所以不完善，很大程度上是因为安全生产意识淡薄。《安全生产法》明确要求，生产经营单位应当对从业人员进行安全生产教育和培训，保证从业人员具备必要的安全生产知识，熟悉有关的安全生产规章制度和安全操作规程，掌握本岗位的安全操作技能，了解事故应急处理措施，知悉自身在安全生产方面的权利和义务。未经安全生产教育和培训合格的从业人员，不得上岗作业。只有企业自上而下加强对安全生产合法合规性的认识，员工具备相应的知识，才能有意识地采取关键有效的措施防范风险，从而提升企业的安全生产水平。

我国强调重视安全生产工作，树立安全发展理念，要求强化安全执法、落实安全生产主体责任，同时倡导各行业及企业举办安全培训活动。如2018年至2019年，中国消防协会连续两年召开中国石油石化安全生产与应急管理技术交流大会；2020年末至2021年初，中国施工企业管理协会举办了两次建筑企业线上培训活动；中国水利工程协会于2021年开展水利水电工程施工企业安全生产“三类人员”网络培训服务。但为何在开展过数次安全生产培训后，有的企业仍无法做到安全生产？其中的原因主要有两点。

（1）缺乏专业人员。许多中小企业的安全管理人员不具备相关的专业能力，企业内部不具备培训的条件，因为经济成本的问题，不考虑委托外部机构或讲师提供体系化的培训。直接的负面结果是，企业没有制定相应的安全生产培训制度或相关监督管理制度，没有建立专门化、系统化培训的体系，更不会制定针对企业经营领域的培训计划。面对企业内部生产种类多及员工岗位不同的现实情况，千篇一律的培训无法满足不同岗位的需求。此外，安全生产相关法律法规及各类标准随时更新，员工缺乏系统化培训，都给企业发展带来巨大的隐患。

（2）培训趋向形式化。对于不重视安全生产培训的企业来说，开展培训工作可能只是迫于政府、行业或社区的要求，培训次数屈指可数，培训内容就是政府、行业或社区提供的资料，有的企业甚至没有开展实质性培训，更别说产生效果。

那么，企业该如何合法合规开展安全生产培训工作，落实主体责任，履职尽责呢？首先，我们需要了解的一个重要的问题是哪类人员必须接受专业培训。

根据《生产经营单位安全培训规定》①，工矿商贸生产经营单位有组织制定并实施本单位安全生产教育和培训计划的义务，应当进行安全培训的从业人员包括主要负责人［涵盖有限责任公司或者股份有限公司的董事长、总经理，其他生产经营单位的厂长、经理、（矿务局）局长、矿长（含实际控制人）等］、安全生产管理人员、特种作业人员和其他从业人员。由于各行业领域的企业、企业生产经营各类岗位的工作内容、工作需求及安全风险不同，对应的培训要求必然存在差异。

（1）培训对象和内容。

对于工矿商贸生产经营单位主要负责人和安全生产管理人员，主要培训内容均包括：①国家安全生产方针、政策和有关安全生产的法律、法规、规章及标准；②安全生产管理、安全生产技术知识；③国内外先进的安全生产管理经验；④典型事故和应急救援案例分析。其中，主要负责人还需学习：①重大危险源管理、重大事故防范、应急管理和救援组织以及事故调查处理的有关规定；②职业危害及其预防措施。安全生产管理人员还需学习：①职业卫生知识；②伤亡事故统计、报告及职业危害的调查处理方法；③应急管理、应急预案编制以及应急处置的内容和要求。

加工业、制造业等生产单位的其他从业人员，在上岗前必须经过厂

① 《生产经营单位安全培训规定》，https://www.gov.cn/zhengce/2006-01/17/content_5712856.htm。

（矿）、车间（包括工段、区、队）、班组三级安全培训教育。厂（矿）级岗前安全培训内容应当包括：①本单位安全生产情况及安全生产基础知识；②本单位安全生产规章制度和劳动纪律；③从业人员安全生产权利和义务；④有关事故案例等。煤矿、非煤矿山、危险化学品、烟花爆竹等生产经营单位厂（矿）级安全培训除包括上述内容外，还有事故应急救援、事故应急预案演练及防范措施等内容。车间（包括工段、区、队）级岗前安全培训内容至少包括：①工作环境及危险因素；②所从事工种可能遭受的职业伤害和伤亡事故；③所从事工种的安全职责、操作技能及强制性标准；④自救互救、急救方法、疏散和现场紧急情况的处理；⑤安全设备设施、个人防护用品的使用和维护；⑥本车间（包括工段、区、队）安全生产状况及规章制度；⑦预防事故和职业危害的措施及应注意的安全事项；⑧有关事故案例。班组级岗前安全培训内容还要有岗位安全操作规程及岗位之间工作衔接配合的安全与职业卫生事项。

（2）培训时长。

根据《生产经营单位安全培训规定》，煤矿、非煤矿山、危险化学品、烟花爆竹等生产经营单位主要负责人和安全生产管理人员安全资格培训时间不得少于 48 学时，每年再培训时间不得少于 16 学时；新上岗的从业人员安全培训时间不得少于 72 学时，每年再培训时间不得少于 20 学时。其他领域的生产经营单位主要负责人和安全生产管理人员安全资格培训时间不得少于 32 学时，每年再培训时间不得少于 12 学时；新上岗的从业人员岗前安全培训时间不得少于 24 学时。除此以外，《国务院安委会关于进一步加强安全培训工作的决定》（安委〔2012〕10 号）规定，建筑企业要对新职工进行至少 32 学时的安全培训，每年进行至少 20 学时的再培训；非高危企业新职工上岗前要经过至少 24 学时的安全培训，每年进行至少 8 学时的再培训。

（3）培训档案要求。

《安全生产法》第二十八条第四款规定，生产经营单位应当建立安全生产教育和培训档案，如实记录安全生产教育和培训的时间、内容、参加人员以及考核结果等情况。

2. **安全生产许可**

国家对矿山企业、建筑施工企业和危险化学品、烟花爆竹、民用爆炸物品生产企业实行安全生产许可制度，分别由其对应的监督管理部门负责颁发安全生产许可证和管理。《安全生产许可证条例》第六条规定，这些企业应当具备以下条件才能取得安全生产许可证："（一）建立、健全安全生产责任制，制定完备的安全生产规章制度和操作规程；（二）安全投入符合安全生产要求；（三）设置安全生产管理机构，配备专职安全生产管理人员；（四）主要负责人和安全生产管理人员经考核合格；（五）特种作业人员经有关业务主管部门考核合格，取得特种作业操作资格证书；（六）从业人员经安全生产教育和培训合格；（七）依法参加工伤保险，为从业人员缴纳保险费；（八）厂房、作业场所和安全设施、设备、工艺符合有关安全生产法律、法规、标准和规程的要求；（九）有职业危害防治措施，并为从业人员配备符合国家标准或者行业标准的劳动防护用品；（十）依法进行安全评价；（十一）有重大危险源检测、评估、监控措施和应急预案；（十二）有生产安全事故应急救援预案、应急救援组织或者应急救援人员，配备必要的应急救援器材、设备；（十三）法律、法规规定的其他条件。"企业未取得安全生产许可证的，不得从事生产活动。企业取得安全生产许可证后，不得实施任何转让行为。具体的申请条件及监督管理要求根据企业所属领域的不同，可参考各项部门规章，如《危险化学品生产企业安全生产许可证实施办法》《煤矿企业安全生产许可证实施办法》《非煤矿矿山企业安全生产许可证实施办法》《民用爆炸物品安全生产许可实施办法》《烟花爆竹生产企业安全生产许可证实施办法》。

安全生产许可证的有效期为 3 年，因此企业应做好系统登记提醒，防止许可证过期。如果需要延期，注意应在许可证期满前 3 个月向原安全生产许可证颁发管理机关办理延期手续。如果企业在许可证有效期内严格遵守有关安全生产的法律法规，未发生死亡事故，则在有效期届满时，经原安全生产许可证颁发管理机关同意，无须经过审查，许可证有效期可延期 3 年。一旦在有效期满后未办理延期手续，仍继续进行生产活动，企业将面临没收违法所得、罚款等行政处罚。

3. **健全管理制度**

为了让主体分工明确，保障安全工作实施到位，提高效率的同时落实主体责任，企业应建立健全安全生产责任制度和风险防控制度，识别企业生产运营中的危害因素、风险等级，明确各部门负责的板块、各级管理人员职责范围，针对每一类的危害等级制定防控措施。另外，可以采取签订目标责任书的方式，除了明确义务和责任，将安全生产责任落实到各部门、岗位和职工个人以外，还可以通过设置相应的激励措施，使责任主体自觉发现漏洞、自我完善。日常的管理工作方面，企业可以根据常见的安全风险和状况建立常态化的隐患排查和处理制度，实行定期排查及不定期抽查，根据发现的隐患、安全事故情况更新应急预案，并举行员工应急演练，让员工熟悉应急事件的处理办法，减少事故发生和损失。

4. 事故报告和处理

如发生安全事故，事故现场有关人员应立即向本单位负责人报告，如果情况紧急，也可以直接向安全生产监督管理部门报告。报告内容应包括：①事故发生单位概况；②事故发生的时间、地点以及事故现场情况；③事故的简要经过；④事故已经造成或者可能造成的伤亡人数（包括下落不明的人数）和初步估计的直接经济损失；⑤已经采取的措施；等等。单位负责人接到事故报告后，应当于1小时内向事故发生地安全生产监督管理部门报告，并立即启动相应事故的应急预案，或者采取有效措施，组织抢救，防止事故扩大，减少人员伤亡和财产损失。同时，要注意妥善保护事故现场以及相关证据，任何人不得破坏事故现场、毁灭相关证据。

5. 建设工程的特殊主体责任

对于从事建设工程的新建、扩建、改建和拆除等有关活动，与建设工程安全生产有关的单位必须遵守安全生产法律、法规的规定，取得相应行为的资质资格，保证实施主体合法，依法承担建设工程安全生产责任。根据《建设工程安全生产管理条例》，建设工程包括土木工程、建筑工程、线路管道和设备安装工程及装修工程，具体还有《公路水运工程安全生产监督管理办法》《水利工程建设安全生产管理规定》《建筑施工企业主要负责人、项目负责人和专职安全生产管理人员安全生产管理规定》等文件规定的建设工程。

下面将基于法律、法规分析建设单位、施工单位、监理单位等主体相应的责任义务。

（1）建设单位的安全责任。建设单位应当向施工单位提供施工所需的完整资料，包括施工现场及毗邻区域内供水排水、供电、供气、供热、通信、广播电视等地下管线资料，气象和水文观测资料，相邻建筑物和构筑物、地下工程的有关资料等，并保证所提供的资料真实、准确、完整。对勘察、设计、施工、工程监理等单位提出要求时，应在建设工程安全生产相关法律、法规和强制性标准规定允许范围内提出，并按照合同约定的工期进度进行，不得压缩工期。在编制工程概算时，应确定建设工程安全作业环境及安全施工措施所需费用，保证安全作业方面的保障工作。

程序方面，建设单位在申请领取施工许可证时，应当提供建设工程有关安全施工措施的资料。依法批准开工报告的建设工程，建设单位应当自开工报告批准之日起 15 日内，将保证安全施工的措施报送建设工程所在地的县级以上地方人民政府建设行政主管部门或者其他有关部门备案。对于拆除工程，建设单位应当在施工 15 日前，向上述部门报送施工单位资质等级证明，拟拆除建筑物、构筑物及可能危及毗邻建筑的说明，拆除施工组织方案，堆放、清除废弃物的措施，以进行备案。

（2）施工单位的安全责任。其一，施工单位应当具备国家规定的注册资本、专业技术人员、技术装备和安全生产等条件，依法取得相应等级的资质证书，并在其资质等级许可的范围内承揽工程。其二，施工单位应当建立健全安全生产责任制度和安全生产教育培训制度，制定安全生产规章制度和操作规程，对所承担的建设工程进行定期和专项安全检查，并做好安全检查记录。其三，开支合理规范。施工单位保证本单位安全生产条件所需资金的投入，对列入建设工程概算的安全作业环境及安全施工措施所需的费用，应当用于施工安全防护用具及设施的采购和更新、安全施工措施的落实、安全生产条件的改善，不得挪作他用。其四，人员结构设置合规。施工单位应当设立安全生产管理机构，配备专职安全生产管理人员，项目负责人应当由取得相应执业资格的人员担任。垂直运输机械作业人员、安装拆卸工、爆破作业人员等特种作业人员，必须按照国家有关规定经过专门的安全作业培训，并取得特种作业操作资格证书后，方可上岗作业。

在开展施工工作时，根据《建设工程安全生产管理条例》第二十六条规定，施工单位应当在施工组织设计中编制安全技术措施和施工现场临时用电方案。对基坑支护与降水工程，土方开挖工程，模板工程，起重吊装工程，脚手架工程，拆除、爆破工程，国务院建设行政主管部门或者其他有关部门规定的其他危险性较大的工程，达到国家制定的“一定规模的危险性较大”

标准的分部分项工程，还应编制专项施工方案，并附具安全验算结果，经施工单位技术负责人、总监理工程师签字后实施，由专职安全生产管理人员进行现场监督。对这些类型的工程，如果涉及深基坑、地下暗挖工程、高大模板工程的专项施工方案，施工单位还应组织专家进行论证、审查。

对实行施工总承包的工程项目，总承包单位对施工现场的安全生产负总责，并且应自行完成建设工程主体结构的施工，切忌转包、违法分包等违规行为。总承包单位依法将建设工程分包给其他单位的，分包合同中应当明确各自在安全生产方面的权利、义务，确定工程量、价格、质量标准、工程进度及验收、维修等问题。

（3）监理单位的安全责任。工程监理单位应在其资质等级许可的监理范围内承担工程监理业务，而且其与被监理工程的承包单位以及建筑材料、建筑构配件和设备供应单位不得有隶属关系或者其他利害关系。工程监理单位应当审查施工组织设计中的安全技术措施或者专项施工方案是否符合工程建设强制性标准，对承包单位在施工质量、建设工期和建设资金使用等方面，代表建设单位实施监督。工程监理单位在实施监理过程中，发现存在安全事故隐患的，应履行职责要求施工单位整改；情况严重的，应当要求施工单位暂时停止施工，并及时报告建设单位。施工单位拒不整改或者不停止施工的，工程监理单位应当及时向有关主管部门报告。

除此以外，勘查、设计、提供设备配件、安装拆卸设施等相关工作单位同样需要充分考虑安全性的问题，规范提供服务。例如，设计单位应当保证其设计成果的合法性及合理性，考虑施工安全操作和防护的需要，在设计文件中注明涉及施工安全的重点部位和环节，并对防范生产安全事故提出指导意见。对采用新结构、新材料、新工艺的建设工程和特殊结构的建设工程，设计单位应当在设计中提出保障施工作业人员安全和预防生产安全事故的措施建议。施工起重机械和整体提升脚手架、模板等自升式架设设施安装完毕后，安装单位应当自检，出具自检合格证明，并向施工单位进行安全使用说明，办理验收手续并签字。

6. 食品生产安全合规

食品生产企业一般是指以农业、渔业、畜牧业、林业或者化学工业的产品、半成品为原料，通过工业化加工、制作，为人们提供食用或者饮用的物品的企业。食品企业合规管理的内容包括资质合规、生产过程合规、产品合规。资质合规是指对食品生产企业资质进行识别和风险分析；生产过程合规是对食品生产过程涉及的食品合规义务进行识别和风险分析；产品合规是指对成品质量安全指标、食品质量安全、标签合规等食品合规义务进行识别和风险分析。

对于食品生产企业人员的要求，根据《食品生产企业安全生产监督管理暂行规定》，从业人员超过 100 人的食品生产企业，应当设置安全生产管理机构或者配备 3 名以上专职安全生产管理人员，鼓励配备注册安全工程师从事安全生产管理工作。除此以外的其他食品生产企业，应当配备专职或者兼职安全生产管理人员，或者委托安全生产中介机构提供安全生产服务。食品生产企业应当对新录用、季节性复工、调整工作岗位和离岗半年以上重新上岗的从业人员进行相应的安全生产教育培训。未经安全生产教育培训合格的从业人员，不得上岗作业。

在日常管理方面，其一，食品生产企业的作业场所应当注意审查生产设施设备、用电设备设施和场所、制冷车间等条件符合相关法律规范的要求，另外，尤其注意涉及烘制、油炸等高温和涉及淀粉等可燃性粉尘爆炸危险的场所、设施设备及岗位，油库（罐）、燃气站、除尘器、压缩空气站、压力容器、压力管道、电缆隧道（沟）等重点防火防爆部位，严格按照国家标准或者行业标准建设维护，采取足够的安全保护措施。其二，食品生产企业应当定期组织对作业场所、仓库、设备设施使用、从业人员持证、劳动防护用品配备和使用、危险源管理情况进行检查，对检查发现的问题应当立即整改；不能立即整改的，应当制定相应的防范措施和整改计划，限期整改。检查应当作好记录，并由相关人员签字。其三，食品生产企业应当加强日常消防安全管理，按照有关规定配置并保持消防设施完好有效。生产作业场所应当设有标志明显、符合要求的安全出口和疏散通道，禁止封堵、锁闭生产作业场所的安全出口和疏散通道。

在特殊情形下，例如食品生产企业涉及生产、储存和使用危险化学品的，应当严格按照《危险化学品安全管理条例》等法律、行政法规、国家标准或者行业标准的规定，根据危险化学品的种类和危险特性，在生产、储存和使用场所设置相应的监测、监控、通风、防晒、调温、防火、灭火、防爆、泄压、防毒、防潮、防雷、防静电、防腐、防泄漏等安全设施、设备，并对安全设施、设备进行经常性维护、保养，保证其正常使用。食品生产企业的中间产品为危险化学品的，应当依照有关规定取得危险化学品安全生产许可证。食品生产企业进行高处作业、吊装作业、临近高压输电线路作业、电焊气焊等动火作业，以及在污水池等有限空间内作业的，应当实行作业审批制度，安排专门人员负责现场安全管理，落实现场安全管理措施。

最高检发布的“随州市Z公司康某某等人重大责任事故案”，是最高检推行“企业犯罪相对不起诉适用机制改革”试点以来，首次对外公布的“安全生产合规不起诉”案例。该案的发布是安全生产领域开展企业合规改革试点的信号。检察机关正在建构企业合规刑事激励途径，教育、警示相关企业建立健全安全生产管理制度，进而遏制生产安全事故多发频发的势头。

企业合规整改案例5：随州市Z公司康某某等人重大责任事故案[①]

【基本案情】

湖北省随州市Z有限公司（以下简称Z公司）系当地重点引进的外资在华食品加工企业，康某某、周某某、朱某某分别系该公司行政总监、安环部责任人、行政部负责人。

2020年4月15日，Z公司与随州市高新区某保洁经营部法定代表人曹某某签订污水沟清理协议，将食品厂洗衣房至污水站下水道、污水沟内垃圾、污泥的清理工作交由曹某某承包。2020年4月23日，曹某某与其同事刘某某违规进入未将盖板挖开的污水沟内作业时，有硫化氢等有毒气体溢出，导致二人与前来救助的吴某某先后中毒身亡。随州市政府事故调查组经调查后认定该事故为一起生产安全责任事故。曹某某作为清污工程的承包方，不具备有限空间作业的安全生产条件，在未为作业人员配备应急救援装备及物资，未对作业人员进行安全培训的情况下，违规从事污水沟清淤作业，导致事故

① 《随州市Z公司康某某等人重大责任事故案》，http://www.cdqbjjcy.gov.cn/dxaj/254584.jhtml。

发生，对事故负有直接责任。康某某、周某某、朱某某作为Z公司分管和负责安全生产的责任人，在与曹某某签订合同以及曹某某实施清污工程期间把关不严，未认真履行相关工作职责，未及时发现事故隐患，导致发生较大生产安全事故。案发后，康某某、周某某、朱某某先后被公安机关采取取保候审措施，Z公司分别对曹某某等三人的家属进行赔偿，取得了谅解。2021年1月22日，随州市公安局曾都区分局以康某某、周某某、朱某某涉嫌重大责任事故罪移送随州市曾都区检察院审查起诉。

【企业合规整改情况和效果】

第一步，审查启动企业合规考察。根据最高人民检察院的案例公布内容，曾都区检察院对涉案企业合规进行审查认为，康某某等人涉嫌重大责任事故罪，属于企业人员在生产经营履职过程中的过失犯罪，同时反映出涉案企业存在安全生产管理制度不健全、操作规程执行不到位等问题。事故报告认定被害人曹某某对事故负有直接责任，结合三名犯罪嫌疑人的相应管理职责，应当属于次要责任。三人认罪认罚，有自首情节，依法可以从宽、减轻处罚。再者，综合考虑涉案企业的社会地位和影响力，Z公司系外资在华企业，是当地引进的重点企业，每年依法纳税，并解决了2500余人的就业问题，对当地经济助力很大。而且Z公司所属集团正在积极准备上市，如果公司管理人员被判刑，对公司发展将造成较大影响。检察机关征询Z公司意见后，Z公司提交了开展企业合规的申请书、书面合规承诺以及企业经营状况、纳税就业、社会贡献度等证明材料，检察机关经审查对Z公司作出合规考察决定。

第二步，检察机关委托当地应急管理局、市场监督管理局、工商联等第三方监督评估机制管委会成员单位以及安全生产协会，共同组成了第三方监督评估组织。第三方监督评估组织指导涉案企业结合事故调查报告和整改要求，按照合规管理体系的标准格式制定、完善合规计划；建立以法定代表人为负责人、企业部门全覆盖的合规组织架构；健全企业经营管理需接受合规审查和评估的审查监督、风险预警机制；完善安全生产管理制度和定期检查排查机制，从制度上预防安全事故再发生，初步形成安全生产领域“合规模板”。Z公司在合规监管过程中积极整改并向第三方组织书面汇报合规计划实施情况。三个月后，第三方组织对Z公司合规整改及合规建设情况进行评估，并报第三方机制管委会审核，结果通过了合规考察。

第三步，检察机关在收到评估报告和审核意见后组织召开公开听证会，邀请省人大代表、省政协委员、人民监督员、公安机关和行政监管部门代表、工商联代表以及第三方组织代表参加听证，参会人员一致同意检察机关对康某某等三人作不起诉处理。2021年8月24日，检察机关依法对康某某、周某某、朱某某作出不起诉决定。

这个案件取得的阶段性成果不仅体现在刑事处理结果上获得不起诉决定，更重要的是Z公司通过开展合规建设逐步建立起完备的生产经营、安全防范、合规内控的管理体系，增强了企业管理人员和员工的安全生产意识和责任感，进一步提升了企业的生产效益。

（三）环境保护

企业的环保合规审查是企业环境管理的一部分，在企业制度设计、经营决策、生产运营上严格执行环境保护法律法规，及时发现和整改违规问题。

我国规范环境保护的法律有《中华人民共和国环境保护法》《中华人民共和国海洋环境保护法》，以及某一领域单项的《中华人民共和国大气污染防治法》《中华人民共和国土壤污染防治法》《中华人民共和国水污染防治法》《中华人民共和国固体废物污染环境防治法》《中华人民共和国环境噪声污染防治法》《中华人民共和国放射性污染防治法》，还有与环境保护相关的《中华人民共和国环境影响评价法》（以下简称《环境影响评价法》）、《中华人民共和国环境保护税法》、《中华人民共和国可再生能源法》、《中华人民共和国清洁生产促进法》、《中华人民共和国节约能源法》等。行政法规主要是前述法律规定的配套性规定，将问题具体化落实，例如《排污许可管理条例》《建设项目环境保护管理条例》，海洋工程及海岸工程建设项目的管理条例以及各项实施条例。

目前，我国企业常见的环保管理模式仅仅是由业务部门根据具体的项目或安全生产业务按程序取得审批、许可、报告，被动地接受环境保护主管部门的监管。但是，对于生产加工、建设工程等存在大量污染物排放的企业而言，企业往往缺失系统化管理，没有依法履行程序义务，当违法行为暴露而接受整改时将承担更重的法律责任。出现这种行为的根源在于我国企业及企业家的环境保护意识淡薄，对环境保护的认知还停留在较低层次，往往以追求经济效益为主。当经济目标和环境目标发生冲突时，企业往往抱有侥幸心理，以牺牲环境为代价实现经济目标，更不可能在企业环境保护方面建立合规机制。然而，若企业没有一个单独的部门或者专业机构进行环保合规风险管理，很容易导致企业环保合规风险识别滞后，防范措施不完善，事发后的反应能力不足，从而引发一系列法律风险。因此，企业需要设立专门的职能部门负责环保合规风险管理工作，尤其是排放污染物严重的建筑业领域，应当在实践中填补空缺，既能在客观上监督、纠正企业生产、建设行为，规避风险，又能在规范化管理中提升员工的环保意识，提供专业培训，让员工树立绿色理念。

另外，一些严重污染企业或许已意识到违规风险的严重性，但是由于缺乏整治环境污染的手段，受限于既有的管理、技术和知识水平，难以找到有效的风险识别、风险防范和补救的办法和机制。在这种情况下，企业要针对自身情况明确需求，如果是必须解决而且无法自我完善的，可以借助外部力量，委托第三方机构协助审查，提供管理方案和技术指导，进行整改。

在实务中，涉及环境保护的项目的合规性可从以下几个方面进行审查。

（1）统筹管理。

从企业管理的角度来看，定期跟进企业的项目是一项重要的审查工作。首先，需要做好统筹审查。企业可以通过现场调查、档案报告整理，对相关期间内的在建工程及改扩建项目进行统计，确认已完成项目、在建项目和拟建项目的范围，以表格的形式将各阶段的项目情况记录清楚。其次，更新环保方面的法律、法规及政策文件，审查各项目是否符合当前的环保政策要求，根据项目的不同阶段区分应当取得环境影响评价等相关文件审批、环保设施竣工验收、污染物排放控制、整改措施等环节。

（2）环境影响评价管理。

环境影响评价是建设项目的第一道环保门槛。自 20 世纪 70 年代，我国提出环境影响评价（以下简称“环评”）的概念，到颁布《中华人民共和国环境保护法》《建设项目环境保护管理条例》《环境影响评价法》，环境影响评价的适用范围、内容、程序权限及法律责任逐步得到明确，环评制度通过法律法规的形式确定下来，指引政府和市场主体规范进行环境保护。根据《环境影响评价法》，环境影响评价是指对规划和建设项目实施后可能造成的环境影响进行分析、预测和评估，提出预防或者减轻不良环境影响的对策和措施以及进行跟踪监测的方法与制度。建设项目的环境影响评价与规划的环境影响评价重复。

第一，涉及新建、改建或扩建项目的规划，应严格依照建设项目环评制度审查合规性，无须进行规划的环境影响评价，根据对环境的影响程度、依据真实的基础资料数据和全面的内容编制环评报告书、环评报告表或者填报环评登记表。同时，应按照以下要求审查合规性[①]：①建设项目类型及其选址、布局、规模等应符合环境保护法律法规和相关法定规划；②所在区域环境质量应达到国家或者地方环境质量标准，且建设项目拟采取的措施须满足区域环境质量改善目标管理要求；③建设项目采取的污染防治措施须确保污染物排放达到国家和地方排放标准，并采取必要措施预防和控制生态破坏；④改建、扩建和技术改造项目，应针对项目原有环境污染和生态破坏提出有效防治措施。如建设项目不符合前述规定，将无法取得主管部门的批准。在建设项目的环评文件经法定审批部门审查批准之前，企业无法取得项目建设的审批，在此期间不可开工建设。对依法应当编制环评报告书的建设项目，在编制环评报告书时还须向可能受影响的公众说明情况，充分征求意见。

第二，在取得批准后，如果建设项目的性质、规模、地点、采用的生产工艺或者防治污染、防止生态破坏的措施发生重大变动，就意味着项目的关键因素改变，需要监督企业是否提交重新报批建设项目的环评文件。如果企业在环评文件获取批准后 5 年内没有开工建设，在决定开工建设该项目之前应审查其环评文件有无依据法定要求报原审批部门重新审核。

第三，在项目建设过程中持续跟进，审查企业是否依据环评报告书、环评登记表以及环评文件审批意见中提出的环境保护对策进行整改。环境影响评价的合规管理同时也提醒企业，在项目建设前进行充分的规划可以减少成本损耗，事先了解环评制度的时间和流程，预计项目要素和开展期限，既能

① 《建设项目环境保护管理条例》，https://zwfw-new.hunan.gov.cn/hnvirtualhall/zcwj/detail.jsp?xh=C99472BA34100001AA251E3816EC1EDE。

避免中途发生变数导致程序重复，也能如期有效地实现规划。

（3）排污许可。

我国依照法律规定实行排污许可管理制度，2021 年 1 月 24 日，国务院办公厅发布的《排污许可管理条例》规定，国家根据污染物产生量、排放量、对环境的影响程度等因素对排污单位实行排污许可重点管理和简化管理，实行排污许可管理的企业必须按照排污许可证的要求排放污染物，否则属于违法违规排放。因此，对排污企业的合规审查，主要关注以下三方面。

其一，应确保排污单位按相关法规标准和技术规定向生态环境主管部门就污染物排放种类、排放浓度、污染物排放量等进行申报登记，并领取排污许可证。按照许可证核定的污染物种类、总量控制指标、排放方式和排放去向等要求排放污染物，并按规定交纳排污费。如果是重点排污单位，就应向社会公开其排放的主要污染物的名称、排放方式、排放浓度和总量、超标排放情况，以及防治污染设施的建设和运行情况。

其二，排污单位应当按照排污许可证规定和有关标准规范，依法开展自行监测，并保存原始监测记录。同时，应建立环境管理台账记录制度，依照相关规定如实记录主要生产设施及污染防治设施运行情况或者污染物排放浓度、排放量，向环境保护部门报告排污许可证执行情况，依法向社会公开污染物排放数据并对数据的真实性、准确性负责。原始监测记录与环境管理台账记录的保存期限均不得少于 5 年。排污企业发现污染物排放异常情况（如产生污染物的生产设施设备运行异常、污染物排放浓度和排放量超标、污染防治设施运行操作异常等问题）时，应当立即采取措施消除、减轻危害后果，并通过台账记录原因、后果及措施，及时向生态环境主管部门报告。

其三，根据《排污许可管理条例》规定，排污许可证的有效期为 5 年，如果有效期届满后排污单位仍需继续排放污染物，应当于有效期届满 60 日前向审批部门提出申请。若排污单位的名称、住所、法定代表人或者主要负责人发生变更，应当自变更之日起 30 日内，向审批部门申请办理排污许可证变更手续。若排污单位存在新建、改建、扩建排放污染物的项目，或生产经营场所、污染物排放口位置或者污染物排放方式、排放去向发生变化，或污染物排放口数量或者污染物排放种类、排放量、排放浓度增加，则需要依法重新申请取得排污许可证。因此，排污单位的环保部门或合规部门须关注上述问题，避免许可证过期或不适用。

（4）污染物排放监管。

①污染物排放的常态化监管。取得排污许可证后，排污单位须对建设项目的污染物排放实施常态化审查。根据我国《中华人民共和国环境保护法》第四十一条规定，建设项目中污染防治的设施，应当与主体工程同时设计、同时施工、同时投产使用。防治污染的设施应当符合经批准的环境影响评价文件的要求，不得擅自拆除或者闲置。排污单位废水、废气、废渣等污染物的防护设施建设完毕后，应当有专人维护并可正常使用，确保正常运行，发挥防护作用。日常经营的污染物排放是否超过相关主管部门规定的排放标准，核查企业提交给当地环保部门的污染物排放情况、排污许可证中规定的污染物排放许可要求以及企业自有检测数据，各方数据是否对应一致。

②主要污染物排放总量控制。环保部于 2014 年发布的《建设项目主要污染物排放总量指标审核及管理暂行办法》（以下简称《暂行办法》）规定，建设项目主要污染物排放总量指标，应来源于本五年规划期前建成投运的企事业单位采取减排措施并稳定达到排放标准后形成的“可替代总量指标”；火电建设项目（含其他行业自备电厂）主要大气污染物排放总量指标应来源于本行业，热电联产机组供热部分、垃圾焚烧发电厂及生物质发电厂的总量指标可来源于其他行业；造纸、印染等建设项目主要水污染物排放总量指标应来源于工业企业。其中，火电机组“可替代总量指标”原则上不得用于其他行业建设项目，农业源“可替代总量指标”不得用于工业类建设项目。

另外，各地区在《暂行办法》的基础上制定了地方性规定，企业开展合规工作应掌握当前有效且适用的所有法律规范文件，在此范围内进行审查。在实行排污权交易的地区，建设项目可通过排污权交易获取总量指标。以福州市为例，对于新（改、扩）建项目新增主要污染物排放总量指标应优先来源于福州地区，在福州地区确无法通过市场交易、政府储备出让等方式获取的，方可跨区域进行交易获取。当前实施减排措施的工业排污单位和集中式水污染治理单位所形成的可交易排污权可作为新（改、扩）建项目新增主要污染物排污权总量指标来源。集中式水污染治理单位的可交易排放总量指标不得跨福州市地区交易，其中城镇生活污水处理厂形成的可交易排污权，原则上出让量不超过国家核算减排量的 30%。

实践中，企业可通过第三方专门环境监测机构的监测数据来监管建设项目污染物排放是否达到主要污染物排放总量控制目标和污染物减排指标，排污权交易有无违规操作，“可替代总量指标”来源是否合法，避免企业内部人员擅自操作、串通、非法牟利行为的发生，亦可以预防企业监督管理制度漏洞。

③检查企业用款流程，确保排污费用开支经过内部有效审批和规范程序，并通过污染物排放台账记录污染物种类、排放量及费用产生依据，对常涉及排污项目的企业，建议以自测系统导入数据和信息，提高审查效率。同时，定期核对企业的排污费缴费凭证和企业内部账目的相关数据，确保各方各类信息的匹配性，防止出现监管漏洞和违规操作。

④污染物处置。根据所排放的污染物类别确定不同的管理审查重点，如工业废水和生活废水、各类废气、油烟及粉尘根据处理工艺、排口及去向进行管理。一般固体废物及危险物质进行分类处置，经过收集、分类、贮存、回收、运输、无害处理等流程，依照不同标准进行管理。对可以利用的一般工业固体废物加以利用，对暂时不利用的，要建设贮存设施，危险废物贮存场所必须设置清晰规范的标识标牌，贮存场所必须为独立的封闭场所且满足“三防”要求，严禁混合收集、贮存、运输、处置性质不相容而未经安全性处置的危险废物。噪声污染则从生产工序、施工活动等源头进行监控，安置消音器或降噪设备，保持分贝监测。

⑤建立纠纷处罚应急机制。通过对生产场所周边进行勘察，了解是否有其他相关的排污通道或者污染现象，对周边可能受影响的相关企业、居民进行调查。当发生环境事故、污染侵权纠纷及其他纠纷情况时，由业务部门第一时间反馈给法务部门及管理层，跟进事件发展情况，走访企业经营地、主管部门，积极与法院或仲裁机构沟通，尽早介入，减少纠纷解决成本。如果发现违规排放情况或外部控诉，应按照相关法律规范中的规定初步判断企业遭受环保处罚的可能性、环境主管部门可能采取哪些强制措施、对企业的日常生产经营可能造成什么影响等问题，并第一时间对违法违规行为进行整改，采取补救措施，减少环境危害后果。对法律、法规中不明确的衡量标准和数据，可以参考地方性文件规定及环保部门公布的监测信息。

（四）知识产权

2021 年 12 月发布的《企业知识产权合规标准指引（试行）》对知识产权合规风险进行了界定，知识产权合规风险是指企业及其员工因知识产权不合规行为，引发法律责任，造成刑事追责、经济或声誉损失以及其他负面影响。其中包括："（一）专利权法律风险。①专利许可权滥用风险、专利申请权争议风险、被侵犯专利的风险、被提起专利侵权诉讼的风险、专利转让纠纷风险等；②未能有效开发和实施专利的风险、管理不善导致专利失效的风险等。（二）商标权法律风险。①商标申请风险，商标未注册或被他人抢先注册、申请类别不全、重点类别保护力度不够、申请的标识不全面；②商标使用风险，申请地域不全、未对目标市场全面布局、对商品或服务类别越权使用或许可他人使用、侵犯他人在先权利、商标不规范使用等。（三）著作权法律风险。①职务作品、委外创作、版权商的权属确定风险；②作品素材侵权风险；③互联网信息网络传播权侵权；④许可使用和转让中的法律风险等。（四）商业秘密风险。①被他人盗窃、以间谍或黑客手段窃取；②内部员工被收买；③对外宣传、合作过程中泄露；④员工离职泄密等。

根据最高人民检察院 2021 年的工作总结，全国检察机关共批捕侵犯知识产权犯罪共 4590 件 7835 人，同比分别上升 16.8%和 9.2%。起诉侵犯知识产权犯罪共 6565 件 14020 人，同比分别上升 12.3%和 15.4%；会同国家版权局等督办 60 起重大侵权盗版案件；共受理涉知识产权民事生效裁判、调解书监督案件 538 件，同比上升 3 倍。其中，发布指导性案例，起诉侵犯商业秘密犯罪 121 人，是 2020 年的 2.4 倍；起诉假冒注册商标罪共 6024 人，销售假冒注册商标的商品罪 5084 人，非法制造、销售非法制造的注册商标标识罪 1083 人，还有数罪和他罪中包含的侵犯商标权犯罪，合计占起诉侵犯知识产权犯罪总人数的九成。[①] 可见，商标权是知识产权犯罪行为的主要侵犯对象。此外，在公布上述数据的新闻发布会中，最高人民检察院知识产权检察办公室

① 《最高人民检察院关于全面加强新时代知识产权检察工作的意见》，https://www.spp.gov.cn/spp/xwfbh/wsfbh/202203/t20220301_546231.shtml。

主任还总结了知识产权刑事犯罪案件呈现出的特点与趋势。[①]

第一，网络侵犯知识产权成为重要侵权方式。随着信息技术的快速发展，许多不法分子借助互联网实施侵权行为。例如，有的利用直播带货的形式销售假冒伪劣产品，且花样不断翻新，使得办案难度增大。2021 年，最高检会同国家版权局等六部门，分两批对 60 起重大侵权盗版案件进行联合挂牌督办，其中网络侵权案件占到总数的近一半。犯罪手段为利用网络爬虫、视频解析、深度链接等，犯罪主体除了一般的自然人和单位外，还包含网络服务商和网络内容提供商。

第二，科教文化和信息科技领域侵权呈现多发态势。除了烟酒、食品、服饰、化妆品等传统领域，随着高新技术的发展，人工智能、移动互联网、区块链等新业态成为知识产权集中行业。大数据、5G 技术、新材料等信息科技领域侵犯知识产权犯罪案件不断增加。

第三，呈现团伙化、产业化、链条化趋势。2021 年，检察机关共起诉侵犯知识产权犯罪 1.4 万人，其中共同犯罪约 1 万人，占比达到 68.3%，较整体刑事案件共同犯罪比例高 28.2%。犯罪主体借助网络技术和现代物流交通，和上下游犯罪分子将犯罪行为链条化切割，呈现人货分离、货品商标分离、组装加工场所和库房分离、侵权地和销售地分离等特征。

因此，在知识产权侵权打击力度加大的新形势下，企业的知识产权合规风险随之增高，建设企业知识产权合规体系、提升企业知识产权合规水平成为保证企业稳定发展的重中之重。从整体思路上看，主要应从完善企业内部监管制度和提升外部知识产权水平两个层面进行。

（1）内部监管制度。

《企业知识产权合规标准指引（试行）》第三章提到合规管理制度体系涉及合规审查及不合规调查、合规举报、绩效评价、文件信息化管理及保密管理等方面，主要内容如下。

第一，企业应建立健全规范化的知识产权事务管理和决策流程，将知识产权合规审查作为规章制度制定、重大事项决策、重要合同签订、重大项目

① 《最高检：商标权仍是知识产权犯罪行为主要侵犯对象》，http://www.stdaily.com/index/kejixinwen/202203/6fdb10377bb54e12b67db21e052ab17b.shtml。

运营等经营管理行为的必经程序，及时对不合规的内容提出修改建议，未经合规审查不得实施。及时、彻底地调查对本企业及员工或有关第三方不当行为的任何指控或怀疑。调查企业的应对性文件、采取的一切纪律或补救措施，以及在吸取经验教训后对知识产权合规管理体系的修订。查明不当行为的根源、知识产权合规管理体系的漏洞和责任缺失的原因，包括管理者、最高管理层和治理机构的行为、职责。对查明的原因进行审慎分析，分析应考虑企业人员的数量、水平，以及不合规的程度、普遍性、严重性、持续时间和频率等因素。

第二，企业应为相关人员设立举报机制、求助热线、情况反馈机制、建议箱等，为供应商、承包商等第三方设立投诉处理系统，重点搜集有关企业不合规情况、合规疑问及对合规有效性和合规绩效评价等的反馈内容。

第三，企业通过设立科学的知识产权合规绩效考核评价指标，科学评价各部门合规工作绩效及合规工作贡献，把知识产权合规绩效考核评价纳入对各部门及相关负责人的年度综合考核，将员工的合规履职情况作为员工考核、提拔、评先选优等工作的重要依据。

第四，企业应建立文件信息化管理制度和保密管理制度，确保对企业管理中形成的相关知识产权的重要过程予以记录、标识、保护、保存；对行政决定、司法判决、律师函等外来文件进行有效管理，确保其来源与取得时间的准确性。外来文件和记录文件应当完整，明确保管方式和保存期限。文件管理体系的载体，不限于纸质文件，也包括电子文件。明确涉密人员，设定保密登记和接触权限，对容易造成企业知识产权秘密流失的设备，规范其使用人员、使用目的、使用方式；明确涉密信息范围，规定保密等级、保密期限和传递、保存及销毁的要求；明确涉密区域，规定客户及参访人员活动范围等。

（2）管理运行。

基于上述管理制度的建立，《企业知识产权合规标准指引（试行）》第十八条至第二十二条规定了具体落地实施的企业合规管理运行体系，共包含以下四个环节[①]。

---

① 《企业知识产权合规标准指引（试行）》，https://spcip.org.cn/home/news/detail/zczx/zcdt/681203722025435136。

第一，获取合规。企业应及时申请注册登记各类知识产权，明确有关专利申请、集成电路布图设计登记、商标注册、著作权登记、商业秘密保护等知识产权获取及其后续维护或主动放弃的管理措施和工作程序。

第二，维护合规。企业应明晰处置和运营知识产权管理规定，明确职务发明成果的界定条件以及委托或合作开发成果知识产权归属的处置原则，明确有关专利权、商标权、著作权等知识产权转让、许可、投资、质押的管理措施和工作程序。

第三，运用合规。企业应注重生产经营环节知识产权管理，明确在原材料及设备采购（包括软件等）、技术和产品开发、技术转让（许可）与合作、委托加工、产品销售、广告宣传或展销、招投标、进出口贸易、企业合资及并购和上市等环节中所可能涉及的各类知识产权事务的管理措施和工作程序。

①企业采购活动中的知识产权管理。企业应收集相关知识产权信息，必要时应要求供方提供权属证明；做好供方信息、进货渠道、进价策略等信息资料的管理和保密工作；在采购合同中应明确知识产权权属、许可使用范围、侵权责任承担等内容。

②企业生产活动中的知识产权管理。注意发现有知识产权价值的创新成果，及时采取相应的知识产权保护措施；对生产过程中不宜对外公开的操作规程、各种报表和试验记录、检验检测记录等，应建立相应的保密制度，采取相应的保密措施；承揽委托加工、来料加工、贴牌生产等加工业务时，注意规避对外加工业务中的知识产权风险，明确双方知识产权权利义务、保密责任。

③企业研发活动中的知识产权管理。建立研发活动的知识产权跟踪检索分析与监控制度；明确对研发成果的知识产权归属管理；加强对研发活动的保密管理，建立技术研发档案、记录管理制度，确保研发活动具有可追溯性；加强对研发成果申请专利的挖掘与质量的管控。

④企业营销活动的知识产权管理。对产品即将投放的市场进行同类产品知识产权状况的调查分析，防止遭遇知识产权侵权指控；正确使用注册商标或专利号等知识产权标志，对消费者和有关市场主体进行必要提醒；建立产品销售市场监控机制，多渠道监控同类产品的市场情况；对侵权行为应当进行重点信息收集，必要情况下进行公证。

第四，上市审查。企业上市前，应对已有的无形资产的法律状态、存续年限、法律风险等进行整体评估与规划；对上市公司准备使用的无形资产的权属和法律状态以及招股说明书中的相关内容进行审查；完整地披露知识产权获取、丧失、转让等信息。

如果企业开展涉外知识产权业务，还应当对拟引进的技术或者产品的相关知识产权状况进行调查分析，并对侵权风险进行综合评估；签订技术或产品引进合同、输出合同（包括代理合同）应明确技术或产品引进的许可方式和范围、后续改进成果的归属和分享、权利维护、双方的保密责任和义务、引进技术或产品发生知识产权侵权时供方应承担的法律责任等内容。

（3）风险管理。

企业可根据《企业知识产权合规标准指引（试行）》，将所识别的知识产权合规风险分为三类：重大知识产权风险、中等知识产权风险、一般知识产权风险。

①重大知识产权风险包括：法律、规则、准则以及地方法治环境的重大变化对经营活动产生的知识产权风险；监管机构出具的各类处罚决定、监管意见、风险提示等情况；向监管机构报送证明性材料、专项汇报材料、监管意见落实整改情况、各类合规材料等相关情况；业务开展过程中存在的违反法律、规则和准则的重大知识产权风险信息；各类制度文件中存在的不符合法律、规则和准则要求的情况；因知识产权合规问题导致企业被诉的情况；其他应被确定为重要合规风险的事项。

②中等知识产权风险包括：企业经营活动中新出现的知识产权风险或原有风险的变化；既定合规风险应对方案执行情况及执行效果发生变化，不能全部达成原来目标；对企业经营可能存在一定影响，但影响较小或未来造成直接损失较小；其他可以被认定为中等合规风险的事项。

③除上述重大知识产权风险、中等知识产权风险外，企业对推动知识产权合规管理、提升依法合规经营管理水平、保障公司持续健康发展影响较小，需要通过加强管理等方式进行完善的事项，作为一般知识产权风险事项进行管理。

明晰各风险等级后，企业应根据不同的合规风险类型制定和选择知识产权风险应对方案，应对方案包括总体方案和专项方案。对重大风险事项，企业合规管理部门和各部门应共同研究出台具体整改方案，明确整改主体、具体责任人、整改时间节点等具体要求，合规管理部门以月为时间节点统计整改完成情况，并及时向企业决策层汇报。

第三节　开展合规尽职调查

在企业合规机制的建立和实践落地中，法律工作是关键的一环，其中律师担任着重要的角色。而律师的合规业务主要包括三项。

第一项业务是形成适合企业的有效合规计划。律师可以根据企业的性质、运营范围、合规风险类型，为企业制定完善有效的合规计划[①]。例如，对涉及移动通信或互联网领域的企业，数据合规和信息保护是首要问题；对涉及进出口贸易的企业，进出口前后的税务合规及其他管制政策是首要问题。

第二项业务是合规调查，包括合规尽职调查、合规内部调查及反舞弊调查。合规尽职调查一般联合企业外部律师及财务、审计等专业人士对合作方、交易方展开调查，防控合规风险，帮助交易前的决策，分割企业责任与第三方责任；合规内部调查是在违法违规行为发生后、监管部门和刑事侦查部门介入的前后，企业聘请律师进行的独立的内部调查，全面查清违规行为、制度漏洞、违规原因，目的在于最大限度获取行政监管部门的宽大处理；反舞弊调查由合规内部调查发展而来，是指企业因违规行为接受监管调查后，在外部律师的帮助下对公司内部负有责任的自然人进行的有针对性的调查，目的是查清责任人的违规行为和责任情况，并搜集证据，对责任人进行内部处理或者将其提交监管部门或司法机关[②]。

第三项业务是行政监管和刑事调查的应对，主要发生在公司接受行政监管部门调查及侦查机关的初查阶段。在行政监管阶段，律师介入阻止案件进入刑事诉讼程序，争取宽大行政处罚。普遍来说，律师通过在行政监管环节协助企业打造合规管理体系，应对行政监管部门的“强制合规”要求。在应

① 陈瑞华：《企业合规的基本问题》，《中国法律评论》2020 年第 1 期。

② 陈瑞华：《企业合规的基本问题》，《中国法律评论》2020 年第 1 期。

对行政执法时，律师协助企业有效补救和认真整改，一方面说服行政机关作出宽大行政处罚，另一方面避免案件移送刑事执法机关，防止被追究刑事责任。而针对特殊领域，律师具体承担的业务不同，例如在反商业贿赂、网络安全等领域，律师提出证据证明企业存在合规管理体系，说服行政监管部门免除企业的行政责任；在证券期货领域的行政执法过程中，律师协助企业与证券监管部门达成行政和解，帮助企业积极开展整改和建立内控机制的活动，以避免企业受到严厉的行政处罚①。

在企业合规措施的实践应用中，合规尽职调查是前期落实合规工作的重要组成部分。从前文对合规审查的分析中可以看出，不论是签订合同还是开展项目，都离不开尽职调查这个环节，譬如了解合同相对方的履约能力，又如掌握项目实施的强制性要求，均需通过尽职调查工作来完成。至于什么是合规尽职调查，普通的尽职调查与合规尽职调查的不同之处是什么，在实际运用中有何区别，下文将对这一系列问题进行详细分析。

一、对合规尽职调查的认识

随着企业合规管理的完善与发展，合规尽职调查作为常见的合规手段和措施之一，被越来越多的企业尤其是大中型企业重视和采用。要了解企业的合规尽职调查工作，首先需要明确“尽职调查”的概念。尽职调查（Due Diligence），一般指在投资活动中，投资者对目标公司或合作伙伴的资产和负债情况、经营和财务情况、法律关系，以及目标企业或合作伙伴所面临的机会与潜在的风险进行的一系列调查，调查过程中通常利用管理、财务、税务、法律方面的专业经验，对调查对象进行分析与研判，作为企业管理层的决策参考依据。所以要组建全面尽职调查团队，应当联合调动审计师、律师、人力资源管理师、资产及资源评估机构、市场评估机构等专业机构及专业人员，对目标公司进行完整全面而专业的调查。调查内容包括企业的基本情况、股东股权状态、组织架构、法人治理、主营业务、关联方信息、合同项目资料、财务情况、重大债权债务、主要资产情况、税务及政策补贴、劳动力资源以

① 陈瑞华：《行政监管环节的律师合规业务》，《中国律师》2021 年第 2 期。

及公司涉诉信息等事项。在企业收购兼并程序中，尽职调查是最重要的环节之一，也是收购运作过程中重要的风险防范工具。例如，在并购公司之前，目标公司的组织管理架构，以往财务账册的合法性、准确性；并购以后目标公司的主要员工、供应商和客户的稳定性；是否存在可能导致目标公司运营或财务运作分崩离析的业务；是否存在涉诉纠纷或其他法律风险；等等。这些都至关重要，任何一个信息都可能直接影响投资者对并购行为的决策。尽职调查的重要性显而易见。

“合规尽职调查”（Compliance Due Diligence）最初来源于英美普通法系，美国《1933 年证券法》将尽职调查纳入在法律，强调如果当事人没有进行尽职调查，则有可能对投资人承担民事损害赔偿责任；而在并购交易中，如果当事人没有进行或者没有做好尽职调查，则需要承担未彻底了解企业状况所带来的风险。巴塞尔委员会 2001 年颁布的《银行客户尽职调查》，将针对客户的尽职调查作为金融机构防控风险的重要措施，后来成为一项企业风险防控制度。中国证监会 2001 年发布的《公开发行证券公司信息披露的编报规则第 12 号——公开发行证券的法律意见书和律师工作报告》（证监发〔2001〕37 号），第一次引入了尽职调查的概念，要求律师在律师工作报告中应详尽、完整地阐述所履行尽职调查的情况，在法律意见书中所发表意见或结论的依据、进行有关核查验证的过程、所涉及的必要资料或文件[①]。

关于从企业合规的角度来看尽职调查，陈瑞华教授在《企业合规基本理论》（第三版）中提出：“尽职调查是指企业在进行投资、开展并购、发展客户以及寻求第三方合作伙伴时，为全面了解客户、被投资并购方以及合作伙伴的背景、经营情况、业务性质、企业规模、违法违规经历、接受处罚的情况，减少和控制可能发生的法律风险所进行的专门性调查活动。”也有学者认为[②]，尽职调查是企业或个人在与另一方签订协议、合同或采取必要的商业行为之前，通常被期望实施的调查行为。其本质是较为快速且深入地了解相对

---

① 陈瑞华：《律师如何开展合规尽职调查业务（二）——合规尽职调查》，《中国律师》2020 年第 9 期。

② 《刑事合规实务操作的共性——（一）刑事合规尽职调查》，http://www.lantai.cn/news_view.aspx?nid=2&id=873。

方的一种手段、途径，可以在很大程度上提高决策者所获取信息的数量和质量，从客户的角度消除交易过程中的信息不对称，从律师的角度构建非诉业务执业风险的防线，以供决策者利用该等信息，考虑案头的商业决定及其相关的成本、效益和潜在风险，辅助其作出明智的决策。

至于律师方向的企业合规尽职调查，陈瑞华教授在《律师如何开展合规尽职调查（二）——合规尽职调查》一文中呈现的观点是，企业为加强对业务合作伙伴的合规管理、防范和化解自身合规风险，而依法依规采取一定的调查方法、手段和措施等，对企业自身的合规实际情况所开展的相关检查、分析、验证。在任何一项有效的合规计划中，企业需要针对可能的合规风险，同时建立事先防范机制、事中监控机制以及事后应对机制，而“合规尽职调查”属于事先的合规风险防范体系的重要内容[①]。

二、律师开展企业合规尽职调查应遵循的基本原则。

由于律师具有独立的地位和专业调查的经验和能力，并且根据职业规范和职业道德，律师应承担保守客户秘密的职业义务，因此，大多数情况下，对企业的尽职调查是由企业委托专业的律师事务所来完成的。并且，由律师进行的合规尽职调查往往更具专业性，主要体现在两个方面：一是律师事务所及合规律师本身的专业性，即根据不同的案件线索开展合规调查，专业律师事务所可以确保配置的调查律师的素质和能力具有专业性；二是调查方法的专业性，即律师在开展合规调查的过程中可以科学地使用各类调查方法，确保调查过程和结论客观、准确。从另一个角度来说，尽职调查是律师的一项重要合规业务；而企业合规尽职调查措施的适用往往会涉及企业与合作伙伴之间的关系，具有一定的敏感性。律师开展企业合规尽职调查需要遵循以下基本原则。

1. **合法性原则**

律师开展企业合规尽职调查首先应当遵循合法性原则。律师在为委托

---

① 陈瑞华：《律师如何开展合规尽职调查业务（二）——合规尽职调查》，《中国律师》2020 年第 9 期。

人适用合规尽职调查措施过程中应当遵守国家法律法规的相关规定，采用合法手段来获取委托人的合作伙伴的合规信息并进行合法分析，不能采用非法手段获取委托人的合作伙伴的网络信息、未经允许或者合同约定就随意进入委托人的合作伙伴的办公场地进行现场考察等。律师采取尽职调查措施时必须遵守合法性原则，做到知法守法，坚守合规尽职调查适用的底线。

2. **独立性原则**

独立性原则也称中立性原则，主要是指律师为委托人对其合作伙伴开展合规尽职调查应秉持客观、公正的态度，以查明事实真相为主要目的，不带有任何歧视或者偏见的态度，依法依规独立地开展合规调查行为活动。企业内部其他人员尤其是管理层的个别领导不得随意干涉调查活动，也不需要考虑一旦违规事实被查证属实后对企业或者个人可能造成的影响，避免受到各种不正常因素的干扰，由调查团队依规逐级汇报，以保证尽职调查结果的客观性、真实性和准确性。独立性原则的核心要求就是开展合规尽职调查的团队成员应当是中立的，其履职不受外界因素的干扰。此外，为了有效保障企业合规尽职调查的独立性，一些企业开始探索委托社会第三方来开展合规尽职调查的相关工作。

3. **适度性原则**

律师开展企业合规尽职调查还应当遵守适度性原则（也称比例原则）。适度性原则主要是指律师应当根据委托人的具体实际需求适度地、合理地应用合规尽职调查措施，从而为委托人科学、有效地配置合规资源，并促进委托人与合作伙伴的良性互动和关系的发展。适度性原则要求企业运用合规调查措施应当秉持审慎的立场和严肃的态度，根据企业合规实践的具体实践情况以及受理举报案件线索的实际情况，慎重启动调查程序、开展调查工作。实践经验证明，并非越多合规措施适用合规调查就越有利于企业合规建设，而是应适当地采用合规措施。比如，对银行等金融机构，由于这些机构本身就受到严格的合规监管，在确认其身份属性时，企业一般不需要进行合规尽职调查；对权威机构指定的合作伙伴，因为这些权威机构已经利用自己的信用来为这些主体进行背书，大多数情况下企业亦无须进行过于严密的合规尽职调查①。

4. **时效性原则**

时效性原则主要是指律师开展合规尽职调查应当在一定的时间内完成，避免错过最佳时机而影响到委托人与其合作伙伴的关系或者影响到委托人的业务工作的正常开展。合规尽职调查应当尽量在委托人与合作伙伴确定合作意向之后，签署有约束力的合作协议之前进行。合规尽职调查应当在持续的基础上进行，这种持续性体现为按照一定的时间周期更新合规尽职调查的结论。一般来说，高强度合规尽职调查更新周期短，基础合规尽职调查更新周期长。

5. **保密性原则**

保密性原则主要是指律师在具体的合规调查过程中发现、知悉的调查对象及其利益相关者的商业秘密或者个人隐私等，应当依法予以保密，严禁随意泄露或者挪作他用。

6. **审慎性原则**

开展合规尽职调查工作过程中，律师必须尽到审慎职责，对所获得的任何信息都以审慎、怀疑的态度去验证。譬如，对目标公司提供的资料应当注意是否能相互佐证，是否相符，是否完整；目标公司人员的调查陈述是否真实准确，不能单凭一面之词就下定论；文件材料是否采取了其他手段验证真实性；数据信息是否有确切依据……基于这一原则所出具的法律尽职调查报告应是根据法律依据和事实依据严密输出的。对于异常情况，要进行深入了解、反复甄别。

三、律师合规尽职调查的作用

尽职调查作为商业活动中常见的调查方法，在实践中被广泛应用。但实际上大部分企业自身缺乏尽职调查的专业能力，或者所做的尽职调查无法满足独立性和权威性的要求。律师作为外部法律专家，能更好地为企业提供合规尽职调查服务。律师接受企业的委托所开展的合规尽职调查，是指律师接

① 胡国辉：《企业合规概论》，电子工业出版社，2017 年，第 123 页。

受企业客户的委托，针对可能的合规风险，对作为第三方的合作伙伴、被并购企业以及相关客户所开展的专门性调查活动，属于尽职调查的一种特殊类型①。

合规尽职调查与诉讼业务不同，不需要辩论，也不需要博弈，是律师基于委托目的，采用各种手段，围绕被调查对象进行一系列事实核查，发现与规范要求不相符的事实或风险点，提出解决方案或发表结论性意见。企业合规作为企业预防、发现和化解违法行为甚至是犯罪行为的机制，其功能和价值根植于其机制安排的合理性、有效性以及可操作性，有助于发现、消除和抑制企业内生性犯罪的诱因。而合规尽职调查作为企业开展合规业务的第一道门槛，其重要性不言而喻。因此，开展企业合规业务首先必须全面、详尽地进行法律尽职调查，才能帮助企业科学、合理地采取合规措施，最终实现合规目的。为预防可能发生的合规风险，律师还可以在对企业合规风险进行评估的基础上，对关联主体（企业或个人）开展合规尽职调查。

通过开展合规尽职调查，律师为企业提交尽职调查报告，分析合规风险，在此基础上，对法律风险加以规避，并对企业进行有效的合规管理，从而有效地防控合规风险。由于是以合规风险防控为基础的专项调查，因此，合规尽职调查主要是针对被调查对象是否存在违法违规的行为进行的。企业在发展第三方合作伙伴、开展投资并购以及为客户提供服务的过程中，有可能因为某些合作伙伴、被并购方、客户存在违法违规行为被追究法律责任，并因此承担相应的连带责任或承继其法律责任。为避免承担这种法律责任，防控可能的合规风险，企业需要进行尽职调查，评估可能的合规风险，同时对被调查者开展必要的合规监控和风险管理②。

律师的法律服务能为委托人及其合作伙伴的交易方案制定提供支持，为双方的谈判积攒筹码，有效增强企业合规决策依据的客观性，帮助企业作出精准决策。同时，律师通过开展全面的合规尽职调查，协助企业更好地防范

---

① 陈瑞华：《律师如何开展合规尽职调查业务（二）——合规尽职调查》，《中国律师》2020 年第 9 期。

② 同上。

和化解外部合规风险，在一定程度上能降低委托人及管理人员的决策和履职责任风险，为促进企业可持续发展提供相关保障。

四、合规尽职调查的分类

陈瑞华教授根据调查对象的不同，将合规尽职调查分为客户尽职调查、并购前的尽职调查和第三方合规尽职调查调查[①]。

（1）客户尽职调查（Customer Due Diligence，CDD），是源于西方的商务术语，如今中国将其融入反洗钱制度体系，将“客户”界定为反洗钱义务主体借入资金、获得信用支持、提供收费服务等涉及相关业务的对象。但此处讨论的客户尽职调查较为广泛，即调查的目的主要是查明客户的主体背景、资金来源、违法违规历史、交易情况以及可能存在的非法融资、劳资纠纷、涉诉涉案等法律风险。通过尽职调查，律师可以为有关客户的合规风险划分等级，为企业提供是否与有关客户展开商业合作的建议。

（2）并购前的尽职调查，是指在企业准备实施投资并购活动时，委托律师对被并购的企业所进行的必要审查。这种调查需要对被并购企业的性质、规模、治理结构、经营业务、交易情况、资产负债状况、运营模式、违法违规历史、涉诉情况等开展全面调查，以便确认该项兼并业务是否恰当，有无可能在并购完成后带来新的法律风险，并为协商交易条件和确定价格提供参考。

（3）尽职调查中的“第三方”，是指除调查者、被调查者以外的第三方，通常包括与企业有商业合作的主体，包括上游的供应商、下游的销售方或代理商、横向合作方以及其他专项服务提供者（如律师事务所、会计师事务所等）。而“第三方合规尽职调查”，是指公司在与合作伙伴缔结合约、建立合作关系的过程中，针对第三方的合规风险所进行的专门性调查活动。这种合规尽职调查可以实现对第三方的违规历史和合规制度的全面了解，从中识别第三方的合规风险，并评估该项合作的风险和收益。此外，在事先认知到位

---

① 陈瑞华：《律师如何开展合规尽职调查业务（二）——合规尽职调查》，《中国律师》2020 年第 9 期。

的前提下，可以利用所获得的信息明晰第三方的责任与企业的责任，双方以协议文件的形式进行界定，以防范企业自身的合规风险。对合规风险过高、可能使企业承担较大承继责任的第三方主体，企业可以考虑终止合作，避免第三方合规风险转移而无从追偿；而对于合规风险可控或损益比合理的第三方，企业可根据实际情况衡量利弊，以实现双方合作目的为前提，采取恰当的合规治理措施，对第三方提出切实可行的合规整改要求，在第三方的合规管理达到企业的要求之后，再正式与第三方开展合作。

有的学者结合企业合规管理实践，根据企业合规相关的办法和指引等，从企业经营活动及调查目的归纳出合规尽职调查包括以下四点内容。

（1）兼并与收购项目合规尽职调查。在准备兼并一家公司之前，对目标公司进行审查以确定该项兼并决策是否恰当，可以减少兼并可能带来的风险，同时为确定交易条件提供客观参考。一般来说，并购前的调查内容主要包括公司的背景历史、营运模式、规章制度、重要合同文件及财务资料等方面的信息，具体调查内容取决于企业的并购目的、信息需求、目标公司的规模、内部财务信息的对称性、内在风险的大小和类型等多方面的因素。

（2）境外投资项目合规尽职调查。开展境外投资项目合规尽职调查应掌握关于市场准入、贸易管制、国家安全审查、行业监管、外汇管理、反倾销、反补贴、反垄断、反洗钱、反恐怖融资等方面的具体要求，可能涉及对外投资备案审批、境外企业重组、境外知识产权保护、境外上市等规则。所以尽职调查不仅要对拟投资项目或目标公司的财务、法律、业务等方面进行全面深入的调研，还要满足商务部及相关行政部门的要求。而且为了确保信息对称，防止欺诈行为的发生，在调查过程中除了通过文件资料了解情况，还要重视通过现场调查来获取信息

（3）承包工程项目。承包工程项目尽职调查的侧重点包括有关工程建设的法律、法规和行业监管规则，以及工程资质要求、招投标程序、用工保障、质量安全、环境保护等。

（4）员工聘用合规尽职调查。员工聘用合规尽职调查相当于入职前更深入的背景调查，一般侧重于拥有决策权的岗位或者接触重要商业秘密的核心岗位，例如企业的董事会成员、监事会成员、中高层管理人员、研发人员和财务人员等，主要了解员工与用人单位的劳动纠纷情况、行政或者刑事处罚

记录，以核查有无违反诚信的行为（如腐败、欺诈、串谋、利益冲突等）或者其他与诚信合规相抵触的行为。

五、合规尽职调查的开展

详尽、准确的合规尽职调查能够帮助企业管理者了解目标企业主体情况，避免因信息滞后而在市场活动中出现重大法律纠纷。那么，如何开展合规尽职调查才能获取准确而必要的信息，有效实现企业合规呢？

1. **前期准备**

首先，应持有严谨审慎、尽职尽责的态度，在正式开展工作之前应做好充分准备，避免在尽职调查工作中出现重大失误。首要工作是确定该项合规尽职调查的目的和范围。企业合规工作建立在企业真实的运营状况的基础之上，因此必须保证合规尽职调查的质量，精准而全面地发现调查目标隐藏的问题和漏洞。不同的企业，与之匹配的合规尽职调查的目的和调查范围也不同，因此，在合规尽职调查工作启动前必须与目标企业进行详细而深入的沟通，了解其真实需求，掌握企业及其关键控制人的背景和关联关系信息。作出初步分析，与客户共同确定调查目的及范围，进行有针对性的尽职调查。此外，由于合规尽职调查工作具有高度保密性，所以在启动前会与客户建立保密约定，应做好保密工作。受委托的律师事务所将依据严格的保密制度，明确分工，落实保密责任，并且需要根据各项目的特点明确具体的保密要求，对调查所获取的资料应当建立台账、做好交接记录、建立工作底档，并由专人保管。

2. **制定初步调查方案**

基于前期明确的调查工作范围，制定行之有效的初步调查方案。在实践中，在调查启动前，有的项目的调查目标可能比较笼统和模糊，需要随着调查的进一步深入进行逐步调整、明确调查目标及工作范围。对此类项目，应当尽量明确可能的调查方向。调查工作正式启动之前，应当与客户针对制定的调查方案进行充分沟通，并与客户达成共识后再正式执行。

前文提到尽职调查的大致内容是企业的出资及股权变动情况、组织机构及权限、经营资质、业务运营情况、合同的签订及履行情况、劳动用工情况、环保情况、安全生产情况、涉税情况、涉诉情况等。然而，针对不同类型的企业，调查方案应有不同的侧重点，应综合分析企业的特点后再设计尽职调查的具体内容。例如，对工程类企业，需要着重了解其资质证明、合同的履行情况、用工情况、环保情况、安全情况；对中介服务类企业，应重点了解其业务模式、合同履行情况及用人制度；对生产型企业，则关注其安全生产情况、环保情况、产品质量情况、销售程序。为了准确把握企业的风险点，在制订尽职调查方案时，还可以通过问卷调查、采访、暗访、网络查询、从行政机关调取资料的方式获取企业信息，以确保信息的真实性、准确性①。

3. 向企业收集材料

向企业收集的材料一般应当包括以下内容。

（1）企业工商内档及外档，含公司股权、注册资本、经营范围、公司形式的历次变更文件，公司的企业法人执照及股东主体信息；公司现任董事会、监事会、高级管理人员的聘任程序、兼职情况等。

（2）公司的重大资产情况，含土地、工程、知识产权、特许经营证书之类的资质证明等。

（3）公司的生产经营、业务交易合同、协议或其他书面文件。

（4）公司涉及的重大债务清单，以及所有诉讼、仲裁和行政处罚情况，包括已经结案、正在进行及可能发生的案件。

（5）公司的人事和劳动情况，包括劳动合同、劳动仲裁记录、保密协议和竞业禁止协议等。

（6）税务情况，包括公司的国税及地税税务登记证、公司的主要税种和税率说明及是否享有税收优惠政策、税务处罚记录等。

收集到相应材料后，律师将对较为明确的信息和资料进行审阅，确认公司相应文件的完整性、真实性、合法性，包括公司文件的签章、签字时间、前后逻辑等各种细节；对无法确定的事实或存疑的信息，需要相关负责人对前述事项进行补充说明并进行书面签字确认；同时，在审阅资料过程中尽可能识别资料中的虚假信息，挖掘收集的资料中被忽视的问题。

---

① 余尘：《律师如何开展合规尽职调查》，《中国律师》2021 年第 11 期。

4. **进行尽职调查**

陈瑞华根据实践经验归纳出常用的尽职调查方法主要有七种①：一是公开信息检索，也就是对目标企业及其实际控制人的相关信息在公开渠道进行检索，调查其有无因不合规行为而受到调查、警告和处罚的历史记录；二是发放合规尽职调查问卷，以了解公司股权结构、业务、合规措施和内控的总体情况；三是背景调查，以掌握目标企业及其关键控制人的背景信息和关联信息；四是文件查阅，也就是审查目标企业现有的重大交易合同、招投标文件、具有高风险的合作合同以及相关的诉讼文件等，以了解潜在的合规风险；五是财务账目审查，通过审阅目标企业一定范围内的相关账目以及原始财务凭证，发现并核实其高风险费用的形成过程；六是管理层访谈，通过与企业高层人员进行沟通，了解其公司业务、内控和与政府关系等方面的真实情况；七是现场调查，通过到目标企业进行实地走访，了解目标企业的合规风险。

通过现场调查，即实地走访，可以更深入地了解企业相关的合规风险，必要时可采用现场问卷调查、暗访、访谈、走访、公开网络检索、产品体验、与第三方测评机构合作等方式。针对企业规模的大小，选择适当数量的人员作为样本进行问卷调查，其中最好包含董事、各部门负责人、财务人员、后勤人员等多重职级、不同岗位的人员，且在问卷填写人填写调查问卷时，律师应当善于与问卷填写人进行沟通，力争让其如实填写相关信息，保证每一份调查问卷中的信息是真实的。暗访时，可以消费者、寻求业务合作者或其他某方面人士的身份来进行，选择适量的暗访对象，以提高信息的真实度；选择市场上的产品进行实地了解，通过询问消费者了解产品的情况，还可以装扮成业务合作者与企业相关人员进行业务洽谈，以期获取相应的信息，并及时记录通过暗访获取的信息。

5. **出具合规尽职调查报告**

通过上述一系列尽职调查活动，律师对资料进行详尽周密的确认和分析后，形成一份客观真实的合规尽职调查报告。在报告中，通过描述本次合规尽职调查的内容和事项，明确在调查过程中获得的资料和信息以及发现的问

---

① 陈瑞华：《律师如何开展合规尽职调查业务（二）——合规尽职调查》，《中国律师》2020 年第 9 期。

题，并说明可能存在的法律风险，对合规风险作出全面评估，针对风险提出相应的建议及解决方案，帮助企业预防因合规漏洞而承担责任，进而对企业造成损失。

除了可以对合作方、交易方等企业以外的第三方进行合规尽职调查，还有一种情况是，为了企业自身的合规建设，针对其实际状况开展合规尽职调查工作。此类合规尽职调查与上述调查流程大致相同，在所出具的合规尽职调查报告中，通过企业所提供的信息全面分析企业及其员工的经营管理行为是否符合法律法规、政府监管规定、行业准则和企业规章制度，指出经营管理活动中存在的不合法、不合规问题，并提出相应的合规建议。在风险评估和结论分析的基础上，协助企业搭建合规体系，起草合规手册，完善公司制度、内部使用文件模板等。如果企业有较高的合规需求，还需要制定专门的合规方案，结合企业的业务模式、运营管理制度、技术手段等制定详细具体且可执行的合规计划。

由于合规尽职调查结果对企业的决策及合规措施可能产生决定性影响，合规尽职调查对调查的内容、方法及流程均有更高的要求。如果合规尽职调查工作得当、结论精准恰当，后续的合规工作会产生事半功倍的效果；反之，如果合规尽职调查工作出现纰漏，不仅会导致后续的合规工作出现较大偏差，甚至会给客户及律师带来风险。因此，在整个合规尽职调查过程中，企业需要保证全面记录相关文件、评估和决策，这既是运营过程中合规风险把控的基础和重要依据，也可以在很大程度上辅助决策者在与合作伙伴或第三方进行合作时作出客观准确的判断，以全面客观地呈现具体合规内容及规避相应的风险。根据合规尽职调查报告，为委托人建立完整、配套的合规管理制度，并提供后续服务。只有做好尽职调查，开展企业合规的后续工作才能方向准、见实效。

随着合规理念的推行，企业逐渐将合规经营管理从“末端整改”前移至“前端”尽职调查，从被动合规整改转变为主动合规审查。企业日常经营合规审查是预防企业被动刑事合规审查的有效管理方式，是提高企业市场竞争力的必要手段①。

① 《我所律师深入企业开展合规尽职调查法律服务，助力企业合规建设》，https://www.sohu.com/a/580977187_121123760。

随着企业合规业务的不断成熟，企业通过合规尽职调查工作形成独立的、实践性强的操作指引及工作方法促使企业加强合规管理，建立完善的合规管理体系。

第四节　依法维权救济

一、救济手段

纠纷解决和冲突处理需要有一定的方法，从维权角度来看，权利救济机制包括私力救济、公力救济和社会救济，这些方法可以单独使用，也可以综合运用。而维权方式和途径的选择应该体现建设性、权衡性、程序性，所考虑的方向应有利于维护多方利益、修复关系、解决问题，有利于定分止争，兼顾企业当前与长远发展、整体与局部，各种方案要尽量考虑周全。

1. **私力救济**（Private Remedy）

当事人认为自身权利受到侵害时，在没有第三方介入的情况下，在法律允许的范围内，依靠自身的实力，通过实施自卫行为或者自助行为来实现权利，此为私立救助。主要有以下三种形式。

（1）协商、谈判、和解、斡旋。争议双方当事人通过自行友好协商的方式，达成和解意向，解决纠纷争议，适用于民事主体之间的民事权利纠纷。这种方式效率最高，成本最低，但达成和解意向需要建立在双方高度自愿的基础之上。采取这种救助手段时，应注意将协商后的意见形成书面协议，而且所达成的和解协议内容不得侵害国家利益及第三方利益。

（2）自力救助、制止。即权利人对正在进行的民事侵权行为采取的制止侵害行为。譬如，面对正在实施的民事侵权行为，当事人采取措施制止。又如，权利人为实现债权，通过先行扣押或自行留置对方财物的手段自力救济。这种方式具有及时性，权利人可以最大限度地降低损失，在合法范围内保障其最大权益。但在使用这种方式时，应注意制止民事侵权行为控制在制止侵权行为发生或侵权结果产生即可，避免超过限度，造成反向侵权。如果自行扣留财物，要立即请求有关国家机关处理。

（3）正当防卫。指对正在进行不法侵害行为的人，采取正当防卫措施，以防止不法侵害结果产生。不法侵害既包括侵犯生命、健康权利的行为，也包括一般侵犯人身自由、公私财产等权利的行为；既包括犯罪行为，也包括一般违法行为；既包括针对本人的不法侵害，也包括危害国家、公共利益或者针对他人的不法侵害。正当防卫的实施必须符合现场的及时性，具备威胁性和紧迫性。同时需要注意防卫的范围和手段，在必要合理的限度内进行，否则可能构成防卫过当。

2020年10月29日，最高人民检察院发布4起“保障民营企业合法权益，监督侦查机关撤案”的典型案例，其中“黑龙江省红兴隆人民检察院办理的某担保公司故意毁坏财物立案监督案”[①] 的争议焦点是，该案中民营企业采取的救济行为是否逾越私力救济界限构成违法犯罪。

案例23：黑龙江省红兴隆人民检察院办理的某担保公司故意毁坏财物立案监督案

【基本案情】

2019年10月27日，黑龙江省某建筑安装公司工人陈某到黑龙江省垦区公安局牡丹江分局兴凯湖派出所报警称：当日12时许，该公司承建的某通讯公司黑龙江省分公司“兴凯湖边防1号站”供电线路上已架设完毕的74根电线杆被推倒，造成财产损失。垦区公安局牡丹江分局于2019年11月27日立案侦查。

经调查，2019年，某通讯公司与某建筑安装公司签订了《黑龙江省某通讯公司2019年外市电引入工程施工框架协议》，由某建筑安装公司承建“兴凯湖边防1号站”基站信号塔的供电线路建设工程。某通讯公司在未取得对该土地拥有使用权的黑龙江省鸡西市某担保公司的许可，也未获得兴凯湖农

① 《最高检发布4起涉民营企业监督撤案典型案例》，https://www.spp.gov.cn/zdgz/202010/t20201030_483468.shtml。

场国土资源部门审批的情况下，便让某建筑安装公司在兴凯湖农场11队至松阿察河的农道上架设电线杆。2019年10月27日，某担保公司在兴凯湖农场11队至松阿察河的农道上进行清淤作业，发现了某建筑安装公司架设的电线杆，且电线杆妨碍该公司的清淤工作。某担保公司经理贾某某向兴凯湖农场相关行政部门询问此情况，农场相关部门均对架设电线杆一事不知情，也未对此事进行审批。为排除妨碍，方便清淤工作的进行，贾某某便让工人将农道上私自架设的98根电线杆拔除，放倒在路边。在拔除过程中，造成了部分电线杆断裂。

【案件情况】

2020年1月9日，黑龙江省红兴隆人民检察院收到某担保公司提交的立案监督申诉材料。检察院对案件线索依法进行调查核实。按照《人民检察院刑事诉讼规则》规定，向垦区公安局牡丹江分局发出《要求说明立案理由通知书》，同时调取案件卷宗材料，了解案件相关情况，审查公安机关调取的相关证据；经调查核实发现，黑龙江省鸡西市工业和信息化局曾批准某通讯公司架设“兴凯湖边防1号站”信号塔，但架设信号塔所占用土地属于建设用地，根据《中华人民共和国土地管理法》的规定，还需要向有批准权的县级以上自然资源部门申请并经过审批才能使用。某通讯公司在未获得某担保公司同意，也未获得兴凯湖农场国土资源部门审批的情况下，便让某建筑安装公司在兴凯湖农场11队至松阿察河的农道上架设电线杆。在此情况下，某担保公司为保证清淤工作的顺利开展，在寻求政府协调未果的情况下，对自己享有管理权的土地上私自架设的电线杆进行清除。在此过程中，造成部分电线杆断裂。

红兴隆人民检察院认为某担保公司相关工作人员主观上无毁坏财物的故意，该私力维权行为虽然不当，但行为性质上仍然属于民事行为，依法不应当认定为故意毁坏财物犯罪。2020年4月7日，红兴隆人民检察院向垦区公安局牡丹江分局发出《通知撤销案件书》，通知公安机关撤销此案。2020年4月8日，垦区公安局牡丹江分局对本案进行撤案处理。

从该案中检察院的监督意见和处理结果来看，私力救济与犯罪行为之间是有划分界限的，要认定犯罪，应严格遵循主客观相一致的原则。自救行为是指法益受到侵害后，在公力救助难以达到预期目的或者明显难以恢复的情况下，依靠私力救济的行为。本案中，某担保公司对涉案土地拥有管理权，某通讯公司未经同意和审批私自架设电线杆的行为已经侵犯了其民事上的合法权益。某担保公司发现后及时向农场相关行政部门询问情况，相关部门均对架设电线杆一事不知情。在此情况下，某担保公司基于排除作业妨碍的目的，自行将电线杆拔除放倒，属于依靠私力排除妨害的行为，一定程度上阻却了其行为的刑事违法性，该私力救济行为虽然不当，但行为性质上仍然属于民事法律关系调整的民事行为。

2. **公力救济**（Public Remedy）

公力救济又称国家保护，是指国家机关依权利人的请求，通过法定程序运用公权力对其权利进行保护。

（1）行政复议。行政复议是指行政相对人对行政机关作出的行政行为不服，向其上一级行政机关提出复查申请。申请人应自知道行政机关的具体行政行为侵犯其合法权益之日起60日内申请行政复议，复议机关主要进行书面审查，所作出的行政复议决定一经送达，即具有法律效力。

（2）诉讼。诉讼指由人民法院组织，在纠纷主体参加的情况下，以国家公权力解决社会纠纷。诉讼包括刑事诉讼、民事诉讼、行政诉讼，覆盖调整民事财产权及人身权、政府行政行为、刑事犯罪行为等各个方面。诉讼是最有效、最终的争议解决方式，具有国家强制性、严格的规范性等特点。

（3）仲裁。仲裁是指纠纷双方在纠纷发生前或发生后达成协议，自愿将纠纷交仲裁机构作出裁决以解决纠纷，适用于解决民事主体之间的合同纠纷及财产权益纠纷，且当事人在仲裁前有仲裁协议或仲裁条款的情形。仲裁的特点是具有契约性、自治性、民间性和准司法性，不公开审理，“一裁终局”，裁决后可以直接申请执行。

实务中，行政复议后提起诉讼，以及仲裁裁决后提起诉讼，是司法实践中常见的复合救济路径。行政相对人在行政行为作出后可以申请行政复议，如果对行政复议决定仍不服，可以诉至法院。

3. **社会救济**

（1）调解。调解是指纠纷的当事人在中立第三方的介入下，通过谈判达成合解、解决纠纷的过程和结果。调解包括行政调解、仲裁调解和人民调解。调解必须在第三方调解机构的主持下开展；调解完成后，须制作调解书。

（2）信访。信访是指为了维护自身合法权益而向行政机关反映具体事件，要求行政机关处理违法行为。除反映违法行为和线索等情况外，还包括处置违法、要求被信访人赔偿等诉求。信访人所投诉事项必须涉及自己的利益，即信访人本人就是权益被侵害人。

（3）法律援助。法律援助是国家建立的为经济困难的公民和符合法定条件的其他当事人无偿提供法律咨询、代理、刑事辩护等法律服务的制度，是公共法律服务体系的组成部分。法律援助机构通常通过服务窗口、电话、网络等多种方式提供法律咨询服务。

案例24：某贸易有限公司诉某区市场监督管理局、某区政府不服行政处罚及行政复议案[①]

【基本案情】

某贸易公司系由海归团队于2004年创立的小微企业，主要从事进口有机产品的销售推广等业务。2020年4月，某区市场监督管理局接投诉举报称，该贸易公司在其淘宝网店销售的一款燕麦片产品“宝贝详情”一栏，存在“是否含糖：无糖”的表述，与相关国家标准依据产品碳水化合物含量确定的无糖标准不符。市场监督管理局经立案调查后认定产品存在虚假宣传行为，并于2020年6月对贸易公司处以罚款。贸易公司不服处罚决定，向某区政府申请了行政复议，某区政府经复议维持了处罚决定。贸易公司仍不服，认为产品宣传错误系第三方人员在制作文案时误将“不添加蔗糖”理解为“无糖”所致，且公司发现错误后立即进行了改正，产品也仅销售了35盒，毛利仅几百元，情节轻微，同时，公司因受疫情影响目前出现经营困难，故诉至法院，请求撤销某区市场监督管理局与某区政府分别作出的行政处罚决定和

① 《上海高院发布10个民营企业保护典型案例》，https://m.thepaper.cn/baijiahao_20100388。

行政复议决定。

法院在审理期间介入协调，某区市场监督管理局综合考虑到某贸易公司的实际经营困难及违法情节轻微等情况，重新对贸易公司作出不予行政处罚决定，贸易公司亦向法院申请撤回起诉。

本案是上海市高级人民法院第四批发布的10个民营企业保护典型案例之一。一方面，本案呈现了民营企业的救济流程，在收到行政处罚决定后首先向上一级行政机关申请行政复议，对行政复议决定不服的，进一步诉至法院，是公力救济手段综合运用的体现。另一方面，本案对民营企业的救济和权益保护有重要意义。小微企业作为我国市场经济的重要主体之一，量大面广，对我国经济韧性、就业韧性起着重要支撑作用。从实践情况看，一些小微企业长期因受恶意职业打假等不利因素影响，经营发展面临诸多困难。本案中，法院综合案情考量，积极介入、协调化解，行政机关亦积极作出回应，依法重新作出不予行政处罚的决定，实现行政争议实质性解决。本案的处理对依法帮扶和促进民营企业的健康发展特别是小微企业的发展具有实践意义。

二、合规免责救济

结合企业合规的管理工作和追责机制，在实践中，有观点认为，合规免责根据其目的可以划分为预防型免责和救济型免责。预防型免责在前文中已探讨过，主要是指企业为了预防合规风险事先建立完善而有效的合规管理体系，当企业出现违法行为时，可以根据企业的事前合规管理措施来评定是否符合合规免责条件，在定罪量刑时可以免除或减轻处罚。而救济型免责一般是指企业发生违规事件以后，执法机构以企业承诺采取符合执法机构要求的合规管理措施为条件，减轻或免除企业全部或部分违规责任[①]。在刑事合规中，检察机关通常将此类型的合规试点称为“涉案企业合规”，最高人民检察

① 《企业尽职合规免责的四种模式｜叶小忠：企业合规免责的模式探讨（下期）》，https://www.shangyexinzhi.com/article/4654158.html。

院法律政策研究室主任高景峰提出[1]，区别于企业合规，“涉案企业合规”是指牵涉刑事案件的企业合规制度。即通过检察建议的方式对涉案企业违法犯罪的原因进行分析，对所谓生产、管理、经营活动中的违法违规，生产经营管理活动中相关制度上的漏洞或者问题提出意见和建议，然后督促相关企业进行合规整改。

2021 年 6 月 3 日发布的《关于建立涉案企业合规第三方监督评估机制的指导意见（试行）》（以下简称《指导意见》）规定，人民检察院在办理涉企犯罪案件时，对符合企业合规改革试点适用条件的，可启动涉案企业合规第三方监督评估机制，交由第三方监督评估机制管理委员会（以下简称“第三方机制管委会”）选任组成的第三方监督评估组织（以下简称“第三方组织”），对涉案企业的合规承诺进行调查、评估、监督和考察。考察结果作为人民检察院依法处理案件的重要参考。在第三方机制启动前，由检察机关审查是否符合企业合规试点以及第三方机制的适用条件，并及时征询涉案企业、个人的意见，亦可根据涉案企业、个人及其辩护人、诉讼代理人或者其他相关单位、人员提出适用企业合规试点以及第三方机制申请而审查。这意味着第三方机制分为检察机关依职权启动和依申请启动。不论是哪一种启动方式，检察机关都应当审查涉案企业是否符合适用第三方机制的实质条件。根据《指导意见》的规定，第一，该机制适用于公司、企业等市场主体在生产经营活动中涉及的经济犯罪、职务犯罪等案件，既包括公司、企业等实施的单位犯罪案件，也包括公司、企业实际控制人、经营管理人员、关键技术人员等实施的与生产经营活动密切相关的犯罪案件。第二，应同时满足下列三个条件：①涉案企业、个人认罪认罚；②涉案企业能够正常生产经营，承诺建立或者完善企业合规制度，具备启动第三方机制的基本条件；③涉案企业自愿适用第三方机制。第三，不属于以下四种不适用的涉企犯罪案件类型：①个人为进行违法犯罪活动而设立公司、企业的；②公司、企业设立后以实施犯罪为主要活动的；③公司、企业人员盗用单位名义实施犯罪的；④涉嫌危害国家安全犯罪、恐怖活动犯罪的。

---

① 《涉案企业合规：在实践中升华理论》，https://www.spp.gov.cn/spp/llyj/202201/t20220121_542272.shtml。

根据上述启动程序和实质要件，对拟启动刑事合规的涉企案件，应当开展启动前评估，需要讯问、询问当事人，了解企业实际生产经营情况，咨询第三方监管委员会成员单位意见，企业初步提交合规计划书等，形成初步评估报告。经评估认为适用第三方机制的案件，检察机关可以商请本地区第三方机制管委会适时启动第三方机制。第三方机制管委会应当根据案件具体情况以及涉案企业类型，从专业人员名录库中分类随机抽取人员组成第三方组织，并向社会公示[①]。

《甘肃省人民检察院企业合规案件办理工作办法（试行）》对第三方的组建作出规定："以会议纪要、会签文件等不同形式建立包括市场监管部门、税务、工商联、生态环保、财政等部门及律师、审计师、会计师、人民监督员、人大代表、政协委员等在内的企业合规第三方协作长效机制。对符合企业合规适用条件的，结合涉案罪名、领域、类型及企业性质、特点，通过第三方协作机制，由检察机关商请或委托有关行政机关指派专业人员组成评估小组，对涉案企业合规承诺的实施情况进行评估、监督和考察。"

《指导意见》第三章对第三方机制的运行作出如下规定。

针对符合条件的涉案企业，第三方组织在前期要求企业提交专项或者多项合规计划，并明确合规计划的承诺完成时限。涉案企业提交的合规计划主要围绕与企业涉嫌犯罪有密切联系的企业内部治理结构、规章制度、人员管理等方面存在的问题，并制定可行的合规管理规范，构建有效的合规组织体系，健全合规风险防范报告机制，弥补企业制度建设和监督管理漏洞，防止再次发生相同或者类似的违法犯罪。第三方组织通过审查涉案企业合规计划的可行性、有效性与全面性，提出修改完善的意见和建议，并根据案件具体情况和涉案企业承诺履行的期限，确定合规考察期限。在合规考察期内，第三方组织可以定期或者不定期对涉案企业合规计划履行情况进行检查和评估，可以要求涉案企业定期书面报告合规计划的执行情况，同时将具体履行情况抄送给负责办理案件的人民检察院。在合规考察期届满后，第三方组织应当对涉案企业的合规计划完成情况进行全面检查、评估和考核，并制作合规考

---

① 《〈关于建立涉案企业合规第三方监督评估机制的指导意见〉的解读》，https://jxj.huainan.gov.cn/ywzl/zhfg/551597118.html。

察书面报告，报送负责选任第三方组织的第三方机制管委会和负责办理案件的人民检察院。但需要注意的是如果涉案企业或其人员尚未被办案机关掌握的犯罪事实被发现或者有新实施的犯罪行为，第三方组织应当中止第三方监督评估程序，并向负责办理案件的人民检察院报告。

人民检察院在办案过程中，应当将第三方组织合规考察书面报告、涉案企业合规计划、定期书面报告等合规材料，作为依法作出批准或者不批准逮捕、起诉或者不起诉决定、是否变更强制措施等决定的重要参考，也是提出量刑建议或者检察建议、检察意见的重要依据。《甘肃省人民检察院企业合规案件办理工作办法（试行）》第十三条规定："涉案企业在监督考察期限内履行完成合规计划，没有违反监督考察要求，自愿认罪认罚，积极采取退赃、赔偿损失、补缴税款、修复环境、消除诚信不良影响等措施，监督考察期满，经评估合格的，人民检察院可以对涉案企业、犯罪嫌疑人决定适用不起诉或者提出适用轻缓刑量刑建议意见。"

除此之外，检察院在企业的合规工作中还可视企业情况作出不同的反应：若发现涉案企业在预防违法犯罪方面制度不健全、不落实，管理不完善，存在违法犯罪隐患，需要及时消除的，可以结合合规材料，向涉案企业提出检察建议，完善预防违法犯罪的制度体系。若对涉案企业作出不起诉决定后认为需要对其给予行政处罚、处分或者没收其违法所得的，应当结合合规材料，依法向有关主管机关提出检察意见。如果通过第三方机制发现涉案企业或其人员存在其他违法违规情形的，应当依法将案件线索移送有关主管机关、公安机关或者纪检监察机关处理。对拟作不批准逮捕、不起诉、变更强制措施等决定的涉企犯罪案件，检察院可以根据《人民检察院审查案件听证工作规定》召开听证会，并邀请第三方组织组成人员到会发表意见。

江苏省南京市检察院在企业合规的审查操作中还引入了"双听证+双审查"模式，《南京市检察机关开展涉案企业合规操作指引》规定，在涉案企业提交合规计划初期，检察机关对企业合规计划的专业性、合理性进行审查，并组织专家听证，引入企业合规领域专家力量助力检察机关进行审查；在合规考验期届满时，检察机关对涉案企业合规整改评估报告再次进行审查，并组织专家听证，通过一头一尾的"双听证+双审查"重点解决企业合规计划设计的专业性、合理性问题。在企业合规评估标准上采用“技术指标+文化指标”双层次有效性标准，即以改造治理结构为目标的风险识别、风险监控和风险应对等六项技术性指标，以重塑合规文化为目标的合规态度、行为习惯和合规文化氛围三项实质性的文件指标，重点解决合规计划的有效实施问题，进一步实现“真合规”“真监管”“真有效”。①

企业合规整改案例6：王某某泄露内幕信息、金某某内幕交易案②

【基本案情】

广东K电子科技股份有限公司（以下简称“K公司”）长期从事汽车电子产品研发制造，连续多年获国家火炬计划重点高新技术企业称号，创设国家级驰名商标，取得700余项专利及软件著作权，2018年开始打造占地30万平方米、可容纳300余家企业的产业园，已被认定为国家级科技企业孵化器。被告人王某某系K公司副总经理、董事会秘书。

2016年12月，K公司拟向深圳市C科技股份有限公司（以下简称“C公司”）出售全资子公司。2017年1月15日，K公司实际控制人卢某某与C公司时任总经理张某某达成合作意向。同年2月9日，双方正式签署《收购意向协议》，同日下午C公司向深交所进行报备，于次日开始停牌。同年4月7日，C公司发布复牌公告，宣布与K公司终止资产重组。经中国证券监督管理委员会认定，上述收购事项在公开前属于内幕信息，内幕信息敏感期为2017年1月15日至4月7日。被告人王某某作为K公司董事会秘书，自开始知悉重组计划，参与重组事项，系内幕信息的知情人员。

2016年12月和2017年2月9日，被告人王某某两次向被告人金某某泄露重组计划和时间进程。被告人金某某获取内幕信息后，于2017年2月9日紧急筹集资金，使用本人证券账户买入C公司股票8.37万股，成交金额为人

① 雒呈瑞：《江苏南京：出台涉案企业合规操作指引》，《检察日报》2022年7月7日第1版。

② 《涉案企业合规典型案例（第三批）》，https://www.spp.gov.cn/xwfbh/wsfbt/202208/t20220810_570413.shtml#2。

民币411万余元，复牌后陆续卖出，金某某亏损合计人民币50余万元。

2021年8月10日，北京市公安局以王某某、金某某涉嫌内幕交易罪向北京市检察院第二分院（以下简称“市检二分院”）移送审查起诉。审查起诉期间，市检二分院对K公司开展企业合规工作，合规考察结束后结合犯罪事实和企业合规整改情况对被告人提出有期徒刑二年至二年半，适用缓刑，并处罚金的量刑建议，与二被告人签署认罪认罚具结书。2021年12月30日，市检二分院以泄露内幕信息罪、内幕交易罪分别对王某某、金某某提起公诉。2022年1月28日，北京市第二中级法院作出一审判决，认可检察机关指控事实和罪名，认为检察机关开展的合规工作有利于促进企业合法守规经营，优化营商环境，可在量刑时酌情考虑，采纳市检二分院提出的量刑建议，以泄露内幕信息罪判处王某某有期徒刑二年，缓刑二年，并处罚金人民币十万元，以内幕交易罪判处金某某有期徒刑二年，缓刑二年，并处罚金人民币二十万元。

【企业合规整改情况及效果】

（1）事先审查，确保个人犯罪中企业合规开展的必要性。案件办理期间，K公司提出王某某被羁押造成公司业务陷入停滞，主动作出合规经营承诺。市检二分院向K公司负责人、投资人及合作伙伴多方核实，调取企业项目资质、决策会议记录等证明材料，了解到K公司正处于从生产制造模式向产融运营模式转型的关键阶段，王某某长期负责战略规划、投融资等工作，因其羁押已造成多个投融资和招商项目搁浅，导致涉十亿元投资的产业园项目停滞，王某某对企业当下正常经营和持续发展确有重要作用。市检二分院综合考虑犯罪情节、案件查证情况及王某某认罪认罚意愿，变更王某某强制措施为取保候审。同时，鉴于K公司具有良好发展前景，且有合规建设意愿，检察机关经审查评估犯罪行为危害、个人态度、履职影响及整改必要性等因素，于2021年9月8日启动企业合规工作。

（2）找准合规风险点，提出检察建议。市检二分院结合案件审查情况，在K公司保密制度缺失、人员保密意识淡薄等表象问题外，挖掘出治理结构风险、经营决策风险、制度运行漏洞以及外部关联公司风险等多项深层次合规风险，为制发精准有效的合规整改检察建议奠定基础。2021年10月11日，针对投资参股型企业经营特点，检察机关向K公司制发检察建议书，建议K

公司及其必要的关联公司、子公司共同整改，同步建立资本运作信息保密专项制度，并从调整治理结构、配备责任主体、规范工作程序、加强员工培训等各项管控措施保障制度配合实施。

（3）启动第三方监督评估机制，监督引导企业进行专项整改。为进一步实现检察建议具体化、可行化和专业化落地，确保企业合规整改取得实效，市检二分院决定适用第三方监督评估机制，监督、引导涉案企业进行合规整改。第三方组织对照检察建议，在尽职调查基础上，根据股权控制关系、业务关联程度、管理层交叉任职情况等因素筛选出三家重要子公司同步参加整改，以合规风险自查清单形式引导企业逐员、逐部门排查合规风险点并作出具体整改承诺，以监管清单形式对企业合规计划提出专业性意见。在第三方组织监督、引导下，K公司制定了涵盖组织体系、保密对象、制度重建、运行保障、意识文化以及主体延伸等多个层面的信息保密专项合规计划，并聘请专业合规团队辅导公司逐项完成，规范配置经营决策权，建立体系化信息保密管理和考核制度，新设合规管理责任部门，实现合规管理流程全覆盖，组织开展了辐射内部员工、关联公司以及产业园区企业的专项培训。

（4）多措并施，确保合规审查结果科学公正。2021年12月20日，经过两个月合规考察，第三方组织参照检察建议和相关合规指引对K公司整改情况进行评价。针对此次专项合规整改特点，量身定制了包括检察建议完成情况、合规方案、合规文化培育等12个模块65项评价要素的评价体系，将企业合规整改工作逐项拆解评分，再累加汇总，最终第三方组织认为K公司整改效果达到良好等级，并出具了合规考察报告。2021年12月23日，市检二分院邀请多位合规领域专家学者作为听证员举行听证会进行公开验收，听证员认真听取合规工作各参与主体介绍涉案企业整改情况，追问评估考察方式、合规责任主体、合规经费投入等细节问题，并在经过闭门评议后发表听证意见，一致同意通过K公司合规整改验收。

2022年5月，K公司完成整改以来，产业园项目已顺利竣工等待验收，王某某主导的约2000万元投资和基金项目均已按照新规章制度稳步推进。

本案的犯罪嫌疑人可能被判处三年以上有期徒刑，但由于其在涉案企业的经营活动中具有难以替代的作用，简单化起诉、判刑不利于涉案企业正常经营发展，再结合企业的合规建设意愿，检察机关在侦查、起诉与审判三个主要程序上均采取了合规工作的有效措施，通过在侦查程序中慎重采取强制措施、在审查起诉环节督促开展专项合规整改、起诉后基于合规整改情况提出宽缓的量刑建议，通过“检察建议宏观把控+检察主导第三方考察+检察听证事后监督”的企业合规路径，融通了三个主要程序中的合规工作。

企业的合规救济不仅体现在刑事领域，还体现于刑事司法和行政管理上的衔接。本案属于涉案企业面临行政处罚时进行救济的案例。在涉案企业进行合规整改的过程中，检察机关对涉案企业作出不起诉决定后，行政执法机关仍需对涉案企业进行行政处罚的，检察机关可以提出检察意见。通过检察履职传递合规理念，与行政机关沟通协作，促进两个法律程序上的“合规互认”。

企业合规整改案例 7：深圳×公司走私普通货物案[①]

【基本案情】

×股份有限公司（以下简称“×公司”）系国内水果行业的龙头企业。2018 年开始，×公司从其收购的 T 公司进口榴梿销售给国内客户。张某某为 T 公司总经理，负责在泰国采购榴梿并包装、报关运输至香港；曲某某为×公司副总裁，分管公司进口业务；李某、程某分别为×公司业务经理，负责具体对接榴梿进口报关财务记账、货款支付等。

×公司进口榴梿海运主要委托深圳、珠海两地的 S 公司（另案处理）代理报关。在报关过程中，由 S 公司每月发布虚假“指导价”，×公司根据指导价制作虚假采购合同及发票用于报关，报关价格低于实际成本价格。2018 年至 2019 年期间，×公司多次要求以实际成本价报关，均被 S 公司以统一报价容易快速通关等行业惯例为由拒绝。2019 年 4 月后，经双方商议最终决定以实际

① 《企业合规典型案例（第二批）》，https://www.spp.gov.cn/xwfbh/wsfbt/202112/t20211215_538815.shtml#2。

成本价报关。

2019年12月12日，张某某、曲某某、李某、程某被抓获归案。经深圳海关计核，2018年3月至2019年4月，×公司通过S公司低报价格进口榴梿415柜，偷逃税款合计397万余元。案发后，×公司规范了报关行为，主动补缴了税款。2020年1月17日，深圳市人民检察院以走私普通货物罪对张某某、曲某某批准逮捕，以无新的社会危险性为由对程某、李某作出不批准逮捕决定。2020年3月3日，为支持疫情防控期间企业复工复产，根据深圳市人民检察院建议，张某某、曲某某变更强制措施为取保候审。2020年6月17日，深圳海关缉私局以×公司、张某某、曲某某、李某、程某涉嫌走私普通货物罪移送深圳市人民检察院审查起诉。

【企业合规整改情况及效果】

2020年3月，在深圳市人民检察院的建议下，×公司开始启动为期一年的进口业务合规整改工作。×公司制定的合规计划主要针对与走私犯罪有密切联系的企业内部治理结构、规章制度、人员管理等方面存在的问题，制定可行的合规管理规范，构建有效的合规组织体系，完善相关业务管理流程，健全合规风险防范报告机制，弥补企业制度建设和监督管理漏洞，防止再次发生类似违法犯罪。经过前期合规整改，×公司在集团层面设立了合规管理委员会，合规部、内控部与审计部形成合规风险管理的三道防线。加强代理报关公司合规管理，明确在合同履行时的责任划分。聘请进口合规领域的律师事务所、会计师事务所对重点法律风险及其防范措施提供专业意见，完善业务流程和内控制度。建立合规风险识别、合规培训、合规举报调查、合规绩效考核等合规体系运行机制，积极开展合规文化建设。×公司还制定专项预算，为企业合规体系建设和维护提供持续的人力和资金保障。合规建设期间，×公司被宝安区促进企业合规建设委员会（以下简称“宝安区合规委”）列为首批合规建设示范企业。鉴于该公司积极开展企业合规整改，建立了较为完善的合规管理体系，实现合规管理对所有业务及流程的全覆盖，取得阶段性良好效果，为进一步支持民营企业复工复产，深圳市人民检察院于2020年9月9日对×公司及涉案人员作出相对不起诉处理，×公司被不起诉后继续进行合规整改。

为检验合规整改效果，避免“纸面合规”“形式合规”，深圳市宝安区人民检察院受深圳市人民检察院委托，于2021年6月向宝安区合规委提出申请，宝安区合规委组织成立了企业合规第三方监督评估工作组，对×公司合规整改情况进行评估验收和回访考察。第三方工作组通过查阅资料、现场检查、听取汇报、针对性提问、调查问卷等方式进行考察评估并形成考察意见。工作组经考察认为，×集团的合规整改取得了明显效果，制定了可行的合规管理规范，在合规组织体系、制度体系、运行机制、合规文化建设等方面搭建起了基本有效的合规管理体系，弥补了企业违法违规行为的管理漏洞，从而能够有效防范企业再次发生相同或者类似的违法犯罪。通过合规互认的方式，相关考察意见将作为深圳海关对×公司作出行政处理决定的重要参考。为了确保合规整改的持续性，考察结束后，第三方工作组继续对×集团进行为期一年的回访考察。

深圳市人民检察院在此案办理过程中，与深圳海关在合规整改结果互认、合规从宽处理等方面进行沟通协作，共同指导×公司做好合规整改，发挥龙头企业在行业治理方面的示范作用。整改期间，×公司积极推动行业生态良性发展，不仅主动配合海关总署关税司工作，不定期提供公司进口水果的采购价格，作为海关总署出具验估价格参数的参照标准，还参与行业协会调研、探讨开展定期价格审查评估与监督机制。针对案件办理过程中发现的行政监管漏洞、价格低报等行业普遍性问题，深圳市人民检察院依法向深圳海关发出《检察建议书》并得到采纳。深圳海关已就完善进口水果价格管理机制向海关总署提出合理化建议，并对报关行业开展规范化管理以及加强普法宣讲，引导企业守法自律。

开展合规整改以来，×集团在合法合规的基础上，实现了年营业收入25%、年进口额60%的逆势同比增长。2021年8月10日×集团被评为深圳市宝安区“3A”信用企业（3A：海关认证、纳税信用、公共信用），同年9月9日被评为诚信合规示范企业。本案中，深圳市检察机关对涉案企业开展第三方监督评估后，积极促成“合规互认”，将企业合规计划、定期书面报告、合规考察报告等移送深圳海关，作为海关作出处理决定的重要参考，彰显了企业合规的程序价值。

企业合规整改案例8：张家港市L公司、张某甲等人污染环境案①

【基本案情】

江苏省张家港市L化机有限公司（以下简称“L公司”）系从事不锈钢产品研发和生产的省级高科技民营企业，张某甲、张某乙、陆某某分别系该公司的总经理、副总经理、行政主管。

2018年下半年，L公司在未取得生态环境部门环境评价的情况下建设酸洗池，并于2019年2月私设暗管，将含有镍、铬等重金属的酸洗废水排放至生活污水管，造成严重环境污染。苏州市张家港生态环境局现场检测，L公司排放井内积存水样中总镍浓度为29.4mg/L、总铬浓度为29.2mg/L，分别超过《污水综合排放标准》的29.4倍和19.5倍。2020年6月，张某甲、张某乙、陆某某主动向张家港市公安局投案，如实供述犯罪事实，自愿认罪认罚。

2020年8月，张家港市公安局以L公司及张某甲等人涉嫌污染环境罪向张家港市人民检察院移送审查起诉。张家港市人民检察院进行办案影响评估并听取L公司合规意愿后，指导该公司开展合规建设。

【企业合规整改情况及处理结果】

检察机关经审查认为，L公司及张某甲等人虽涉嫌污染环境，但排放污水量较小，尚未造成实质性危害后果，可以进行合规考察监督并参考考察情况依法决定是否适用不起诉。同时经调查，L公司系省级高科技民营企业，年均纳税400余万元、企业员工90余名、拥有专利20余件，部分产品突破国外垄断。如果公司及其主要经营管理人员被判刑，对国内相关技术领域将造成较大影响。有鉴于此，2020年10月，检察机关向L公司送达《企业刑事合规告知书》，该公司在第一时间提交了书面合规承诺以及行业地位、科研力量、纳税贡献、承担社会责任等证明材料。

检察机关在认真审查调查报告、听取行政机关意见以及综合审查企业书面承诺的基础上，对L公司作出合规考察决定。随后，L公司聘请律师对合规建设进行初评，全面排查企业合规风险，制定详细合规计划，检察机关委

① 《最高检发布企业合规改革试点典型案例》，https://www.spp.gov.cn/spp/xwfbh/wsfbh/202106/t20210603_520232.shtml。

托税务、生态环境、应急管理等部门对合规计划进行专业评估。L公司每月向检察机关书面汇报合规计划实施情况。2020年12月，组建以生态环境部门专业人员为组长的评估小组，对L公司整改情况及合规建设情况进行评估，经评估合格，通过合规考察。同月，检察机关邀请人民监督员、相关行政主管部门、工商联等各界代表，召开公开听证会，参会人员一致建议对L公司作不起诉处理。检察机关经审查认为，符合刑事诉讼法相关规定，当场公开宣告不起诉决定，并依法向生态环境部门提出对该公司给予行政处罚的检察意见。2021年3月，苏州市生态环境局根据《中华人民共和国水污染防治法》有关规定，对L公司作出行政处罚决定。

通过开展合规建设，L公司实现了快速转型发展，逐步建立起完备的生产经营、财务管理、合规内控的管理体系，改变了野蛮粗放的发展运营模式，企业家和员工的责任感明显提高，企业抵御和防控经济风险的能力得到进一步增强。2021年，L公司一季度销售收入同比增长275%，缴纳税收同比增长333%，成为所在地区缴纳税收增幅最大的企业。

总之，在环保方面，企业首先须识别具体的刑事风险类型，是否符合当前环境法律法规，环境管理制度是否完善，从项目的环境影响评价、排污许可证、排污设施、污染物处理等环节进行合规管理和审查，根据自身的业务领域可能涉及的行为制定相应的合规计划和整改措施，这是暴露安全问题前应有的步骤。当发生污染事件时，企业必须及时采取措施，防止损失扩大，消除或尽量减少污染的影响，在损害结果发生后，积极修复生态环境，主动赔偿损失。通过一系列应急措施，争取不起诉、免予刑事处罚或从宽处罚的结果。

2022年5月23日，最高检在官网发布关于环境污染问题的合规整改案例[①]，在涉案企业的合规建设验收通过后，重庆市梁平区人民检察院向一家民营企业送达不起诉决定书。

---

① 《严管厚爱，助力企业合规经营丨合规整改后，企业重启上市路》，https://www.spp.gov.cn/zdgz/202205/t20220523_557546.shtml。

企业合规整改案例9：某公司违规排放废切削液案

2019年10月至2021年5月，某公司未将生产过程中产生的废切削液收集交由具备处置资质的单位处理，而是直接倒入下水管道外排入河。经生态环境部门认定，该废切削液属于危险废物。2021年7月，公安机关以涉嫌污染环境罪对该公司立案侦查。同年9月，该案移送梁平区人民检察院审查起诉。审查案件时，办案检察官发现涉案企业产品市场占有率位居相关细分领域全国第一，目前经营状况好、吸纳就业多、税收贡献大。如果直接起诉，不仅会导致企业上市计划中止，还会影响300多名员工的就业。2022年3月21日，经涉案企业申请并层报重庆市人民检察院第二分院、重庆市人民检察院同意后，梁平区人民检察院决定启动涉案企业合规第三方监督评估机制。

启动第三方机制后发现，虽然涉案企业排放的危险废物量少，且经稀释后危害不大，属于情节轻微，但该行为背后暴露出企业在生产安全、人事管理等方面存在一系列管理漏洞。在重庆市人民检察院、重庆市人民检察院第二分院指导参与下，梁平区人民检察院牵头邀请财政、税务、市场监管、生态环境等部门联合组成第三方监督评估临时机构。该机构审查后出具了“体检报告”，列出企业现有防治措施未实现全流程监管、管理制度不完善、安全环保制度未落实等六大类问题。涉案企业据此提交合规整改计划，与具备资质的第三方处置机构签订协议，形成一套较为完备的危险废物安全管理防控体系。

2022年4月27日，经第三方监督评估临时机构对该企业开展实地验收发现，除完善危险废物管理外，该企业重新布置废水废气处理设备，常态化开展环境验收监测和环境评价，构建全流程监控体系，案发后未再发生环境污染事件。

2022年5月11日，重庆市人民检察院第二分院副检察长张超围绕此案主持召开公开听证会。经过充分讨论，听证员一致认为涉案企业已通过建立风控体系、开展环保专项治理、完善监管模式等措施实现合规。鉴于该企业犯罪情节轻微，具有自愿认罪认罚、主动补缴环境保护税和生态补偿金20余万元等情节，且已建立有效合规经营体系，梁平区人民检察院依法对其作出不起诉决定。

企业合规整改案例10：上海某电子科技有限公司、某信息技术有限公司涉嫌虚开增值税专用发票案①

【基本案情】

2015年至2018年间，被不起诉单位上海R电子科技有限公司（以下简称“R公司”）、上海T信息技术有限公司（以下简称“T公司”）实际经营人姜某在无实际交易的情况下，以支付开票费的方式，让他人为R公司、T公司虚开增值税专用发票。其中，R公司收受虚开的增值税专用发票62份，价税合计人民币628万余元，涉及税款人民币87万余元；T公司收受虚开的增值税专用发票5份，价税合计人民币50万余元，涉及税款人民币7万余元，均已申报抵扣。2020年7月13日，经电话通知，姜某到公安机关投案，如实供述犯罪事实。2020年7月21日，R公司、T公司向税务机关补缴全部税款及相应滞纳金。

2020年11月27日，上海市金山区人民检察院对R公司、T公司进行企业刑事合规考察，确认两家企业按期完成刑事合规整改。2021年2月5日，金山区人民检察院经公开听证，对R公司、T公司以犯罪情节轻微为由作出不起诉决定。同日，金山区人民检察院分别向R公司、T公司注册地税务局制发《检察意见书》，通报案情，建议对其予以行政处罚。单位犯罪直接负责的主管人员姜某已另案处理，以涉嫌虚开增值税专用发票罪被检察机关提起公诉。

【企业合规整改情况及处理结果】

第一阶段，检察院调查取证。金山区人民检察院受理案件后，通过走访涉案企业所在地人民政府、税务局、市场监管局等单位，全面了解涉案企业经营状况，综合评估涉案企业刑事追究的必要性。经查实，两家涉案企业主要从事高科技软件开发应用，案发前经营状况良好，如被刑事追究，将很难再与国际先进技术团队开展合作，易造成经营困难。金山区人民检察院综合该案公司实际经营人姜某自首、认罪认罚、到案后补缴全部税款等从轻、减轻处罚情节，决定分案处理R公司、T公司及其实际经营人姜某，对涉案企

①《最高检发布人民检察院行刑衔接工作典型案例》，https://www.spp.gov.cn//xwfbh/wsfbh/202110/t20211011_531892.shtml。

业作进一步考察评估，对姜某作为单位犯罪直接负责的主管人员以涉嫌虚开增值税专用发票罪提起公诉。

第二阶段，制发检察建议。2020 年 12 月 18 日，金山区人民检察院向 R 公司、T 公司制发检察建议，并上门公开宣告，要求其在规定时间内落实整改，建立健全刑事合规制度。2021 年 1 月 27 日，R 公司、T 公司函告整改情况后，检察机关派员上门考察回访，确认两家公司已按照检察建议，落实了向律师事务所咨询、建立项目管理流程等整改措施，制定了较为完善的企业合规制度并遵照执行，有效降低了再犯的可能性。

第三阶段，公开听证，依法行使不起诉裁量权。在考察评估的基础上，2021 年 2 月 3 日金山区人民检察院组织召开公开听证，邀请人民监督员、金山区工商联等有关人员评议，听证参与人员均同意对 R 公司、T 公司不起诉。2021 年 2 月 5 日，金山区人民检察院对 R 公司、T 公司作出不起诉决定。同时，向 R 公司、T 公司阐明其违法行为虽不予追究刑事责任，但仍需承担行政违法责任，要求涉案企业配合税务机关后续调查工作。

第四阶段，提出检察意见，及时移送税务机关处理。在宣告不起诉前，金山区人民检察院联系税务部门，向其通报案情，并就拟作出不起诉决定和行政处罚可行性等问题听取意见。2021 年 2 月 5 日，金山区人民检察院作出不起诉决定的同时，制发《检察意见书》，将案件移送税务部门。为减少重复取证，节约司法资源，检察机关一并向税务机关移送了银行流水记录等相关证据材料。

金山区人民检察院移送案件后，及时跟踪回访，多次联系税务机关，了解行政处罚进展，避免“不刑不罚”。2021 年 3 月底，税务部门回函告知，已正式立案并开展调查。2021 年 9 月，上海市税务局第二稽查局依法分别对涉案企业作出罚款处罚决定。

谈及行政领域的合规救济，浦发银行成都分行违规放贷案[①]即属其一，由

① 《三部门联合印发意见　多元化解金融纠纷十典型案例》，https://baijiahao.baidu.com/s?id=1650782724297162902&wfr=spider&for=pc。

四川省委、四川省人民政府、四川省高级人民法院、四川银监局联合化解银行重大信贷资产风险，推动合规整改。浦发银行成都分行为了掩盖不良贷款，虚构工作业绩，通过编造借款用途、分拆授信、越权审批等手法，违规办理业务，向 1493 个空壳企业授信上千亿元，引发重大信贷资产风险。浦发银行因此受到银保监会行政处罚，同时也导致大量诉讼案件涌至法院。仅当年，各级法院就受理浦发银行成都分行信贷纠纷案件 1003 件，涉诉金额 700 余亿元。

事件发生后，银监会成立专责小组，与上海市委和市政府、四川省委和省政府建立工作协调机制，采取有力措施推进风险处置和整改问责工作。四川省委、省政府召开专题会议研究部署浦发银行成都分行化解信贷资产风险有关工作，要求相关部门依法支持、协力化解浦发银行成都分行信贷资产风险。四川银监局制定实施“特别监管措施”，实行“派驻式监管”，开展专项排查治理，积极推动合规整改工作。四川省金融工作局制定风险化解方案和应急处置预案，要求地方政府落实维稳属地责任，全面加强管控，防止风险积聚发酵。四川高院与四川省金融工作局及浦发银行多次沟通协调，了解相关情况和诉求，梳理突出法律问题，制定下发《关于依法支持浦发银行成都分行信贷资产风险化解工作的意见》，从优化办案流程、提高审判效率、加大执行力度和制裁力度等方面，对浦发银行信贷纠纷案件立、审、执、保等工作提出明确要求，为保障浦发银行金融债权及时实现以及不良资产处置提供有力的司法支持。

第五节　其他事前风险防控举措

一、形成学法、懂法、用法的企业文化

第一，重视培训。前文提到，企业合规风险的根源在于合规意识不强以及对合规措施认识不足，因此要加大对企业员工学法、懂法、用法的培训力度。对不同岗位的员工给予全面或针对性的培训，以帮助员工了解不断变化

的法律、法规和内部规章制度，并及时传达上级在合规领域制定的政策和应对措施。鼓励员工对危害公司利益的行为及时反映，坚持主动维权、依法维权、科学维权。敢于亮剑制止，善于运用法律手段、正当防卫的措施与危害公司利益的行为做斗争。就企业合规管理制度、合规运作机制对员工进行定期培训，确保员工知悉企业合规管理理念，增强员工的认同感和工作责任感，由此提高公司全体员工的合规意识，为企业合规管理营造成熟的合规环境，最终形成企业的合规文化。

第二，加强企业内部诚信体系建设。陈瑞华教授在探讨企业合规理论时提出："合规部门应与管理层和员工进行持续不断的沟通，帮助其了解处理合规风险的方法和经验，解答有关合规管理的疑问和难题，将诚信和合规理念融于员工的思维之中，形成一种合规文化。"[①]

第三，引导和培育企业牢固树立诚信意识，依法开展生产经营活动，规范企业的各项规章制度。将企业生产经营过程作为企业在市场、社会上立信的过程。在企业内部倡导与培育"诚实守信"的企业文化，提升全体员工守法诚信的意识。

二、做好法务合规工作及风控

企业合规风险防控不仅是法律领域的业务重点，还需要专门的风控人员进行把关。因此，一方面需要打造一支专业过硬、积极捍卫公司合法权益的法务团队，作为公司健康运营发展的坚实后盾；另一方面，需要打造一支业务精湛的风控团队，准确抓取并控制企业制度流程风险点，使风控效果与公司发展方向和决策取舍基本一致，实现风控与企业发展之间的平衡。

此外，法务团队要提升自身的专业水平及业务能力，不能只关注法律专业知识，还要参与公司的业务管理，深入业务流程中，只有对具体业务掌握全面，才能准确找到风险和矛盾的源头，高效化解争议纠纷。而风控团队可通过参与企业制度的研讨、制定、修改，全面把握企业经营管理的各个环节，深入发掘公司制度流程的风险点，重点做制定企业重大风险危机处理方案及

① 陈瑞华：《企业合规基本理论》（第二版），北京：法律出版社，2020 年。

建立预警机制，处理好风险控制与公司发展之间的平衡。

除此以外，企业还应该形成合规风险信息收集、汇报机制，全面系统梳理企业经营活动中可能存在的合规风险，建立合规风险台账，对风险源、风险类别、风险形成因素、可能发生的后果及发生的概率等展开系统分析，对有典型意义、普遍存在的以及可能造成严重后果的风险及时发布预警。建立合规管理部门，由该部门人员牵头，负责组织、协调企业各项合规检查工作，可抽调相关部门人员共同组成合规检查组，根据企业业务情况定期开展合规风险检查。针对检查发现的合规风险，合规检查组应提出整改建议，各部门提出具体解决方案，解决方案经合规检查组确认后，由合规管理机构督促各部门积极落实整改方案。

三、合规管理协调

合规管理部门需要和各部门机构做好工作协调和配合，确保第一时间掌握信息，并及时作出反馈和应对。参考国家发改委制定的《企业境外经营合规管理指引》，在此总结几项防控措施。

（1）与业务部门配合。经营相关业务部门应主动进行日常合规管理工作，识别业务范围内的合规要求，制定并落实业务管理制度和风险防范措施，组织或配合合规管理部门进行合规审查和风险评估，组织或监督违规调查及整改工作。

（2）与其他具有合规管理职能的监督部门配合。合规管理部门应与审计部门、监察部门等监督职能部门建立明确的合作和信息交流机制，加强协调配合，形成管理合力。企业应根据风险防控需要以及各监督部门的职责分工划分合规管理职责，确保各业务系统合规运营。

（3）与外部监管机构沟通协调。企业应积极与业务相关联监管机构建立沟通渠道，了解监管机构期望的合规流程，制定符合监管机构要求的合规制度，降低报告义务和行政处罚等方面的风险。

（4）与第三方沟通协调。企业与第三方合作时，应做好相关的国别风险研究和项目尽职调查，深入了解第三方的合规管理情况。企业应当向重要的第三方传达自身的合规要求和对对方的合规要求，并在商务合同中明确约定。